배당을 알아야 경매가 보인다

부동산 경매 배당 완전 정복

배당을 알아야
경매가 보인다

부동산
경매 배당
완전 정복

성호섭 지음

한국경제신문 *i*

　오래전 필자의 책을 읽어주신 모든 분께 이 지면을 빌려 먼저 감사의 인사를 드린다. 사실 예전에 경매 관련 책을 두 권 낸 적이 있지만, 내가 우리나라 경매 1인자도 아니고, 또 경·공매를 전업으로 해서 왕성하게 활동하는 사람도 아니다 보니 이와 관련된 책은 더 내지 않으려고 했다. 그런데 어느 날, 장거리 출장길에 옛날 출판으로 인연을 맺은 출판사 사장님이 안부 전화를 주었고, 대화 끝에 "지금도 원고를 준비하고 계시죠?"라고 하기에 "예…" 하고 답했더니 "그럼 원고 준비되는 대로 한번 줘보시죠"라고 하기에 "예, 그러지요"라고 답한 적이 있다. 그냥 의례적인 인사로 생각하고 있었는데, 그 사장님은 몇 개월 후 "저번에 원고 준비한다고 하신 건 아직도 멀었나요?" 하고 다시 물어왔고, 그때는 출장 중에 받은 전화라 지나가는 인사인 줄 알고 아무 생각 없이 그렇게 말했다고는 할 수 없어서 "아직은 좀 멀었습니다" 하며 얼버무리고 말았다.

　하지만 또 다시 책을 내야 할 운명이었는지 마침 그즈음 지분 투자에 관해 기술한 책을 보게 되었는데, 공동담보물건(편의상 이하

'공담물건'이라고 한다)의 배당과 관련 법리를 설명하면서 몇 군데 오류가 있는 것을 발견했다. 그런데 그 내용은 지분 투자를 하려는 사람은 물론, 직접 관련 있는 채권자에게 매우 중요한 부분이라 이 걸 어떻게 바로잡을 수 있을까 고민에 빠지게 되었다. 그런 찰나에 출판사에서 온 전화라 '그렇다면 최소한 이 부분에 대한 내용이라 도 책으로 출판해야겠다'고 생각을 정리하게 되었다(사실 책으로 내려고 하면 원고는 이미 상당량 준비되어 있어 그리 어렵지 않게 낼 수 있지만, 앞서 말했듯 우리나라에 필자보다 더 법리에 밝고, 깊이 있는 지 식을 가진 분이 얼마든지 있는데 공연히 건방을 떠는 것 같아 그냥 은인 자중(隱忍自重)하고자 했던 것이다).

경·공매와 관련된 책들이 시중에 많이 나와 있고, 이 책 또한 그 중 하나일 뿐이다. 그래서 어느 책에나 기술되어 있는 부분이 분명 중복되어 있을 수 있다(예를 들면 권리분석 이론이라든지). 그럼에도 불구하고 기술할 수밖에 없는 것은 초등학교를 거치지 않고 중학 교에 갈 수 없고, 중학교를 거치지 않고 고등학교에 갈 수 없듯이 다음 단계를 위해 꼭 필요한 기본 이론을 기술해놓은 것이니 독자 들은 이 점을 양해해주시기 바란다. 다만 그러한 사정을 감안해서 어느 책에서나 습득할 수 있는 기본적인 부분은 그 분량을 간추려 서 요점만 담았고, 다른 책에서 다루지 않은 부분에 대해서만 자세히 기술했으니 독자 여러분은 필자가 강조하는 부분을 중점적으로 보기를 바란다.

특히 이 책에서 가장 강조하고자 하는 것은 공동저당물건(유사공동저당 포함)에 있어 전체 매각에 의한 동시배당과 일부매각에 따른 이시배당 시의 정확한 배당분석 그리고 그 후의 처리 방법(대위변제자의 구상권과 후순위채권자의 대위)이니 특히 이 부분을 주의 깊게 봐주실 것을 당부드린다.

그리고 앞서 언급한, 필자가 다른 책에서 발견한 오류는 본문에 자세히 설명해놓았지만, 예를 들면 소액임차인의 임차보증금을 판별하는 적용기준이 되는 담보물권의 범주에 배당대상임차권을 포함시킨다든지(74~76페이지), 민법 제368조제1항에 따른 동시배당 시 각 공담물건별로 부담해야 할 공동담보채권을 배분하는 방식이라든지(112~117페이지 및 이후의 배당사례), 동시배당 시 공담물건 중 일부에 공담채권 후 성립한 최우선변제대상 소액임차인이 있는 경우의 동시배당(공담채권배분)방법(133~140페이지), 또 공담물건 중 일부에 선순위가압류가 있는 경우의 동시배낭(공담채권배분) 방법(141~148페이지), 동조 제②항에 따른 이시배당 시 각 공담물건별로 공동담보채권을 배분하는 방식이라든지(114~117페이지 및 이후의 배당사례), 또 이때 이시배당으로 배당 손해를 본 매각

물건상 일반채권자의 후순위대위에 대한 자격유무라든지(98~101 페이지 및 이후의 배당사례) 등에 관한 문제이다(배당의 대가라고 자처하는 분이 그러한데, 일반 경·공매마니아는 물론 직접 관련이 있는 채권자, 심지어 직접 배당 작업을 수행하는 경매계나 사법보좌관들도 얼마든지 잘못할 수 있는 문제이기도 하다).

물론, 저자에게 연락해서 토론해도 되겠지만, 개인적인 연(緣)이 없어 연락을 취하기가 어려울 뿐 아니라 설령 그런다고 하더라도 널리 퍼져 있는 지식을 바로잡을 수도 없을 것이기에 차라리 다수 대중에게 올바른 내용을 전달하려면 새로운 저서를 출판해서 제공하는 것이 더 능률적이라는 판단이 들었다. 다만 염려되는 것은, 필자는 원래 남을 먼저 비방하기보다는 일단 남의 말은 먼저 긍정하고, 그다음 잘못된 부분이 있으면 찬찬히 분석하고 생각하는 천성인데, 그럼에도 불구하고 그저 헐뜯기를 좋아하거나 시기하고 질투하는 사람으로 비쳐지지 않을까 하는 것이다. 따라서 여기서 말해두지만, 그분은 분명 필자보다 경·공매 분야에서 광범위한 경험이 있고, 이 분야에서 더 다양하고 왕성하게 활동하고 있는 분임을 분명히 밝혀둔다. 비록 구체적으로 책 제목과 저자의 이름을 밝히지는 않았지만, 필자가 지적한 부분에 대해서는 다시 한번 정중하게 양해의 말씀을 드린다. 아마도 그분은 필자보다 경륜도 인품도

넉넉한 분일 테니 필자의 고민은 기우(杞憂)일 뿐이라고 생각한다.

이 책은 어떻게 해야 실패하지 않고 성공적인 투자를 할 수 있는가에 주안점을 두었다. 즉, 고기를 잡아주는 것이 아니라 고기 잡는 방법을 가르쳐주겠다는 것이다. 그 이유는, 많은 분들이 단편적인 투자 사례를 들어 자랑하고 있지만, 과연 그들이 하는 일마다 성공만 거뒀는지 알 수도 없고, 설령 성공 투자를 했다 하더라도 과연 최선의 결과를 거뒀는가 하는 의문도 들기 때문이다. 만약 법리를 더 잘 아는 다른 사람이라면 능률적인 방법으로 얼마든지 더 나은 수익을 창출할 수도 있었을 것이다. 즉, 고기를 잡는 방법만 알고 있으면 그 사람은 언제 어디서든 양질의 고기를 잡을 수 있는 훌륭한 어부가 될 수 있다. 그러니 이 책은 그런 관점에서 읽어보시기를 바란다.

마지막으로 독자 여러분들의 건투를 빌며, 이 책으로 내공을 쌓아 투자마다 목적을 달성하고 부를 축적해서, 그 부를 잘 쓰는 훌륭한 부자가 되기를 바란다.

성호섭

차례

Part 03 공유지분^{지분경매} 입찰 시 유의사항

Part
01

권리분석

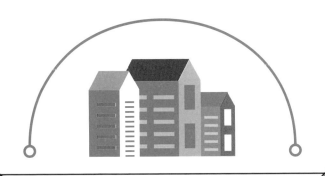

이 부분은 기본 중에 기본이라 송두리째 생략하고는 더 나아갈 수가 없어 기술했다. 다만 다른 책에서도 볼 수 있는 공통적인 내용은 간략하게 기술했고, 다른 책에서 기술하지 않은 부분은 설명을 추가했으니 그 점을 주의 깊게 보면 좋을 것이다.

경매에서의 권리분석이란 비권력적 사후 확인 활동으로 경매물건의 물리적 분석과 법률적 분석으로 구분할 수 있는데, 권리분석을 수행하는 궁극적인 목적은 다음과 같다.

· 취득목적에 따른 당해 물건의 진정한 평가(내재가치)는 얼마인가?
· 낙찰 시 인수해야 할 권리는 무엇이고, 그에 따른 인수 금액과 예상 명도비는 얼마인가?
· 취득하고자 하는 목적을 달성하려면 최종 응찰가는 얼마로 해야 할 것인가?

이것을 제대로 파악하는 작업이 바로 권리분석이다. 그런데 그중 물리적 분석 작업은 경매물건의 시세조사, 물건의 역사적 사실 파악, 유치권행사 등 물건의 하자 파악, 목적용도에의 적합성 등을 임장활동을 통한 탐문 등에 이어 필요 시 공부열람 등으로 대상 물건의 현상에 대해 면밀히 조사·분석하는 작업이다. 따라서 이는 조사·분석하는 사람의 주관이 많이 반영되므로 일정하고, 객관적인 표준이 없다. 따라서 물리적 분석 작업은 다음 '실전분석' 편에서 실무적 차원으로 상세히 다루기로 하고, 여기서는 법률적 측면에서의 권리분석을 위주로 간략히 공부해보자.

01 | 권리분석의 일반 원칙

- 물권 상호 간의 우선순위는 성립(등기)한 순서에 따른다.
- 채권도 등기를 해서 공시를 하면 우선변제권이 부여된다.
- 물권과 (미등기)채권 간에는 언제나(성립순위에 관계없이) 물권이 우선한다.
- (미등기)채권 상호 간에는 시간의 선후에 관계없이 평등한 지위를 갖는다.
- 주택임대차보호법(이하 주임법)·상가건물임대차보호법(이하 상임법)상의 임차권
  ▶ 득별법(수임법·상임법)에 따라 일정한 요건을 갖추면 대항력을 부여하고, 그에다 확정일자를 득하면 우선변제권을 부여한다. 하지만 이때에도 담보물권이 아니어서 말소기준권리가 될 수는 없다.

▶ 임차권은 특별법(주임법·상임법)에 따라 대항요건을 다 갖춘 시점의 순위에 따른다.

· 등기한 권리의 순위

　▶ 같은 구의 순위는 순위번호, 다른 구의 순위는 접수일자 및 접수번호에 의한다.

　▶ 부기등기는 주등기의 순위에 따른다.

　▶ 가등기에 기한 본등기 및 가처분에 의해 경료된 권리의 순위는 가등기·가처분의 순위에 따른다.

　▶ 말소·멸실회복 등기의 순위는 말소·멸실 전 등기의 순위에 따른다.

　▶ 주임법·상임법상의 임차권등기명령에 의한 임차권등기는 등기 시점이 아닌 대항요건을 갖춘 시점의 순위에 의한다.

· 등기의 내용이 법률규정에 의한 것일 경우는 순위의 확인이 필요하다. 그 이유는, 등기의 내용이 법률규정에 의한 것(상속, 공용징수, 판결, 경매, 공매 등)일 경우에는 효력발생시기가 등기일자가 아닐 수 있기 때문이다(부동산등기법4조 참조).

· 저당권과 같은 담보물권과 압류·가압류·담보가등기(1984. 1. 1 이후)·경매개시기입등기 등 궁극적으로 채권의 회수를 목적으로 하는 등기부상의 권리는 모두 소멸한다.

· 앞서 권리 중 최초의 권리가 말소기준권리가 되어 그 이전의 용익물권과 가처분·보전가등기 등은 소멸하지 않고, 그 이후의 모든 권리는 원칙적으로 전부 소멸한다(말소기준권리 후의 권리가 소멸되어야 하는 이유는 다음에 설명해놓았다).

- 말소기준권리 이전의 전세권자는 경매신청을 하거나 배당신청을 하면 배당과 함께 소멸하고, 이때 건물 전체에 대해 설정된 전세권일 경우 말소기준권리가 된다[민사집행법(이하 민집법으로도 표기)91조]. 단, 배당부족 시 말소를 방지하기 위해 매각불허가신청이 가능하다(97마2935).
- 예고등기와 유치권, 건물철거를 위한 가처분은 그 순위에 관계없이 말소되지 않는다(2011. 10. 13 이후 예고등기는 폐지되었으므로 가처분의 내용으로 파악해야 한다).
- 집합건물이 아닌 경우에는 필히 토지·건물을 분리해서 권리분석을 해야 한다.

02 | 말소기준권리, 인수주의와 소제주의

권리분석(말소기준권리, 인수주의, 소제주의)의 요약표

선순위	※ 원칙: 인수주의 적용	등기권리	• 각종 용익물권 – 경매신청이나 배당신청을 하지 않은 전세권, 지상권(구분지상권 포함), 지역권(단, 추후 소여지의 경매 시 후순위일 경우에는 소제) • 예고등기 • 보전가등기 • 환매등기 • 가처분등기 • 배당이 완결되지 않은 임차권등기(대항요건 구비일 기준) • 기타 인수주의 조건으로 매각한 권리(토지별도등기, 전소유자에 대한 가압류 등)
		등기 외 권리	• 법정지상권 • 관습상지상권(건물지상권, 분묘기지권, 등기된 입목) • 유치권(성립 시) • 배당이 완결되지 않은 대항력 있는 미등기임차권 • 체납관리비(공용부분) • 위법건축물에 대한 처분 및 장래의 과태료

선순위	※ 예외 : 소제주의 적용	• 경매(배당)신청한 전세권[건물의 전부 or 일부를 불문한다(단, 배당 부족 시 법원은 인수주의매각 또는 매각취소 가능, 전세권자는 매각불허가신청이 가능)] • 선순위 가처분이 소제되는 경우 : 그 목적을 달성한 경우(*단, 배당에 있어서는 가처분의 순위보전의 효에 의해 가처분 시의 순위에 의함)	
	말소기준권리 (우측 중 최초) : 소제주의	• 저당·근저당권(잔존채권이 있는 것) • 압류·가압류 • 경매개시기입등기 • 담보가등기 • 요건(건물전체에 설정+경매신청·배당신청)을 갖춘 전세권(배당부족 시 법원은 인수주의나 매각취소, 전세권자는 매각불허가신청 가능)	
후순위	※ 원칙 :	말소기준권리 이후의 모든 권리는 소제주의를 적용한다.	
	※ 예외 : 인수주의 적용	등기 권리	• 예고등기(현재는 폐지됨) • 피보전권리가 건물철거를 위한 가처분 • 예고등기성격의 권원(소유권)을 다투는 가처분 • 선순위저당권의 채권이 변제된 경우의 가처분 • 1999. 2. 27 이후 설정된 특수구분지상권(도로, 철도, 전기 등) ☞'도시철도법 등에 의한 구분지상권 등기규칙4조' • 요역지에 설정된 지역권(추후 승역지 경매 시 후순위일 경우는 소제)
		등기 외 권리	• 법정지상권 • 관습상지상권(건물지상권, 분묘지권, 등기된 입목) • 유치권(성립 시) • 위법건축물에 대한 처분 및 장래의 과태료 • 전세권이 말소기준권리고 2순위가 동일인의 임차권이나 배당부족 시 • 체납관리비(공용부분)

※ 1. 등기 내용이 법률규정에 의한 것일 경우 순위의 확인이 필요하다.
　2. 각종 인·허가가 필요한 사업을 승계코자 하는 경우 : 기존의 권리·의무 또는 지위가 승계

말소기준권리(민사집행법91조 : 인수주의와 잉여주의의 선택 등)

말소기준권리의 의의

경매의 궁극적인 목적은 어떤 형태이든(즉, 강제경매이든 임의경매이든) 채무자에 대한 채권자의 채권회수에 그 목적이 있을 것이므로 경매 진행 결과 대상 물건이 매각되어 사라지면(즉, 새로운 소유자를 만나게 되면) 채권회수를 목적으로 하는 권리들은 자신이 목적하는 바를 충분히 달성했든 안 했든 간에 그 주체가 없어졌으므로 그 물건에 남아 있을 수 없으며 따라서 이런 이유로 말소가 되어야 하는 것이다.

그러면 이때 채권회수를 목적으로 하는 권리 자신만 소멸되면 되지 왜 그 후의 권리까지 모두 같이 소멸되어야 하는 걸까? 압류·가압류야 처분금지적 효가 있으므로 그 후 성립된 권리를 따질 필요가 없겠지만, 저당권의 경우를 보자. 경매물건상에 가장 먼저 저당권이 설정되었을 시 설정 당시에는 아무런 제한물권이 없는 상태에서 담보가치를 평가해서 그에 상응하는 대부행위를 하고 그 후에 지역권 등 제한물권들이 설정되고, 그 담보물건이 경매가 진행될 시 만약 매각이 되어도 저당권 후의 제한물권들이 말소가 되지 않는다면 그로 말미암아 담보물건의 낙찰가는 너무 부당하게 하락하게 될 것이고, 그에 따라 저당권자는 당초 대부 행위 시 자신이 전혀 의도하지 않았던 후발적인 사유로 인해서 이유 없이 불측의 손해를 입게 될 것이기 때문이다.

말소기준권리가 될 수 있는 권리의 종류

앞서 말한 말소기준권리가 될 수 있는 권리로는 채권의 회수를 목적으로 하는 권리인 저당권(근저당권), 압류등기, 가압류등기, 담보가등기, 경매개시기입등기, 특수한 경우의 최선순위전세권이 있다.

☞ 확정일자부임차권두 우선변제권을 부여함에 따라 물권적 권리와 같고 배당신청 시는 채권회수에 목적이 있는 권리임에도 불구하고 말소기준권리가 될 수 없는 것은, 확정일자의 공시방법이 등기부에 기록되어 있는 것이 아니어서 다소 불명확한 측면이 있을 뿐 아니라 더 중요한 것은 확정일자임차인의 배당요구 여부에 따라 인수되는 권리와 최우선변제기준이 달라지는 관계로 매우 불안정하고 혼란스러워지기 되기 때문이다.

☞ **특수한 경우의 최선순위전세권**

원래 전세권은 용익물권으로서의 성질이 강하나 특수하게도 담보물권으로서의 기능도 함께 갖고 있다. 따라서 선순위가 경매물건 전체에 대해 설정된 전세권이고, 당해 전세권자가 경매신청을 했거나 배당신청을 했을 시에는 채권회수에 목적이 있는 담보물권의 기능을 수행하는 경우로 전세권도 말소기준권리가 될 수 있다(민집법91조4항 단서). 이런 이유로 통상 선순위 전세권이 배당이 부족할 시에는 전세권자는 소멸의 위험을 감수하면서까지 경매신청을 하거나 배당요구를 하지 않고 아예 처음부터 매수인에게 대항력을 행사해서 소멸을 방지한다.

인수주의가 적용되는 권리(민사집행법91조)

1. 말소기준권리 전에 등기된 권리

말소기준권리 전에 등기된 용익물권(지역권, 지상권, 경매신청이나 배당신청을 하지 않은 전세권, 인수주의를 적용한 전세권)과 기타 각종 등기된 권리가 이에 해당된다.

2. 배당이 완결되지 않은 대항력 있는 임차권

· 배당신청을 하지 않은(배당제외) 대항력 있는 임차권
· 배당신청을 했으나 확정일자가 없는(배당제외) 대항력 있는 임차권
· 배당신청을 해서 배당을 받았으나 배당이 부족한 대항력 있는 임차권
· 말소기준선순위전세권을 겸한 대항요건을 갖춘 2순위임차권이 배당부족인 경우(대법원2010마900결정, 대법원2009다40790 판결)

3. 순위를 불문하고 언제나 소멸되지 않는 권리

· 예고등기

· 적법한 요건을 갖춘 유치권

· 요건을 충족한 법정지상권, 관습상지상권

· 특수구분지상권(도로, 철도, 전기 등)

☞ 이러한 권리가 고압선·철탑·지중매설물 등과 같이 주로 공익사업과 관련해서 발생하는 경우 '도시철도법 등에 의한 구분지상권 등기규칙4조(강제집행 등과의 관계)'의 시행일인 1999. 2. 27(부칙1591호) 이후 분에 있어서는 비록 후순위라 하더라도 당해 시설물이 존치하는 한 말소되지 않고 존속하므로 권리분석 시 유의해야 한다.

· 요건을 충족한 분묘기지권

☞ 요건을 충족한 분묘기지권은 인수권리가 된다. 하지만 2001. 1. 13부터는 관습법(판례에서 규정)에 의한 분묘기지권이 아닌 '장사 등에 관한 법률'의 요건을 충족해야 한다.

4. 소멸되지 않는 후순위 가처분

· 피보전권리가 건물철거 및 토지인도청구를 위한 가처분인 경우

· 피보전권리가 권원을 다투는 후순위 가처분인 경우(예고등기 성격의 후순위 가처분)

☞ 예고등기 제도의 폐해로 말미암아 2011. 10. 13일부로 예고등기는 폐지되었으므로 이제는 이 기능을 가처분의 형식이 보완하고 있다. 따라서 비록 후순위 가

처분이라 할지라도 피보전권리가 '소유권이전등기말소가처분' 등 그 내용이 권원에 관한 소송을 위해 경료된 가처분(예고등기 성격의 가처분)일 경우에는 세심한 주의를 기울여 당해 소송의 결과에 대해 예측해서 권리분석을 해야 한다.

· 선순위의 말소기준권리가 실질적으로는 채권이 변제되어 없는 경우, 형식상 후순위지만 다음의 말소기준권리 전에 경료된 가처분

☞ 이때에는 형식상으로는 비록 후순위의 가처분이나 실질적으로는 선순위 근저당권의 주체인 채권이 없으므로 근저당권은 부종성으로 말소가 되어야 하며, 그럴 경우 다음 순위의 가처분이 선순위가 되기 때문이다.

5. 요역지에 설정된 지역권

☞ 요역지에 설정된 지역권은 요역지가 경매가 되는 경우 비록 후순위라 하더라도 스스로 포기(말소 촉탁)를 하지 않는 한 소제되지 아니한다. 하지만 당해 지역권이 승역지에서는 후순위로 설정된 지역권일 경우 추후 승역지의 경매 시는 소제가 되고 그에 따라 요역지에 설정된 지역권도 소제가 된다(※ 따라서 이를 이용해서 요역지가 건축 전인 상태에서 승역지 경매가 진행될 시 수익창출의 기회가 될 수도 있는 것이다. 하지만 일반매매에 있어서는 소제주의가 아닌 권리·의무의 승계로 인해 이런 효과를 누릴 수 없다).

6. 매각물건명세서상 인수주의를 매각조건으로 정한 권리

7. 체납자가 계약한 국·공유재산 매각 시 권리·의무의 승계(국세징수법 제52조3항 : 이는 주로 공매에서 발생한다)

8. 각종 인·허가가 필요한 사업을 승계받아 운영하고자 하는 경우

☞ 판례(부산고법2001나2914, 대법원2003두8005)에서 보듯이 각종 인·허가가 필요한 사업을 낙찰받고자 하는 경우 낙찰자가 의무적으로 권리·의무를 승계해야 되는 것은 아니지만, 새로운 인·허가를 득하는 대신 간편히 기존사업자의 지위를 승계받아 동종의 사업을 계속하려면 기존의 사업자에게 행해진 처분도 함께 승계하게 된다. 따라서 이런 경우에는 필히 사전에 관할 관청에 각종 행정처분 및 과태료처분 내역을 파악해야 한다.

① '석유사업법' 7조, 8조,10조에 의한 영업자 지위의 승계

석유사업법과 관련해서 대표적인 경우가 주유소를 낙찰받아 기존 채무자(소유자)의 사업자를 승계해 그대로 주유소를 운영하고자 하는 경우에 발생하는 것으로, 이때에는 기존 사업자에 부과된 각종 행정처분 및 과태료처분이 승계된다.

② '관광진흥법' 8조에 의한 권리·의무의 승계(관광호텔 등)

관광사업시설을 승계해서 운영하고자 하는 경우 각종 행정처분 외 기존사업자의 분양 및 회원 간의 약정(회원권)도 승계되므로 그 내용의 파악이 중요하다.

③ '체육시설의 설치 및 이용에 관한 법률' 27조에 의한 권리·의무의 승계

이때에도 사업자를 승계받아 운영하고자 하는 경우에는 각종 행정처분 외에도 기존사업자와 회원 간의 약정(회원권)도 승계된다. 따라서 회원제모집을 한 체육시설의 경우 이를 운영할 목적으로 입찰할 시에는 그 내용의 파악이 중요하다. 다만, 공사대금으로 회원권을 발행해준 경우에는 정상적인 모집절차에 의한 것이 아니어서 무효이므로 승계대상에서 제외된다(대법원2008다49844).

④ 폐기물처리에 대한 권리·의무의 승계(대법원2017다202050)

다음과 같이 각종 폐기물유발사업장(생활폐기물, 사업상폐기물, 건설폐기물)을 낙찰받는 경우 현실적으로 이는 선택사항이 아닌 필수적 인수사항이 된다.

▶ '폐기물관리법' 17조(사업장폐기물배출자의 의무 등)에 의한 권리·의무의 승계
▶ '건설폐기물의 재활용촉진에 관한 법률' 45조(방치폐기물의 처리명령)에 의한 승계

⑤ '공중위생관리법' 3조의2에 의한 영업자 지위의 승계

"공중위생영업"이라 함은 다수인을 대상으로 위생관리서비스를 제공하는 영업으로서 ◎ 숙박업(단, 농어촌에 소재하는 민박 등은 제외) ◎ 목욕장업(단, 숙박업소에 부설된 욕실 등은 제외) ◎ 이용업·미용업 ◎ 세탁업 ◎ 위생관리용역업을 말한다.

⑥ '식품위생법' 39조에 의한 영업자 지위의 승계

⑦ '먹는물관리법' 25조에 의한 영업자 지위의 승계

⑧ '건강기능식품에 관한 법률' 11조에 의한 영업자 지위의 승계

⑨ '영화 및 비디오물의 진흥에 관한 법률' 46조에 의한 영업자 지위의 승계

⑩ '게임산업진흥에 관한 법률' 29조에 의한 영업자 지위의 승계

⑪ '음악산업진흥에 관한 법률' 23조에 의한 영업자 지위의 승계

⑫ '소방시설공사업법' 7조에 의한 지위의 승계

⑬ '수질 및 수생태계 보전에 관한 법률' 36조에 의한 권리·의무의 승계

⑭ '액화석유가스의 안전관리 및 사업법' 12조에 의한 사업자 지위의 승계

⑮ '집단에너지사업법' 12조에 의한 사업자 지위의 승계

소제주의가 적용되는 권리

예외를 제외한 말소기준권리 후의 모든 권리

말소에서 제외되는(인수대상) 말소기준권리 후의 권리 : 법정지상권, 유치권, 예고등기, 특수구분지상권, 분묘기지권, 인수주의에 해당되는 소멸되지 않는 후순위 가처분 등

소멸하는 경우에 해당하는 선순위 가처분 : 목적을 달성한 선순위 가처분

1. 가처분의 피보전권리가 소유권이전등기청구권이고 그(확정판결)에 따라 소유권이 이전된 경우

☞ 가처분("갑")/피보전권리 : 소유권이전등기청구권 ⇒ 소유권이전("갑"/승소) ⇒ 근저당("을") ⇒ 임의경매("을")의 경우

▶ 이때의 가처분은 이미 목적(소유권이전)을 달성했기 때문에 혼동(민법191조)으로 소멸한다. 그리고 가처분과 가처분의 승소에 따른 소유권이전 사이에 근저당권 등 제3의 권리가 있을 경우, 이는 처분금지 이후에 경료된 무효의 권리이므로 아직 말소가 되지 않았다면 말소촉탁대상이다.

2. 가처분의 피보전권리가 근저당설정등기청구권이고, 가처분권자가 승소해서 근저당설정이 경료된 후 매각된 경우

☞ 가처분("갑")/피보전권리 : 저당권설정등기청구권 ⇒ 가압류("을") ⇒ 근저당("갑") ⇒ 임의경매

▶ 이때의 가처분은 이미 목적(근저당설정)을 달성했기 때문에 소멸한다. 따라서 낙찰 후 말소촉탁을 할 수 있으며, 법원사무관 등이 가처분의 말소촉탁을 누락했다 하더라도 이를 소명해서 가처분의 말소촉탁을 신청할 수 있다.

▶ 이런 경우 경매 시 "갑"의 근저당권 순위는 가처분의 순위보전의 효에 따라 가처분 시의 시점으로 소급하며, 따라서 배당 시 가압류에 우선해서 배당한다.

▶ 이때 '가처분 이후의 가압류가 가처분의 처분금지에 반하여 소멸되는가?'의 문제가 대두되는데, 물론 경매로 인한 매각의 경우에는 말소대상권리(최선순위일 경우에는 말소기준권리)가 되어 내용상 자신의 권리보다 선순위인 가처분에 후순해서 배당받고 소제되겠지만, 설혹 경매에 의한 매각이 되지 않는 경우에도 내용상 선순위인 가처분에 피해를 주지 않으므로 말소가 되지 않는다. 그 이유는 추후 가처분채권자가 본안 소송에서 승소해서 가압류 이후에 근저당권등기를 하더라도 이는 그 원인이 선순위 가처분에 기인한 부기등기로 그 이전에 경료된 가처분(주등기)의 순위를 확보하고 있으므로 결론적으로 이때의 가압류는 가처분의 목적과 권리를 침해하거나 가처분의 효력에 반하는 것이 아니기 때문이다.

3. 가처분의 피보전권리가 사해행위취소이고 가처분권자가 승소한 경우

☞ 소유권("갑") ⇒ 소유권이전("을") ⇒ 가처분("병")/피보전권리 : 사해행위취소를
원인으로 한 "을"의 소유권이전등기말소청구권 ⇒ 근저당("정") ⇒ 강제경매("병")
일 경우

▶ 앞서 가처분권자("병")가 강제경매를 신청했다는 것은 가처분권자가 승소했다
는 것을 의미하며, 이런 경우에는 가처분권자가 목적을 달성(승소)해서 경매를 신
청했기 때문에 비록 최선순위라도 소멸하고, 강제경매의 배당순위는 근저당권자
("정")보다 앞선 가처분시점으로 된다. 이때 만약 경매가 가처분의 결과가 나오기
전 근저당("정")에 의한 것일 경우 "병"의 가처분은 선순위로서 인수권리가 되며,
따라서 추후 가처분의 결과에 따라 낙찰자가 소유권을 잃을 수도 있다.

4. 가처분의 피보전권리가 재산분할청구권인 경우1(승소한 가처분권자가
   경매신청)

☞ 소유권("갑") ⇒ 가처분("을")/피보전권리 : 이혼으로 인한 재산분할청구권 ⇒
강제경매("을")

▶ 이때 가처분권자("을")가 강제경매를 신청했다는 것은 승소를 했다는 것이고,
또한 자신이 곧 채권회수에 목적이 있는 말소대상권리이기 때문에 비록 선순위
가처분이라도 소제가 되는 것이다.

5. 가처분의 피보전권리가 재산분할청구권인 경우2(승소 후 타인이 경매신청)

☞ 가처분("갑")/피보전권리 : 이혼에 따른 재산분할청구권 ⇒ 소유권이전("갑") ⇒
강제경매("을")

▶ 이때에도 가처분권자("갑")가 목적(재산분할에 의한 소유권이전)을 달성했기 때문
에 비록 선순위 가처분이라 하더라도 혼동(민법191조)에 의해 소멸한다.

인수권리가 "혼동"에 해당되는 경우(민법191조, 대법원98다18643)

혼동의 경우는 혼동에 해당되어 소멸되는 경우와 그렇지 않은 경우가 난해하므로 동시에 검토하기로 한다. 이는 경매에 있어서도 마찬가지이다.

☞ 혼동으로 제한물권이 소멸하는 경우(소멸대상권리 외 다른 권리가 없는 경우)

· A소유권 ⇒ B근저당권(지상권, 지역권), 임차인 ⇒ B소유권

이런 경우는 자신의 제한물권이 소멸해도 전혀 지장이 없기 때문에 소멸한다. 이는 대항력 있는 임차인이 경매로 낙찰받는 경우에도 마찬가지이다(대법원96다38216, 97다28650, 2009다15794).

☞ 혼동으로 제한물권이 소멸하지 않는 경우(소멸대상권리 외 다른 권리가 있는 경우)

▶ 본인의 이익을 보호하기 위한 경우

· 소유권 ⇒ B근저당권(지상권, 지역권), 임차인 ⇒ C근저당권 ⇒ B소유권

이런 경우 B가 소멸하면 C의 순위가 상승해서 B자신의 이익을 해하기 때문이다. 따라서 이런 경우에는 매매가액에서 C의 금액을 차감정산해서 소멸시켜야 한다.

▶ 제3자의 이익을 보호하기 위한 경우

· A소유권 ⇒ B근저당권(지상권, 지역권)/C질권설정 ⇒ B소유권

이런 경우 B의 권리가 소멸한다고 해도 B자신의 이익을 해하지는 않지만 그럴 경우 질권자C가 손실을 보기 때문에 혼동으로 소멸할 수 없는 것이다. 따라서 이때에도 C의 권리를 소멸시키기 위해서는 해당 금액을 정산해서 소멸시켜야 한다.

☞ 혼동으로 소멸한 권리가 부활하는 경우(무효, 취소, 해제 등으로 효력을 상실한 경우)

· A소유권 ⇒ B근저당권 등 ⇒ B소유권 ⇒ C소유권/진정명의회복(B소유권이전이 원인무효, 취소, 해제 등으로 효력을 상실한 경우)

어떤 사유로 인해 혼동 이전의 상태로 복귀하더라도 일단 소멸한 권리는 부활하지 않지만, 혼동의 원인이 원인무효, 취소, 해제 등으로 효력을 상실한 경우는 혼동이 생기지 않았던 깃으로 되고, 소멸한 제한물권은 부활하게 된다. 따라서 위의 경우 B가 소유권을 취득하는 순간 B의 근저당권은 혼동으로 소멸했지만, 진정명의회복(원인무효)으로 C가 소유권을 회복하는 순간 B의 소유권 취득 시 혼동으로 소멸했던 B근저당권이 다시 부활하게 되는 것이다. 참고로 취소 해제 등에 의한 소유권회복등기는 순차로 이전된 명의자를 상대로 해야 하지만, 진정명의회복으로 인한 경우는 현재의 등기명의자만을 상대로 한다.

03 권리분석 절차 및 유의사항

앞서 언급했듯이 물리적 측면 외 법률적 측면의 권리분석 작업에서 입찰자가 궁극적으로 알고자 하는 것은 인수할 권리와 그에 따른 인수 금액 및 소멸되는 권리에 대한 명도 예상 비용일 것이다. 하지만 이를 알려면 정확한 낙찰금액의 예상과 그에 따른 예상 배당분석을 해보아야 할 것이다. 따라서 실무적으로는 대개 배당분석과 동시에 권리분석을 실시하게 된다.

권리분석의 절차
개략적인 권리분석 실시(인수권리의 파악)
1. 각 권리의 성립일자별로 권리를 정리(배열)한다.

▶ 등기권리
· 같은 구의 권리 : 순위번호
· 다른 구의 권리 : 접수일자 및 접수번호
이때 주의할 것은 조세·공과금에 있어 권리분석 시는 압류일자를, 배당분석 시는 법정기일을 적용해야 한다.
▶ 임차인 : 주민등록일(주택임대차) 또는 사업자등록일(상가임대차)

2. 말소기준권리를 정해서 선순위권리를 확인한다.

3. 임차인 분석을 한다. 임차인 분석을 하는 이유는 배당에서 제외되는 대항요건을 갖춘 선순위임차인은 특별한 경우가 아닌 한 낙찰자가 인수하기 때문이다.

▶ 최우선변제대상 소액임차인을 확인한다(보증금 앞에 '소/'라는 표시).
▶ 대항요건(임대차계약+전입/인도+전입신고/사업자등록)은 갖추었는가?
▶ 우선변제권(위 대항요건+확정일자)은 갖추었는가?
▶ 배당신청은 했는가? 경매법원에서 임대인에게 배당신청사실을 통지했는가?

경매법원에서 임대인(소유자)에게 선순위임차인의 배당신청사실을 통지했는가를 살피는 이유는 임차기간 만료 전에 경매가 되는 경우 원칙적으로 임대차관계는 소멸하고(주임법3조의5, 상임법8조) 비록 대항력이 있는 임차인이라 해도 배당요구를 하면 이를 임대차계약 해지의 의사표시로 볼 수 있지만, 이때에도 그 사실이 경매법원을 통해 임대인에게 통지된 때에 해지로 종료되는 것이고, 임차인이 경매법원에 배당요구를 했다는 사실만으로 곧바로 임대차 관계가 종료된다고 볼 수는 없기 때문이다(대법원97다28407, 94다37646, 민소법606조①항, 민집법89조).
그런데, 민사집행법89조에서는 배당신청대상채권자가 배당요구를 하면 이해관계인에게 통지를 하도록 하고 있지만, 실무에서는 임차인의 배당요구사실이 소유자에게 통지되는 경우가 거의 없는 실정이다(따라서 선순위임차인이 배당신청을 한 물건일 경우 소유자로 하여금 경매계에 배당신청사실 미통지를 이유로 이의를 제기해서 통지받은 후 그 증거를 확보하면 비록 선순위임차인이라 해도 인수할 보증금을 지급하고 인도집행을 할 수 있는 것이다).

4. 말소되지 않는 권리와 인수할 임차인을 파악해서 정리한다.

정밀권리분석 실시(인수할 금액과 예상명도비의 파악 및 응찰가 산출)

1. 예상배당분석을 실시한다.
2. 배당분석에 의해 산출된 인수금액과 소멸되는 권리에 대한 예

상명도비를 산출한다.

3. 이를 바탕으로 응찰가를 산정하고, 필요 시 수정해서 다시 검토한다.

권리분석 작업 시 유의사항

· 필히 각 물건별 및 토지와 건물을 달리해서 권리분석을 해야 한다.

☞ 예를 들어 권리의 순위가 ① 토지·건물 공동저당설정 ⇒ ② 건물 멸실(즉, 건물 저당권 소멸) ⇒ ③ 건물신축(저당권설정 안 함) ⇒ ④ 토지·건물 소유권이전청구권 가등기(담보가등기) ⇒ ⑤ 가등기권자에 의한 경매신청의 경우

▶ 토지에 대한 말소기준권리는 ①의 저당권이 되고,

▶ 건물에 대한 말소기준권리는 ④의 가등기(담보가등기)가 되기 때문이다.

· 권리분석은 최소한 5번 이상으로 하되 필히 잔금납부 시도 빠트리지 않아야 한다.

☞ 권리분석은 최소한 ① 입찰 전, ② 입찰 후~매각허가결정, ③ 매각허가결정~매각확정, ④ 매각확정~잔금납부, ⑤ 잔금납부 후의 단계로 해야 하는데 그 이유는 만약 권리변동이 있거나 지뢰를 밟았을 시 각 단계별로 매각불허가신청, 즉시항고(매각불허가취소신청, 매각허가결정취소신청) ⇒ 재항고, 대금감액신청 등을 할 수가 있기 때문이다. 특히 잔금납부 전 권리분석을 하는 것은 일반 부동산거래 시 잔금정산 직전 중개업자가 등기부를 발급해서 권리변동여부를 확인하는 것과 같은 원리인데, 그 이유는 소제대상인 후순위임차인이 말소기준권리가 되는 소액의 선순위저당권을 대위변제해 인수 대상권리가 되거나 후순위 소유권이전가등기권자가 소액의 선순위저당권을 대위변제하고 소유권을 취득하는 등 낙찰 이후에도 권리의 변동이 있을 수가 있기 때문이다.

· 대위변제가 일어날 가능성이 있는 경우에 유의한다.

다음과 같은 경우 대위변제의 가능성이 있는데, 원래 민법상 대위변제는 시간적 제한이 없지만 경매에서의 대위변제는 낙찰자가 잔금을 납부하기 전까지만 가능하므로(대법원98마1031) 이런 경우를 대비해서 고수익이 예상되는 우량물건일 경우 가능하면 빠른 시일 내에 잔금을 납부하는 것이 안전하다.

☞ 임차인이 대항력을 취득하기 위한 경우

▶ 공통조건(필요조건) : 1순위 근저당금액(실채권액)이 매우 소액인 경우

대위변제할 채권이 최소한 배당에서 제외될 자신의 채권보다 소액이어야 대위변제를 해서 대항력을 행사할 실익이 있기 때문이다.

▶ 개별조건(충분조건) : 2순위 임차인이 다음 조건 중 하나인 경우
· 배당대상임에도 불구하고 배당신청을 하지 않은 경우
· 배당대상임에도 불구하고 배당요구종기 이후 배당신청을 한 경우
· 적기에 배당신청을 했으나 확정일자가 늦어 배당순위가 매우 후순위인 경우
· 확정일자를 받지 않아 배당신청 자체가 불가능한 경우

☞ 후순위가등기권자가 소액의 선순위를 변제하고 소유권을 취득하기 위한 경우

이런 경우임에도 불구하고 선순위를 대위변제해 소멸시키지 않을 경우 그 소액의 선순위로 말미암아 자신의 가등기가 소멸되기 때문이다.

☞ 후순위담보권자가 선순위를 취득해서 수익을 취하거나 손실을 방지하기 위한 경우(이는 NPL 투자를 위한 경우로 필히 저당여유가 있어야 한다)

▶ 현 진행 상태대로 진행해서 유효채권을 더 쌓아 일부 수익을 취하려는 경우
▶ 매각기일을 연기해 유효채권을 더 쌓아 수익을 취하거나 손실을 줄이기 위한 경우
▶ 경매를 취하한 후 가격상승기에 경매를 진행해 수익실현(손실방지)을 하려는 경우

※ 여기까지는 경매와 관련해서 알아야 할 권리분석에 대한 기본적인 원칙만 간략히 기술했다. 깊이 있고 광범위한 주제는 지면관계상 다음을 기약하니 독자 여러분의 양해를 바란다.

Part
02

배당분석

배당이란 쉽게 말해 경매물건의 매각대금 중 공익비용을 제외한 배당재단으로 법률이 정한 순서에 따라 각 채권자의 금액을 나누어주고 잔여액이 있을 시 이를 소유자에게 반환하는 일련의 절차를 말하는 것이다. 그런데 이 부분 역시 다른 책에서도 많이 다루고 있으므로 기본적인 부분은 간략히 기술하고 다른 책에서 기술하지 않은 부분과 다른 책에서 잘못 기술하고 있는 부분을 중점적으로 다뤘으니 그 점을 주의 깊게 보기를 바란다.

특히 다음의 내용은 잘못 기술하고 있는 책들도 있으니 유의해서 살펴보기를 바란다.

▶ 소액임차인을 판별하는 임차보증금 적용기준이 되는 담보물권의 범주에 배당대상임차권을 포함시키는 경우
▶ 민법 제368조 제①항에 따른 동시배당 시 각 공동담보물건별로 공동담보채권을 배분하는 방식
▶ 동시배당 시 공담물건 중 일부에 공담채권 후 성립한 최우선변제대상 소액임차인이 있는 경우의 동시배당방법
▶ 공담물건 중 일부에 선순위 가압류가 있는 경우의 동시배당방법
▶ 민법 제368조제②항에 따른 이시배당 시 각 공담물 건별로 공동담보채권을 배분하는 방식

▶ 민법 제368조제②항에 따른 이시배당 시 일반채권자의 후순
위대위에 대한 자격유무

그런데 이는 해당 채권자는 물론 지분 투자를 하려는 분들에게
도 매우 중요하고, 배당업무를 취급하는 담당공무원(경매계와 사법
보좌관)에게도 매우 중요한 부분이므로 각별한 주의가 필요하다.

01 | 입찰자가 배당을 알아야 하는 이유

일반적으로 배당은 경매법원의 주관하에 각 채권자에게 배분하
는 작업이므로 입찰자는 자신의 낙찰대금만 잘 납부하면 되지 배
당에는 전혀 관여할 필요가 없다고 생각할 수도 있겠으나 이건 큰
오산이다. 왜냐하면 많은 경우에 권리가 깨끗하게 말소되지 않고
낙찰자에게 인수되는 권리가 있는가 하면, 그 외에도 배당부족으
로 인해 임차인 등에 대한 명도비용이 발생하기 때문이다. 따라서
필히 권리분석과 함께 예싱배딩을 실시해서 과연 낙찰 시 경락대
금 이외에도 자신이 부담해야 할 금액이 얼마가 될지를 파악해야
한다. 참고로 다음에 공부할 NPL의 경우에 배당은 곧 자신의 채권
회수액이 되므로 그 중요성은 더 말할 나위가 없다.

배당요구를 하지 않아도 당연히 배당에 참가할 수 있는 채권자

· 경매신청채권자 및 배당요구종기 전 이중경매신청채권자

☞ 경매신청채권자는 당연하겠지만, 배당요구종기 전의 이중경매신청채권자도 배당요구를 한 채권자로 보아 당연배당자로 취급한다. 하지만 배당요구종기 후에 신청한 이중경매신청채권자는 매수인이 인수해야 할 권리와 배당내역이 달라질 수 있으므로 선행사건에서는 당연배당자에 포함되지 않는다.

· 경매개시기입등기 전에 등기되어 있는 다음의 각 권리자

☞ 담보물권자, 임차권등기권자, 체납처분에 의한 압류등기권자, 가압류권자, 말소기준권리 후의 전세권자(단, 담보물권자 중 담보가등기권자는 채권신고를 해야 하며 (가담법16조②) 1984.1.1 담보가등기규정 전의 가등기는 전부 소유권이전청구권보전등기로서 배당을 받을 수 없다. 따라서 이 경우의 가등기는 말소기준권리가 될 수도 없다 : 헌법재판소97헌바38결정, 1983.12.30. 가담법 부칙)

· 새로운 등기부에 이기되지 않은 종전등기부상의 권리자

배당요구종기 내 배당요구를 해야만 배당에 참가할 수 있는 채권자

다음과 같이 배당요구를 해야만 배당에 참가할 수 있는 채권자라 하더라도 배당요구를 했음에도 불구하고 배당표가 잘못 작성

되어 배당이 잘못된 경우에는 잘못 배당된 자를 상대로 '부당이득 금반환청구'를 할 수 있지만(대법원2009마1932, 2008다19966, 2006 다49130, 2006다59762, 서울고등법원2010나21414), 배당요구종기까 지 배당신청을 하지 않았을 경우에는 비록 우선변제권이 있다고 하더라도 배당에서 제외됨은 물론 배당을 받은 후순위채권자를 상 대로 부당이득반환청구를 할 수도 없으므로 당연배당채권자가 아 닌 채권자는 필히 배당요구종기 내 배당신청을 해야 한다(대법원 96다10263, 2005다14595).

· 집행력 있는 정본을 가진 채권자

☞ 집행력 있는 정본을 가진 자일 경우 배당신청 시는 민사집행규칙48조에 따라 판결문사본의 제출도 가능하나 배당 시는 정본을 제출해야 한다. 하지만 만약 일 반채권자가 배당요구종기 이전에 각종 채권서류와 함께 집행력이 없는 '지급명령 신청 접수증명원'을 제출한 후 배당요구종기 후에 비로소 집행력이 있는 지급명 령이 결정되어 그 정본을 제출한 경우에는 배당에서 제외되는데, 이는 배당요구 시 민사집행규칙48조2항에 따라 집행력 있는(즉, 권원이 기 확정되어 있는) 정본의 사본을 제출한 후 추후 배당 시 정본을 제출하는 것과는 다른 경우이다. 따라서 후자의 경우 만약 배당기일 전에 지급명령이 확정되었다면 필히 확정된 지급명령 정본을 제출해야 한다.

· 민법, 상법, 기타 법률에 의해 우선변제청구권이 있는 채권자
· 대항요건과 확정일자를 갖춘 임차인(주임법, 상임법)
· 대항요건을 갖춘 소액임차인(주임법, 상임법) : 이때에는 확정 일자가 없어도 가능하다.

· 근로기준법상의 임금채권자

· 경매개시기입등기 전에 경료된 담보가등기권자(가담법16조)
· 경매개시기입등기 후의 저당권자, 압류·가압류권자, 임차권등
  기권자, 담보가등기권자, 기타 등기권리자
· 경매개시기입등기 전 압류를 하지 않은 국세, 공과금(4대보험)
  등의 교부청구권자
· 말소기준권리 이전에 설정되어 대항력이 있는 선순위전세권자

· 대위변제자 및 이시배당에 있어서의 차순위대위권자 : 이는
  배당기일까지 소명

03

배당기일의 지정 및 통지 민사집행법146조

배당기일의 지정

배당기일은 매각대금의 지급 후 3일 이내에(재경매사건에 있어 낙찰자의 대금납부로 재매각절차가 취소된 경우에는 바로) 지정하되 매각대금 지급일로부터 4주 이내의 날로 정해야 하며, 만약 낙찰자가 매각허가결정 시까지 채무인수신청이나 채권상계신청이 있었을 경우에는 매각대금지급일을 배당기일로 지정한다.

배당기일의 통지(민사집행법146조)

· 민사집행법146조에 따라 배당대상자에 대해 배당기일을 통지해야 하며, 이때 민사집행규칙8조4항의 통지생략규정은 적용되지 아니한다. 따라서 통지받을 사람이 외국에 있거나 있는 곳이 분명하지 아니한 때에도 통지를 생략할 수 없다. 다만, 채무자에 대한 통지에 있어서는 채무자가 외국에 있거나 있는 곳이 분명하지 아니한 때에는 민사집행법146조 단서에 따라 통지를 생략할 수 있다.

· 채권사 중 있는 곳이 불명해 기일통지가 불가능하면 직권으로 공시송달을 한다.

· 매수인에게는 배당기일통지를 할 필요가 없으나 매수인이 채무인수신청이나 채권상계신청(차액지급신청)을 한 때에는 매

수인에게도 통지해야 한다.

· 배당기일통지가 누락된 것에 대해서는 집행에 관한 이의로 다툴 수 있다.

04 | 배당요구의 신청 및 철회

배당요구의 신청

배당요구 신청기간

배당요구를 신청할 수 있는 기간은 경매법원에서 정해 공고한 배당요구종기일까지이다. 단, 경매법원의 절차지연(민사집행법84조6항) 또는 통지를 받지 못한 임차인의 연기신청에 의해 연기되었을 시에는 그 연기된 종기일이 된다.

배당요구(채권계산서 제출) 시 첨부서류

채권의 종류	첨부서류
최우선변제대상 소액임차권자	임대차계약서 + 주민등록등본(사업자등록증명원)
우선변제대상 임차권자	임대차계약서(확정일자) + 주민등록등본(〃)
근로기준법에 의한 임금채권자	회사경리장부(임금대장) + 근로감독관청확인서 + 관할세무서의 근로소득원천징수서류
가압류채권자	가압류결정 정본 + 등기사항전부증명서

집행력 있는 정본의 채권	집행력 있는 판결정본(사본) 및 송달증명 등
담보가등기권자	등기사항전부증명서 + 채권원인증서 사본
경매등기부 저당권자	등기사항전부증명서
일반채권자	채권원인증서 사본

이중경매신청 및 배당요구사실의 이해관계인에 대한 통지(민사집행법89조)

이중경매신청 및 배당요구를 해야 배당을 받을 수 있는 채권자(집행력 있는 정본을 가진 채권자, 경매개시결정이 등기된 뒤에 가압류를 한 채권자, 민법·상법 그 밖의 법률에 의해 우선변제청구권이 있는 채권자)의 배당신청이 있는 경우에는 그 사유를 이해관계인(▶ 압류채권자 ▶ 집행력 있는 정본에 의해 배당을 요구한 채권자 ▶ 채무자 및 소유자 ▶ 등기부에 기입된 부동산 위의 권리자 ▶ 부동산 위의 권리자로서 그 권리를 증명한 사람)에게 통지해야 한다. 그 이유는 이러한 채권자는 당연배당권자가 아니어서 통지가 없으면 이해관계인이 배당신청을 했는지 아닌지를 알 수 없기 때문이다. 그러나 이해관계인이라 해도 배당절차와 이해관계가 없는 자(즉, 매수인이 인수하는 전세권자 등)에게는 통지를 하지 않아도 된다.

배당신청채권의 확정

경매법원이 공고한 배당요구종기가 도래함으로써 배당신청채권은 확정되며, 이때 경매신청채권자가 경매신청 당시 채권의 일부금액으로 경매신청을 한 경우, 배당요구종기까지 이중경매신청 등을 하지 않는 이상 경매진행 중 새로운 채권을 추가해서 청구금액을 확장할 수 없다(대법원95다15261, 2003다51583, 2008다78880, 96다495, 96다39470). 이를 "실권효"라 한다. 단, 이때에도 이자 등 부대채권의 경우 신청채권자는 경매신청서에 이자의 지급을 구하는 취지가 적혀 있었다면 배당 시 채권계산서를 확장(보정)해서 배당을 받을 수 있고, 다른 채권자는 배당요구종기까지 이자의 지급을 구하는 취지가 적혀 있는 채권계산서를 제출하면 배당 시 이를 확장해서 배당받을 수 있다.

이는 조세채권에 있어서도 마찬가지여서 경매개시기입등기 이후 체납처분에 의한 압류등기를 했다면 배당요구종기까지 교부한 청구금액만을 매각대금에서 배당받을 수 있다(대법원2011다44160, 2000다21154, 99다22311).

배당요구의 철회(민사집행법88조2항)

배당요구의 철회는 자유롭게 할 수 있으나, 그로 말미암아 매수인이 인수할 부담이 바뀌는 경우 배당요구한 채권자는 배당요구의 종기가 지난 뒤에는 이를 철회하지 못한다. 따라서 만약 후순위 임차인이 배당요구종기 이후 배당요구를 철회해서 대항력을 행사하고 싶을 경우에는 선순위를 대위변제해서 그 효과를 누릴 수 있다(하지만 이때에도 선순위가 최소한 자신의 채권보다 소액일 경우에만 대위변제의 실익이 있다).

- 몰수보증금 : 매수인의 대금미납으로 인해 몰수한 입찰보증금
- 매각대금 : 낙찰대금
- 지연이자 : 낙찰자의 대금납부지연에 따른 연체이자
- 몰수한 항고보증금 또는 몰수이자 : 채무자의 항고기각 시 몰수한 항고보증금 또는 그 외의 항고기각에 대한 몰수이자
- 예치이자 : 항고 등으로 인한 절차지연 시 매각대금 등의 금고 (은행)예치이자
- 경매개시기입등기 후의 법정과실(연체차임) : 법률규정이 아닌 판례에서 규정

☞ 법률규정(민집법147조 : 배당할 금액 등)에는 규정되어 있지 않지만 판례(서울동부지법2006가단62400)에 의하면 "민법359조에 의하면 '저당권의 효력은 저당부동산에 대한 압류(경매개시기입등기)가 있은 후 저당권설정자가 그 부동산으로부터 수취한 과실 또는 수취할 수 있는 과실에 미친다'라고 하고 있고, 부동산의 차임은 법정과실이므로 부동산의 차임에도 저당권의 압류의 효력이 미쳐서 저당권설정자가 이를 수취할 수 없고, 저당부동산에 포함되어 저당부동산과 함께 경매절차에서 환가되거나 수취된 후 피담보채권의 변제에 충당되어야 한다"라고 하고 있다.
하지만 실무에서는 이를 놓치는 경우가 있을 수 있는데, 이런 경우는 배당을 실시하는 경매법원(경매 계장)이 법리에 능통하지 않아 그럴 수도 있고, 배당대상채권자마저 배당과 관련한 법리에 무지한 경우에 그럴 수 있다. 따라서 배당을 받는 임차인이 있고 그 임차인이 경매개시기입등기 후부터 매수인의 경락잔금납부 시까지의 연체차임이 있음에도 불구하고 이를 차감하지 않고 배당함으로서 배당손실을 입는 채권자는 적극적으로 이의제기를 해서 손실을 방지할 수 있으며, 이때 임료를 지급했다는 입증책임은 임차인이 져야 한다(대법원2001다28176).

06 | 배당절차

배당표 원안의 작성, 비치, 열람(민사집행법149조, 151조)

· 경매법원은 배당기일에 출석한 이해관계인과 배당을 요구한 채권자를 심문해서 배당표를 확정해야 하나, 그에 앞서 채권자와 채무자에게 보여주기 위해서 배당기일의 3일 전에 배당표원안을 작성해서 법원에 비치해야 한다(민사집행법149조). 하지만 실무에서는 배당분석 작업이 난해한 경우 당일 오전이 되어야 작성되는 경우도 허다하며, 심지어 그마저도 잘못 작성되어 배당이 잘못되는 경우도 적지 않다. 이럴 경우에는 '배당이의'를 제기해서 잘못된 배당을 바로잡아야 하지만 배당에 대한 자세한 원리를 모르는 사이 원안대로 배당되어 자신의 권리가 사장되는 경우도 흔한 실정이다. 따라서 이를 방지하기 위해서 필히 배당에 대한 지식으로 철저히 무장해야 하는 것이다.

※ 현재 법원에서 사용하고 있는 배당표 양식

사건 2012타경00000 부동산강제경매 2013타경00000(중복)　　　　　　　　　　(단위 : 원)

배당할 금액		금 0,000,000,000		
명세	매각대금	금 0,000,000,000		
	지연이자, 절차비용	금　　　　0		
	전경매보증금	금　　　　0		
	매각대금이자	금　　0,000,000		
	항고보증금	금　　　　0		
집행비용		금　　0,000,000		
실제 배당할 금액		금 0,000,000,000		
매각부동산		별지와 같음		
채권자		홍길동	김삿갓	고리대부
채권금액	원금	00,000,000	00,000,000	00,000,000
	이자	0	0	0
	비용	0	0	0
	계	00,000,000	00,000,000	00,000,000
배당순위		1	1	1
이유		소액임차인		
채권최고액		00,000,000	00,000,000	00,000,000
배당액		00,000,000	00,000,000	00,000,000
잔여액		0,000,000,000	0,000,000,000	0,000,000,000
배당비율		00.00%	100.00%	00.00%
공탁번호(공탁일)		금제000호(00.00.00)	금제000호(00.00.00)	금제000호(00.00.00)

· 배당표 원안을 열람한 이해관계인 및 배당을 요구한 채권자들은 배당표에 적은 내용에 대해 이의가 있을 경우 반드시 배당기일에 출석해서 이의를 진술해야 하고, 미리 서면으로 이의를 제기할 수 없다(민사집행법151조1항, 3항). 다만, 채무자는 배당기일 전이라 할지라도 법원에 배당표 원안이 비치된 이후 배당기일이 끝날 때까지 서면으로도 이의를 제기할 수 있다(민사집

행법151조2항). 그리고 배당기일 출석하지 않은 채권자는 배당
표에 동의한 것으로 간주한다. 다만, 불출석한 채권자가 다른
채권자가 제기한 이의에 관계된 때에는 이의에 동의하지 않은
것으로 본다(민집법153조).

배당기일

· 배당금수령 시 구비서류

공통서류	1. 채권원본(배당신청 시 원본을 제출한 경우 제외) 2. 위임 시 : ▶ 위임자의 인감날인 위임장 2통(경매계, 보관계) 　　　　　 ▶ 위임자의 인감증명서 2통　 ▶ 대리인의 신분증, 도장 ※ 법인일 경우 : 다음 서류 중 주민등록초본 대신 법인등기사항증명서	
채권자별	**구비 서류**	
1. 임차인 또는 전세권자	▶ 임대차 계약서 원본　 ▶ 신분증　 ▶ 도장 ▶ 주민등록초본(주택임차인) 또는 등록사항의 현황서 등본(상가임차인) ▶ 매수인의 인감이 날인된 명도확인서 1통 ▶ 매수인 인감증명서 1통 ※ 배당기일 경과 시(추가) : 임차인의 인감증명서 2통과 인감도장	
	낙찰자나 건물소유자의 명도확인서가 필요하지 않은 경우	▶ 대항력 있는 임차권자가 일부만 배당받는 경우 ▶ 건물에 대한 대항력이 없으나, 대지만 매각되고 　 대지매각 대금에서 일부만 배당받는 경우
	매수인이 명도확인서의 작성을 거절할 경우 (택일)	▶ 통반장 확인서, 아파트관리소장 명의의 확인서 ▶ 집행법원에 사실조회를 신청해서 집행법원에서 관 　 할경찰서에 매수인의 명도여부를 확인하게 한다.
2. 저당권자 질권자 등	▶ 근저당권 등기필증(질권권리증) 원본　 ▶ 신분증　 ▶ 도장 ▶ 원인증서(약정서, 차용증, 질권계약서, 약속어음 등)	
3. 가압류권자	▶ 가압류신청서 사본　 ▶ 가압류결정문　 ▶ 신분증　 ▶ 도장 ▶ 집행권원(판결문, 이행권고결정문, 지급명령, 공정증서) ▶ 확정 및 송달증명원	
4. 추심권자	채권압류 및 추심명령결정 정본 1통(+ 사본 1통)	
5. 전부권자	▶ 채권압류 및 전부명령결정 정본 1통(+ 사본 1통)　 ▶ 송달, 확정증명 1통	
6. 임금채권	▶ 주민등록초본　 ▶ 신분증	

배당

배당채권이 외화채권일 경우에는 배당기일의 환율을 적용한다(대법원2010다103642).

ㆍ배당표에 대한 이의가 없는 경우

배당표에 대한 이해관계인의 이의가 없는 경우에는 배당표대로 배당을 실시한다.

ㆍ배당표에 대한 이의가 있는 경우(민사집행법151조~161조)

이의의 범위(151조3항)

－ 이의 제기자(원고) : 대법원2013다86403, 대법원2014다53790

　채권자는 자기의 이해에 관계되는 범위 내에서 이의를 할 수 있으며, 다른 채권자의 이해를 이유로는 이의를 할 수 없다.

－ 이의의 상대방(피고) : 대법원2008다29697

　이의 제기자(원고)와는 달리 이의의 상대방인 피고는 원고의 청구를 배척할 수 있는 모든 주장을 방어방법으로 내세울 수 있으므로, 원고의 청구를 배척할 수 있는 사유로서 배당에서 제외된 다른 채권에 배당되어야 할 것이라고 주장할 수는 있다.

이의의 방법(민사집행법154조, 대법원2004다72464, 2013다86403, 99다70983)

배당기일 출석해서 이의를 세기한 자는 배당기일 후 1주일(즉시 항고기일과 같다) 이내에 배당표에 기재된 것보다 배당을 더 받게 될 금액을 명시한 '배당이의의 소'를 제기하고 '소제기증명서'와 '배당절차의 일시 정지를 명하는 잠정처분명령서'를 배당법원에 제출해야 하며, 1주일 내 소제기증명서를 제출하지 아니한 때에는 이의가 취하된 것으로 해서 당초배당표대로 배당을 한다. 이때 주의할 것은, 판례(대법원2004다72464, 2013다86403, 99다70983)에서는 소 제기 시 그 형식이 법률규정(민집법154조)에 적합하지 않으면 각하를 해야 한다고 하고 있으므로 이에 각별히 유의해야 한다.

'배당이의의 소(즉, "배당이 잘못 되었다"라는 소)'를 제기해야 하는 경우

- 채무자가 집행력 있는 집행권원의 정본이 없는 채권자를 상대로 하는 경우
- 채권자가 다른 채권자에 대해 이의를 제기하는 경우

'청구이의의 소(즉, "청구금액이 잘못 되었다"라는 소)'를 제기해야 하는 경우

채무자가 집행력 있는 집행권원의 정본이 있는 채권자를 상대로 하는 경우 '배당이이의 소'가 아닌 '청구이의의 소'를 제기해야 하는 이유는 그 집행권원의 집행력을 배제시켜야 하기 때문이다(대법원2004다72464, 2013다86403, 99다70983).

· 이의가 있는 경우의 배당 방법

이의가 있는 채권에 대한 배당은 유보하고 이의가 없는 채권은 배당한다(152조3항). 이때 이해관계인이 합의한 경우 그에 따라 배당표를 작성하고 배당한다(150조2항).

· 추후 제소기일 도래 시

- 소제기증명서 미제출 시 : 당초 배당표대로 추가배당을 실시한다.

- 소제기증명서 제출 시 : 해당 배당금을 공탁하고 추후 소송의 결과에 따라 추가배당을 실시한다.

· 배당이의가 있는 경우 상대 채권자의 능률적인 대응 방법
배당이의가 있는 경우 기일이 지연됨에 따라 많은 기회비용의 손실이 발생하게 되며 특히 상대 채권자가 거액의 질권대출을 받은 NPL 투자자라면 그 손실은 막대해진다. 따라서 상대가 배당이의를 제기할 시 이를 능률적으로 방어(대처)해야 한다.
- 원고가 담보제공 없이 소를 제기한 경우 : 경매법원에 원고로 하여금 소송비용에 대해(현금)담보제공명령을 하게 할 것을 신청해서 소송수행을 어렵게 하고(민사소송법117조1항), 만약 이 신청이 받아들여지지 않을 시는 거부권을 행사하거나(민·소·법119조) 즉시항고한다(민·소·법121조). 하지만 만약 상대가 담보를 제공하지 않았음을 알고도 본안에 관해 변론하거나 변론준비기일에서 진술한 경우는 담보제공을 신청하지 못한다(민·소·법118조).
- 간접당사자일 경우 : 배당이의의 직접당사자는 아니지만 당해 배당이의의 소로 영향을 받을 수 있는 채권자(후순위채권을 취득한 NPL 투자자 등)인 경우, 필요시 보조참가(요건이 맞을 시 독립참가도 가능)를 해서 소송을 신속히 종결짓도록 한다(민·소·법71조~86조).

배당 시 경매법원의 사무처리

· 채권자가 채권액의 전부를 지급받는 경우 : 채권자로부터 정본 또는 채권증서를 회수해서 채무자에게 교부한다.

· 채권자가 채권액의 일부를 지급받는 경우 : 집행력 있는 정본 또는 채권증서상의 여백이나 뒷면에 그 사실을 기재하고(이를 '부기문'을 발급받는다고 한다) 기명·날인한 후 그 증서를 다시 채권자에게 돌려주고, 배당액에 대한 영수증을 교부받아 채무자에게 교부한다.

배당금 지급 및 수령절차

① 법원보관금 출금명령서+배당표사본 교부(법원사무관 ⇒ 채권자)/대리인일 경우 : 위임장(인감증명 첨부) 1부 제출 ⇒ ② 출납공무원(보관계)에게 제출(채권자 ⇒ 출납공무원)/대리인일 경우 : 위임장(인감증명 첨부) 1부 제출 ⇒ ③ 출금지시서 교부(출납공무원 ⇒ 채권자) ⇒ ④ 출납취급은행에서 인출(채권자) ⇒ ※ 미회수채권에 대한 부기문 발급(민사신청과)/배당표 첨부 ⇒ 추후(시효 완성 전) 별도 판결로 잔여채권 회수

07 | 배당의 주요 원칙

물권상호 간의 배당 원칙

· 먼저 성립한 물권이 후에 성립한 물권보다 우선해서 배당받는다.

· 채권도 등기(제3자에 대한 공시)를 하면 물권으로 간주(우선변제권)해서 배당한다. 하지만 등기를 할 시 제3자에 대한 공시를 갖췄으므로 우선변제의 순위를 물권과 같이 적용한다는 것이지 그런다고 해서 그 본질(본성)이 물권으로 바뀌는 것은 아니다.

· 배당신청을 한 일정 요건을 갖춘 미등기 임차권도 우선변제권을 부여해서 배당한다.

  1. 주임법상의 대항요건(계약+주민등록+인도)을 갖춘 소액임차보증금 중 일정액

  2. 상임법상의 대항요건(계약+사업자등록+인도)을 갖춘 소액임차보증금 중 일정액

  3. 주임법상(모든 주택임대차)의 우선변제대상(대항요건+확정일자) 임차권

  4. 상임법상(일정한 환산보증금 내)의 우선변제대상(대항요건+확정일자) 임차권

· 등기권리의 순위적용은 등기의 선·후순위에 의한다. 따라서 같은 구의 등기는 순위번호에, 다른 구의 등기는 접수일자와 접수번호에 의한다.

물권과 채권 간의 원칙

원칙

물권이 채권에 우선한다. 다만 앞서 말했듯이 채권도 등기를 하면 물권으로 간주해서(공시효과를 인정) 그 순위에 따라 우선변제권을 갖는다.

예외

· 법률규정에 따라 우선변제권이 있는 채권은 물권과의 관계에 있어서도 그(법률이 정하는) 순위에 따른다.

· 가압류가 있을 경우(물권우선주의 및 안분후흡수설)

: 성립시기가 가압류 이후의 권리는 물권과 채권을 구분하지 않고 안분배당한다. 그 이유는 가압류의 처분금지적 효 때문인데, 그렇다고 하더라도 일단 안분한 이후의 권리관계에 있어서는 또 다시 원칙으로 돌아가 물권과 물권이 설정된 이후의 채권과의 관계에 있어 물권은 역시 배타적 권리가 있어 자기채권의 만족 시까지 자기 이후의 채권에서 흡수한다.

☞ 우선변제권(최우선변제권)이 있는 채권도 안분의 대상인가?　답변 : 아니다

▶ 법률의 규정에 따라 우선변제권(최우선변제권)이 있는 채권은 특별한 경우(우선변제권이 서로 충돌해서 순환배당을 해야 하는 경우)가 아닌 한 안분을 해서는 안 되고, 아예 처음부터 우선변제(최우선변제)를 해야 한다. 하지만 어떤 분은 가압류 후에 경료된 임차인이라면 무조건 최우선변제액을 포함한 전액을 안분배당 대상에 포함시켜 안분한 후 배당조정을 하는 경우가 있는데, 이는 법리를 잘못 이해하고 있는 오류가 명백하다. 그 이유는 다음과 같다.

소액임차인에 대한 최우선변제채권은 그 어떤 채권과도 경합이 되는 경우가 없기 때문이다. 즉, 성립한(경료된) 순서에 관계없이 담보물권이나 일반 임금채권이나 당해세나 그 어떤 채권과도 변제의 우선순위가 경합하지 않고 명쾌하기 때문이다.

▶ 특히 소액임차인의 최우선변제액은 주임법8조(시행령10조, 11조), 상임법14조(시행령6조, 7조)에서 다른 담보물권자보다 우선한다고 하고 있을 뿐 아니라 민사집행법246조에서 주택임대차의 최우선변제액은 아예 '압류금지채권'으로 규정하고 있어 압류의 대상이 되지도 않기 때문이다. 따라서 소액임차인에 대한 최우선변제액은 안분의 대상으로 하지 말고 아예 처음부터 최우선변제액으로 공제한 후 잔여 임차보증금을 안분의 대상으로 해야 하는 것이다.

▶ 당해세도 특수한 경우 즉, '가압류 ⇒ 당해세 ⇒ 담보물권 ⇒ 일반 임금채권'으로 경료된 경우에는 '당해세 〉 가압류 〉 담보물권 〉 일반 임금채권 〉 당해세 〉 가압류 〉 담보물권 〉 일반 임금채권'의 순이 되어 끊임없이 돌고 도는 관계로 부득이 순환배당해야 하는 경우가 발생할 수 있지만, 그 외 일반 임금채권이 없는 경우라면 설령 '가압류 ⇒ 당해세 ⇒ 담보물권'이나 '가압류 ⇒ 담보물권 ⇒ 당해세'로 경료된 경우라 하더라도 가압류도 담보물권도 당해세와는 경합할 수 없는 관계로 안분배당의 대상이 되지 않는 것이다. 이는 나중에 사례를 통해 직접 배당분석을 해보기로 하자.

채권상호 간의 원칙

: 등기된 채권과 법률규정에 따라 우선변제권이 있는 채권을 제외한 모든 채권은 채권자평등의 원칙으로 성립시기에 관계없이 각 채권액에 비례해서 안분배당한다.

기타 적용 원칙

1. 조세(국세, 지방세)우선의 원칙에 의한 가압류채권에 대한 조세의 소급흡수(국세기본법35조1항, 지방세기본법71조1항, 관세법3

조·4조)

: 조세는 시간 선후에 관계없이 언제나 가압류채권보다 우선하므로 자기채권의 부족 시는 후순위의 가압류는 물론 먼저 성립(배당)한 가압류채권에서도 흡수한다. 이때 조세(국세, 지방세)는 국세징수법의 규정에 따라 체납처분비·가산금을 포함한다.

2. 조세·공과금에 대한 근로관계채권(임금, 퇴직금)의 우선원칙(근로기준법 제38조)

: 근로관계채권은 성립시기에 관계없이 조세·공과금보다 우선한다(하지만 조세의 가산금과는 달리 임금채권의 지연손해금은 일반채권으로 평등배당한다 : 대법원99마5143). 다만, 저당권 등의 담보물권에 우선하는 조세·공과금이 있는 경우(즉, 조세·공과금 ⇒ 담보물권 ⇒ 임금채권)에는 서로 우선순위가 충돌해 순환(안분)배당을 한다.

3. 공과금에 대한 조세의 우선원칙(국세기본법35조1항, 지방세기본법71조1항)

: 조세는 언제나(시간 선후에 관계없이) 공과금보다 우선한다.

4. 조세와 조세 상호 간의 우선원칙(국세기본법 35조, 37조, 36조)

: 당해세우선 ⇒ 납세담보우선 ⇒ 압류선착주의 ⇒ 그 외 교부청구의 평등배당

① 조세 상호 간에는 언제나 당해세가 우선한다(국세기본법35조 3항).

② 당해세 이외에는 납세담보조세가 우선한다(국세기본법37조).

③ 압류선착주의(국세기본법36조) : 먼저 압류한 조세가 우선한다(즉, 국세가 먼저 압류를 했으면 국세가 우선하고, 지방세가 먼

저 압류를 했으면 지방세가 우선한다). 단, ▶ 당해세 및 납세담보 조세에는 압류선착주의를 적용하지 않고, ▶ 타기관의 압류재산에 교부청구에 갈음한 참가압류는 기 압류기관의 압류해제 시에 압류의 효력이 발생한다. 따라서 최초로 압류한 조세채권이 참가압류조세채권보다 우선한다.

④ 당해세도 아니면서 납세담보나 압류 없이 교부청구한 조세·공과금 간에는 시간의 선후에 관계없이 조세는 조세 간, 공과금은 공과금 간 채권액에 비례해서 평등배당한다.

5. 양도 또는 상속·증여된 부동산에 대한 조세(당해세 포함)와 담보물권

: 양수인의 소유권이전 시까지 체납처분의 압류가 없거나 근저당설정 시까지 상속·증여에 의한 소유권이전등기가 없었다면 양도인 또는 상속인·수증인에 대한 조세는 우선배당을 받을 수 없다(대법원88다카105, 2000다47972). 따라서 부동산의 매매 시 양도인에 대한 조세채권의 법정기일이 양수인의 저당권설정 전일지라도 압류가 없었다면 추후 양수인의 재산에 대한 경매 시 우선배당권이 없다.

효력발생시기의 예외적 적용 원칙

: 조세·공과금은 압류일자기 아닌 법정기일을 기준으로 비교한다(국세기본법35조).

1. 이때 조세에 대한 가산금은 임금채권의 지연손해금과는 달리 우선변제권이 있지만 그 성립일자는 본세의 법정기일이 아닌 가산

세 자체의 법정기일(즉, 납세고지서 발송일)을 기준으로 한다(대법원 2001다10076판결 : 배당이의).

① 조세의 법정기일(국세기본법35조2항)

ⓐ 신고납부세액 – 신고기일(단, 자진신고 불이행시 : 신고기한 만료일)

☞ 신고납부조세의 법정기일 예 : 신고기간이 1/1~1/31일 경우
▶ 자진신고 시 : 자진신고일 ▶ 자신신고 불이행 시 : 1/31

◎ 국세 중 해당세 : 법인세, 소득세, 부가가치세등(중간예납 법인세, 예정신고부가세 포함)

◎ 지방세 중 해당세 : 농지세(중간예납농지세 포함), 취득세, 등록세, 사업소득세 등

ⓑ 정부·지자체가 결정, 경정, 수시부과 결정하는 세액 – 납세고지서 발송일(만약 과세관청이 당초 신고한 세액을 증액하는 경정처분을 한 경우, 당초 신고한 세액은 위 신고납부세액의 법정기일과 같고, 증액결정처분한 세액에 대해서만 납세고지서 발송일이 법정기일이 된다. : 대법원2017다236978)

◎ 국세 중 해당세액 : 종부세 등

◎ 지방세 중 해당세액 : 주민세, 자동차세, 면허세, 재산세, 도시계획세, 공동시설세, 지역개발세 등

ⓒ 원천징수세액 – 납세의무 확정일

원천징수의무자 또는 납세조합으로부터 징수하는 세액, 인지세 등

ⓓ 제2차납세의무자(보증인 포함)의 재산에서 국세를 징수하

는 경우 : 납부통지서 발송일

ⓔ 양도담보재산에서 국세를 징수하는 경우 : 납세통지서 발송일

② 공과금의 법정기일 : 납부기한 (즉, 익월 10일 : 국민건강보험법78조)

2. 조세·공과금의 법정기일과 담보물권설정일이 동일자일 경우 조세·공과금이 우선한다(단, 조세·공과금 간에는 조세가 우선) : 국세기본법35조, 국민건강보험법85조

3. 미등기된 배당신청임차권은 대항요건(계약체결+전입+주민등록/사업자등록)과 확정일자 중 가장 늦은 것과 비교해서 담보물권과 동일자일 경우 동순위로 배당하되, 그(대항요건과 확정일자) 중 주민등록 또는 사업자등록이 가장 늦은 것일 경우에는 담보물권이 우선한다(※ 주민등록 및 사업자등록은 익일 0시부터 효력이 발생하므로).

4. 임대차보호법(주임법, 상임법)상의 등기명령신청에 의한 임차권등기는 등기접수일이 아닌 당초 대항요건을 갖춘 시점(등기부에 기재된 내용 기준)을 기준으로 한다.

순환배당

　: 순환배당이란 각 채권의 우선순위가 충돌해서 하나의 기준으로는 도저히 명쾌히 규정할 수 없는 경우에 서로의 배당액을 확정하는 방법이다.

　예를 들어 성립시기에 따른 배당 시 A(선순위공과금) : 4,000만 원 ⇒ B(저당권) : 10,000만 원 ⇒ C(후순위조세) : 6,000만 원의 관계에 있을 경우, 성립시기별로는 A ＞ B ＞ C 순이나 국세기본법 35조1항의 규정에 의하면 조세와 공과금 간에는 성립시기에 관계없이 조세가 공과금에 우선하므로 C ＞ A가 되어, 전체적인 배당 순위가 A ＞ B ＞ C ＞ A ＞ B ＞ C로 끊임없이 순환하게 된다. 따라서 이때에는 부득이 어떤 기준에 의해 그 고리를 끊어주어야 하는데 그 적용이론으로 안분배당설과 안분후흡수설과 가산후안분설로 대별된다. 그런데 현재 적용되고 있는 판례(다수설)는 안분후흡수설에 따르고 있는데, 그에 의하면 먼저 당초의 각 채권액에 비례해서 1차 안분한 후, 다시 자기채권의 부족액을 한도로 자기보다 열후한 채권자의 배당액에서 흡수하되 그 한도는 흡수할 채권자의 1차 안분금액을 한도로 하며, 이는 끊임없는 순환의 고리를 끊기 위해 다음과 같이 1회에 한해서 실시한다. 자, 그러면 사례를 통해 공부해보기로 하자.

※ 배당가액 : 10,000(안분후 흡수) *A>B>C>A>B>C>A>B>C>···

(단위 : 만 원)

채권자/채권액(a)	안분액(b) (피흡수 한도)	부족액(c) (흡수할 한도)	흡수(d)≤c		피흡수(e)≤b		최종 배당액 (b+d-e)
			피흡수자	금액	흡수한자	금액	
공과금A : 4,000	2,000	2,000	저당권B	2,000	조세C	2,000	2,000
저당권B : 10,000	5,000	5,000	조세C	3,000	공과금A	2,000	6,000
조세C : 6,000	3,000	3,000	공과금A	2,000	저당권B	3,000	2,000
합계 : 20,000	10,000	10,000	합계	7,000	합계	7,000	10,000

08 채권종류별 배당순위 요약 및 배당작업 절차 도표

앞서 배당원칙에 따른 제반 권리의 배당순위를 도표로 요약하면 다음과 같다.

저당권 등(저당권·질권·전세권·담보가등기·배당대상임차권)이 없는 경우

※ 이때에는 저당권 등이 없는 관계로 순위가 명쾌해서 상호 충돌은 발생하지 않는다.

I	배당가용금액의 산출(낙찰가-공익비용)			
공익 비용	0 순위	0-1	무배당 자력공제 : 경매비용(공익비용)	
		0-2	무배당 인정공제 : 필요비·유익비(제3취득자의 비용상환청구권)	

II	배당대상채권 우선변제순위별 정렬(*배당대상임차권이 있는 경우는 저당권 등이 있는 경우를 적용) 담보물권 등이 없는 경우는 가압류(일반채권)가 있어도 우선순위가 명쾌해서 안분할 필요가 없다.			

III 우 선 배 당 실 시 [최 우 선 변 제 ⇨ 순 위 별 우 선 배 당]	1순위(특배1) : 소액최우선 변제		◎ 배당신청을 한 주임법상 대항요건을 갖 춘 소액임차보증금 중 일정액(한도 : 배당 가용액×1/2) ◎ 배당신청을 한 상임법상 대항요건을 갖 춘 소액임차보증금 중 일정액[한도 : 배당 가용액×1/2('14.1.1.~)]	* 소액임차보증금 외 확정일자 부 배당대상임차권은 담보물 권과 유사하게 취급되어(대법 92다30597, 2007다45562) '저당권 등이 있는 경우'의 배 당에 적용
	2순위 : 일반임금채권		◎ 최종 3개월분 급여·최종 3년분 퇴직금 ◎ 재해보상금	* 소액임차인이 있는 경우와 전체임금채권 배당부족 시 를 위해 (배당시점기준)최우선 임금채권과 일반임금채권을 구분함
			◎ 최종3개월분 임금·최종 3년분 퇴직금을 제외한 일반임금·퇴직금 ◎ 기타 근로관계로 인한 채권	
	3 순 위 : 조 세 채 권	(1순위)	당 해 세 국세 : 상속세·증여세, 종부세(분리과세분), 토·초·세('90. 1. 1시행 ~ '98.12. 28 폐지) 지방세 : 재산세(분리과세분), 자동차세, 도시계획세, 공동시설세, 재산세·자동차세에 부과된 지방교육세와 가산금	
		(2순위)	납세담보 조세·관세	
		(3순위)	압류조세·관세 : 압류선착순	
		(4순위)	기타조세(그 외의 교부청구 및 참가압류 조세) : 평균배분	
	4순위 : 공과금		4대보험 : 산재보험, 국민건강보험, 국민연금보험, 고용보험	
	5순위 : 일반채권 ⇒ 안분배당		◎ 채무명의 있는 채권[판결확정채권, 가집행선고부채권, 공증채권(차용증, 보관증, 약속어음, 각서, 합의서, 임대차계약 등)] ◎ 임금채권의 지연손해금 ◎ 국유재산법상의 사용료·대부료 등 ◎ 재산형·과태료 *(소액최우선변제 외) 확정일자 없는 임차보증금은 제외	

저당권 등(저당권·질권·전세권·담보가등기·배당대상임차권)이 있는 경우

I	배당가용금액의 산출(낙찰가-공익비용)		
공익 비용	0 순위	0-1	무배당 자력공제 : 경매비용(공익비용)
		0-2	무배당 인정공제 : 필요비·유익비(제3취득자의 비용상환청구권)

Ⅱ	① 배당대상채권 성립시기별 정렬(*정렬기준☞ ▶조세·공과금 : 법정기일 ▶임차권: 성립일) ⇒ ② 우선배당 ☞ 아래Ⅲ [▶가압류 이후 안분 (소액최우선변제액은 안분대상이 아니므로 별도로 최우선배당) ⇒ ▶가압류 후 우선변제권의 후순위 흡수(조세·공과금은 선순위가압류도 흡수)] ⇒ ③ 순위충돌 시 ☞ 아래Ⅳ

Ⅲ 우선배당실시[배당순위별정리(순위충돌 시 순환배당)]	특별우선배당	성립시기무관	1순위(특배1): 소액최우선변제 * 보증금기준이동 (금액확장) 유의	◎ 배당신청을 한 주임법상 대항요건을 갖춘 소액임차보증금중 일정액[한도 : 배당가용액×1/2] ◎ 배당신청을 한 상임법상 대항요건을 갖춘 소액임차보증금중 일정액[한도 : 배당가용액×1/2('14.1.1.~)] ◎ 최종 3개월분 급여·최종 3년간 퇴직금 ◎ 재해보상금
			2순위(특배2) : 당해세	◎ 국세 : (담보물권설정당시 기 개시된)상속세·증여세, 종부세(분리과세분), 토·초·세('90.1.1.~'98.12.28)
				◎ 지방세 : 재산세(분리), 자동차세, 도시계획세, 공동시설세, 재산세·자동차세에 부과된 지방교육세와 가산금
	우선배당	성립시기무관	3순위 : 선순위 조세	법정기일이 저당권 등(저당권·담보가등기·전세권·질권)과 같거나 그보다 앞서는 조세·관세(국세기본법35조1항3호)
			4순위 : 선순위공과금	◎ 납부기한이 저당권 등과 같거나 그보다 앞서는 공과금(4대보험 : 산재보험, 국민건강보험, 국민연금보험, 고용보험)
		성립시기별	5순위 : 담보물권 및 의제물권	◎ 담보물권(저당권, 질권, 담보가등기)에 의해 담보된 채권(* 단, 승소한 가처분에 의한 권리인 경우의 성립시기 : 가처분시점) ◎ 전세권(*건물전체 + 최선순위 + 경매신청/배당신청 = 말소기준) ◎ 배당대상임차권(등기임차권, 미등기(확정일자)임차권)
			6순위 : 일반 임금채권	◎ 최종 3개월분 급여·최종 3년분 퇴직금을 제외한 일반임금·퇴직금 ◎ 기타 근로관계로 인한 채권
		성립시기무관	7순위 : 후순위조세	◎ 법정기일이 저당권 등(저당권·담보가등기·전세권·질권)보다 뒤서는 조세·관세
			8순위 : 후순위공과금	◎ 납부기한이 저당권 등(위 각종)보다 뒤서는 공과금(4대보험 : 산재보험, 국민건강보험, 국민연금보험, 고용보험)
	시기무관		9순위 : (일반채권) ⇒ 안분배당	◎ 채무명의 있는 채권[판결확정채권, 가집행선고부채권, 공증채권(차용증, 보관증, 약속어음, 각서, 합의서, 임대차계약 등)] ◎ 임금채권의 지연손해금 ◎ 재산형·과태료 ◎ 국유재산법상의 사용료·대부료 등 [*(소액최우선변제 외) 확정일자 없는 임차보증금은 제외]

* 조세의 체납처분으로 인한 납세의무자의 재산이 압류되기 전에 사해행위가 아닌 사유로 소유권이 이전된 경우 국세의 우선징수권이 미치지 아니한다(대법원88다카105, 98다24396, 2000다47972, 2004다51153, 96다55204).

Ⅳ ※ 관계자 간 최종정리 순환배당(1회) : 안분 ⇒ 선순위의 흡수 ⇒ 확정	1. 순환배당		▶ 5순위>6순위>2순위>3순위>4순위>5순위의 경우(공히 5순위가 필수)
			▶ 4순위>5순위>7순위>4순위의 경우(아래 조세 ↔ 공과금 간 우선원칙)
	2. 조세 와 공과금	▶ 조세 ↔ 공과금 간	조세우선의 원칙에 따라 조세가 부족액을 흡수
		▶ 동과목 상호 간	조세	당해세 ⇒ 납세담보 ⇒ 압류선착 ⇒ 평균배분
			공과금	공과금 상호 간 : 평균배분

☞ ※ 도해(설명)

공익비용(0순위 : 무순위)

▶ 0~1순위(무배당자력공제) : 경매비용

▶ 0~2순위(무배당인정공제) : 경매법원에서 인정한 필요비, 유익비(이를 위해 임차인 등은 경매가 개시되면 '유익비확인의 소'를 제기하는 것이 좋다)

1순위(특별배당1/특배1) : 소액최우선변제액

▶ (동순위)대항요건+배당신청을 한 주임법상 소액임차보증금 중 일정액(주임법8조) : 배당가용액의 1/2 한도배당(한도초과 시 안분)

▶ (동순위)대항요건+배당신청을 한 상임법상 소액임차보증금 중 일정액(상임법14조) : 배당가용액의 1/2 한도배당(한도초과 시 안분) : 2013.12.31까지는 1/3

▶ (동순위)최근 3개월분 급여 및 최근 3년간 퇴직금 원금(근로기준법38조2항, 근로자퇴직급여보장법12조2항)

   – 법인의 경우 법인재산이 아닌 대표이사 개인재산에는 임금채권우선변제권이 인정되지 않는다(대법원95다719, 대법원94다19242).

   – 최근 3개월분 급여 및 최근 3년간 퇴직금과 근로복지공단 대위채권(체당금)과의 우선순위 : 근로복지공단이 일부 대위변제한 체당금과 미회수 잔여 최우선임금채권이 공존하는 경우, 다른 채권에 대해서는 공히 최우선변제권이 있지만, 미회수 잔여 최우선임금채권과의 내부적 관계에서는 상호 동순위가 아닌 미회수 잔여 최우선 임금채권이 우선한다(대법원 2008다13623판결).

▶ (동순위)재해보상금(근로기준법38조2항) : 요양급여, 휴업급여, 장애급여, 간병급여, 유족급여, 상병보상급여, 장의비, 직업재활급여

2순위(특별배당2/특배2) : 당해세(당해세가 국세와 지방세가 경합되는 경우는 없다)

▶ 국세 중 당해세(국세기본법35조1, 대법원96다55204, 98다24396, 2004다51153)(저당권 설정 시 이미 개시된)상속세·증여세, 종합부동산세(단, 특정할 수 있는 분리과세분에 한한다), 재평가세, 토지초과이득세('90.1.1 시행~'98.12.28 폐지)

▶ 지방세 중 당해세(지방세기본법71조1항3호 및 5항) : 재산세(단, 직접 견련성이 있는 분리과세분에 한하며, 이 역시 만약 압류 전에 소유권이 변경되었다면 새로운 소유자에 대해서는 우선배당을 주장할 수 없다), 자동차세, 도시계획세, 공동시설세(지역자원시설세), 재산세·자동차세에 대해 부과된 지방교육세

   – 단, 지방당해세 폐지기간(1992. 1. 1~1995. 12. 31)에 설정된 저당권에는 우선하지 못한다.

   – 지방세 중 취득세, 등록세는 1994. 8. 31 대법원판례 및 헌법재판소의 판결에 따라 당해세가 아니다(헌법재판소 2001. 2. 22자 99헌바44결정 : 국세기본법제35조제1항 제3호 중 괄호부분 위헌소원).

예상배당액
산정절차 저당권 등이 있는 경우의 기준

1. 일괄매각사건일 경우 각 재산별 최저매각가격의 비율대로 배분한다(민사집행법 제101조2항, 제268조).

2. 공익비용(경매비용과 필요비·유익비)을 차감한 가용배당액을 산정한다.

3. 각 권리의 우선순위 및 성립일자별로 정리(배열)한다.

   가. 조세·공과금 및 임차권등기를 제외한 일반적인 공시(등기) 권리

     ① 같은 구 : 순위번호

     ② 다른 구 : 접수일자와 접수번호

   나. 조세·공과금 및 배당대상(배당신청을 한) 임차권

   조세·공과금 : 압류일자가 아닌 법정기일

   배당대상(배딩신청을 한) 임차권

   ※ 단, 공히 대항요건 중 전입일 및 사업자등록일이 최후일 경우 : 익일 0시를 적용한다.

     ▶ 임차권등기 : 등기접수일이 아닌 실제 대항요건과 확정일자 중 늦은 날

     ▶ 미등기 확정일자부 임차권 : 대항요건과 확정일자 중 늦은 날

   다. 기타 우선변제권(임금채권 등) 및 일반채권 : 개별법에서 정

한 순서

4. 최우선변제액(소액임차인, 최종 3개월분 급여, 최종 3년간 퇴직금, 재해보상금)을 산정해서 차감한다.

☞ 저당권 등이 없는 경우에는 이 시점 후부터 배당순위가 달라지는데, 그 순서는
① 일반임금·일반퇴직금, 재해보상금, 기타 근로관계로 인한 채권 ⇒ ② 조세채권
[▶ 당해세 ⇒ ▶ 납세담보 ⇒ ▶ 압류조세(선착순) ⇒ ▶ 그 외의 교부청구조세(평등배당)]
⇒ ③ 공과금(평등배당) ⇒ ④ 일반채권 순으로 배당한다.

5. 당해세를 산정해서 차감한다.
6. 각 법률상 일반 원칙(우선순위)에 따라 우선배당을 실시한다.
   가. 가압류가 있을 시 가압류 이후부터 안분배당을 실시한다.
   나. 안분 후 선순위 물권의 후순위 흡수, 조세의 가압류 흡수 등의 조정을 한다.
   다. 안분 후 후순위 흡수 과정에서 2차 가압류가 있으면 또 위와 같은 과정을 거치고, 그 이후 흡수과정에서 또 3차 가압류가 있으면 또 그 과정을 반복한다.
7. 배당조정을 실시한다.
   가. 각 개별법에 의한 순위충돌 시 순환배당을 실시한다.
   나. 조세 상호 간, 공과금 상호 간 금액조정을 한다.
8. 최종적으로 인수금액과 소멸금액을 파악한다.
9. 다시 정밀권리분석을 실시한다.
   다시 정밀권리분석을 실시하는 이유는 입찰자의 입장에서 배당분석의 궁극적인 목적이 합리적인 응찰가의 산정에 있기

때문이다.

가. 소제대상권리면서 배당이 부족한 점유자의 예상명도비를 산정한다.

나. 인수금액과 예상명도비를 응찰가액에 반영해서 응찰가를 조정(재산정)한다.

10 | 여러 가지 경우의 배당사례 분석

다음 각 경우를 기준으로 권리분석표 및 예상배당분석표를 만들어보기로 하자. 일반적으로 경매 관련 서적이나 경매학원 등에서 권리분석 및 배당사례 분석(연습) 시 전체의 권리순위 및 배당순위를 일목요연하게 연대적 도식으로 정리하지 않고, 등기권리와 임대차권리를 따로따로 복잡하게 나열하고 있다. 그러다 보니 비록 배당이론을 훤히 알고 있는 사람도 임대차를 포함한 전체권리를 순위별로 꿰맞추어 한눈에 분석하기가 번거로운 실정이다. 그래서 필자는 과학적이고도 합리적인 경매자료분석표(권리분석표, 예상배당표 포함), NPL분석표(각 시점별 소요자금표) 등을 개발해서 특허출원을 하게 되었으며, 따라서 여기서는 필자가 개발한 분석표 중의 일부를 이용해서 이 시스템에 의한 권리분석 및 예상배당분

석을 실무적으로 연습해보기로 한다(권리분석표 및 배당계산서의 양
식에 대한 설명은 다음 기회에 자세히 하고, 우선 여기서는 사례에 대한
정확한 내용 파악만 다루기로 한다).

대항요건을 갖추었으나 확정일자가 가압류보다 늦은 경우
1. 경매물건 내용

· 주택 소재지 : 서울
· 배당요구 종기 : 2009. 2. 1
· 낙찰가 : 203,000,000원
· 경매비용 : 3,000,000원
· 등기부 내용 : 2005. 5. 10 저당권A(대한은행) 150,000,000원
　　　　　　　2008. 7. 11 가압류C(홍길동) 100,000,000원
　　　　　　　2008. 8. 1 임의경매신청(경매개시기입등기)
· 현황조사 내용 : 임차인B 보증금 45,000,000원, 2007. 3. 10 전입
· 권리신고 내용 : 임차인B 보증금 40,000,000원, 2007. 3. 15 전입
　　　　　　　2008. 7. 15 확정일자
　　　　　　　2009. 1. 30 배당신청
· 전입세대열람내용 : 2007. 3. 15 임차인B 전입신고(전입)

2. 권리분석표(토지·건물 권리관계 동일)

(단위 : 천 원)

권리종류 ☞건물☞토☞공	권리자	전입일자 사업자등록	등기·확정 법정기일	배당종기 09.02.01	채권액 임차보증금	※ 소액 ☞ 주택 : 40,000/16,000 상가 : 45,000/13,500		비고 (처리내역)
						월차임	* 기타 임대차 내역(호수·면적·기간 등), 부기등기일자 등	
저당권/공	대한은행		05. 05. 10		150,000			말소기준
주택/현황	임차인B	07. 03. 10			45,000	0	50㎡ 전부 : 00.00.00~00.00.00	
/신고		07. 03. 15	08. 07. 15	09. 01. 30	소/40,000	0		소제
가압류/공	홍길동		08. 07. 11		100,000			소제
임의경매/공	대한은행		08. 08. 01					소제
※ 주의 : 위는 법원공시자료에 의한 간편분석자료입니다.				합계	290,000		※ 따라서 정확한 권리분석은 직접 현지조사 등으로 재삼 확인바랍니다.	

☞건 : 건물 ☞토 : 토지 ☞공 : 공통 ☞소 : 소액임차인 ※ 이하 모든 표에서 동일하게 적용

이 권리분석표에서 보듯이 등기권리와 임차권을 통합해서 등기일자 및 전입일자(상가 임대차 : 사업자등록일자)별로 단순히 연대적으로 나열하면 권리분석을 자동으로 아주 간편하게 할 수 있다. 따라서 등기권리와 임대차권리를 따로 해서 복잡하게 별도의 권리분석을 할 필요가 전혀 없다.

3. 예상배당분석표(토지·건물 권리관계 동일)

> ※ **낙찰가 : 203,000,000원** + 몰수보증금 : 0 - 경매비용 : 3,000,000원 - 유익비 등 : 0
> = **200,000,000원**[토지(00.00%) : **000,000,000원**/건물 등(00.00%) : **000,000,000원**]

(단위 : 천 원)

권리종류 ☞건물☞토☞공	권리자	전입일자 사업자등록	등기·확정 법정기일	배당종기 09.02.01	채권액 임차보증금	※ 소액 ☞ 주택 : 40,000/16,000 상가 : 45,000/13,500						비고 (처리내역)
						최우선 당해세	우선 배당	조정후	인수	소멸	명도비	
저당권/공	대한은행		05. 05. 10		150,000		150,000	150,000	0	0		말소기준
가압류/공	홍길동		08. 07. 11		100,000		27,419	27,419	0	72,581	NPL?	소제
주택/현황	임차인B	07. 03. 10			45,000	50㎡ 전부 : 00.00.00~00.00.00						
/신고		07. 03. 15	08. 07. 15	09. 01. 30	소/40,000	16,000	6,581	22,581	0	17,419	653	소제
■ 색은 말소기준권리보다 선순위입니다.				합계	290,000	16,000	184,000	200,000	0	90,000	653	☞ NPL분석

이 표를 보면 권리분석 시는 임차인B의 대항요건(전입일)이 가압류보다 빨라 위에 나열되었으나 배당 시는 확정일자가 늦어 가압류보다 뒤에 배열되어 있음을 알 수 있다.

① 소액최우선변제(임차인B) : 16,000,000원
② 잔여 배당재단(184,000,000원) 우선배당
  ▶ 대한은행 : 150,000,000원
  ▶ 가압류(홍길동) 및 그 이후(임차인B) :
    34,000,000원 ⇒ 이 금액으로 안분해야 된다.
③ 34,000,000원으로 가압류(홍길동) : 100,000,000원 및 임차인
  B : 24,000,000원(B의 잔여채권) 안분배당(임차인B의 잔여채권 :
  24,000,000원=총 보증금 : 40,000,000원-최우선변제액 : 16,000,000원)
  ▶ 가압류(홍길동) : 27,419,000원[34,000,000원×100,000,000원
                    (자신의 채권)/124,000,000원(잔여채권 합)]
  ▶ 임차인B : 6,581,000원[34,000,000원×24,000,000원(자신의
             잔여채권)/124,000,000원(잔여채권 합)]
④ 최종배당(총 배당재단 : 200,000,000원)
  ▶ 대한은행 : 150,000,000원
  ▶ 가압류(홍길동) : 27,419,000원
  ▶ 임차인B : 22,581,000원[소액최우선변제액 : 16,000,000원+우
             선배당(안분배당액) : 6,581,000원]
  ⇒ 미배당액 소멸 : 17,419,000원(이 부분에 대해 낙찰자는 명
    도비 감안)

전입일자와 근저당권이 동일자인 경우

1. 경매물건 내용

· 임차인(홍길동) 40,000,000원

· 2007. 3. 15 입주 및 확정일자

· 2007. 3. 16 전입신고

· 2011. 10. 5 배당요구신청

· 현황조사 및 권리신고내용 동일함

· 등기부 내용

  2007. 3. 16 근저당권설정(대한은행) 130,000,000원

  2010. 5. 1 경매개시

· 경락금액(=가용배당액) : 150,000,000원

· 배당요구 종기 : 2011. 11. 11

2. 권리분석표(토지·건물 권리관계 동일)

(단위 : 천 원)

권리종류 ☞건☞토☞공	권리자	전입일자 사업자등록	등기·확정 법정기일	배당종기 11.11.11	채권액 임차보증금	※ 소액 ☞ 주택 : 40,000/16,000 상가 : 45,000/13,500		비고 (처리내역)
						월차임	* 기타 임대차 내역(호수·면적·기간 등), 부기등기일자 등	
저당권/공	대한은행		07. 03. 16		130,000			말소기준
주택/현황	홍길동	07. 03. 16			40,000		50㎡ 전부 : 00.00.00~00.00.00	
/신고		07. 03. 16	07. 03. 15	11. 10. 05	소/40,000			소제
임의경매/공	대한은행		10. 05. 01					소제
※ 주의 : 위는 법원공시자료에 의한 간편분석자료입니다.			합계		170,000	※ 따라서 정확한 권리분석은 직접 현지조사 등으로 재심 확인바랍니다.		

홍길동의 전입이 저당일자와 동일자이나 주임법에 따라 임차권은 전입신고 익일(3월 17일) 0시부터 효력이 발생해서 저당권(3월 16일 9시)보다 늦으므로 대항력이 없다.

3. 예상배당분석표(토지·건물 권리관계 동일)

※ **낙찰가 : 152,000,000원** + 몰수보증금 : 0 – 경매비용 : 2,000,000원 – 유익비 등 : 0
= 150,000,000원[토지(00.00%) : 000,000,000원/건물 등(00.00%) : 000,000,000원]

(단위 : 천 원)

권리종류 ☞건☞토☞공	권리자	전입일자 사업자등록	등기·확정 법정기일	배당종기 11.11.11	채권액 임차보증금	※ 소액 ☞ 주택 : 40,000/16,000 상가 : 45,000/13,500						비고 (처리내역)
						최우선 당해세	우선 배당	조정후	인수	소멸	명도비	
저당권/공	대한은행		07. 03. 16		130,000		130,000	130,000	0	0		말소기준
주택/현황	홍길동	07. 03. 16			40,000	50㎡ 전부 : 00.00.00~00.00.00						
/신고		07. 03. 16	07. 03. 15	11. 10. 05	소/40,000	16,000	4,000	20,000	0	20,000	750	소제
임의경매/공	대한은행		10. 05. 01									소제
■ 색은 말소기준권리보다 선순위입니다.				**합계**	170,000	16,000	134,000	150,000	0	20,000	750	☞ NPL분석

확정일자와 근저당권이 동일자인 경우

1. 경매물건 내용

· 임차인(홍길동) 40,000,000원

· 2007. 3. 15 전입신고

· 2007. 3. 16 입주 및 확정일자

· 2011. 10. 5 배당요구신청

· 현황조사 및 권리신고내용 동일함

· 등기부 내용 2007. 3. 16 근저당권설정(대한은행) 130,000,000원
 2010. 5. 1 경매개시

· 경락금액(=가용·배당액) 150,000,000원

· 2011. 11. 11 배당요구 종기

2. 권리분석표(토지·건물 권리관계 동일)

(단위 : 천 원)

권리종류 ☞건☞토☞공	권리자	전입일자 사업자등록	등기·확정 법정기일	배당종기 11.11.11	채권액 임차보증금 월차임	※소액 ☞ 주택 : 40,000/16,000 상가 : 45,000/13,500 *기타 임대차 내역(호수·면적·기간 등), 부기등기일자 등	비고 (처리내역)
주택/현황	홍길동	07. 03. 15			40,000	50㎡ 전부 : 00.00.00~00.00.00	배당부족
/신고		07. 03. 15	07. 03. 16	11. 10. 05	소/40,000		액☞인수
저당권/공	대한은행		07. 03. 16		130,000		말소기준
임의경매/공	대한은행		10. 05. 01				소제
※ 주의 : 위는 법원공시자료에 의한 간편분석자료입니다.			합계		170,000	※ 따라서 정확한 권리분석은 직접 현지조사 등으로 재삼 확인바랍니다.	

3. 예상배당분석표(토지·건물 권리관계 동일)

> ※ **낙찰가 : 152,000,000원** + 몰수보증금 : 0 - 경매비용 : 2,000,000원 - 유익비 등 : 0
> = **150,000,000원[토지(00.00%) : 000,000,000원/건물 등(00.00%) : 000,000,000원]**

(단위 : 천 원)

권리종류 ☞건☞토☞공	권리자	전입일자 사업자등록	등기·확정 법정기일	배당종기 11.11.11	채권액 임차보증금	※소액 ☞ 주택 : 40,000/16,000 상가 : 45,000/13,500 최우선 당해세	우선 배당	조정후	인수	소멸	명도비	비고 (처리내역)
주택/현황	홍길동	07. 03. 15			40,000	50㎡ 전부 : 00.00.00~00.00.00						배당부족
/신고		07. 03. 15	07. 03. 16	11. 10. 05	소/40,000	16,000	20,883	36,883	3,117		0	액☞인수
저당권/공	대한은행		07. 03. 16		130,000	0	113,117	113,117	0	16,883		말소기준
임의경매/공	대한은행		10. 05. 01									소제
■ 색은 말소기준권리보다 선순위입니다.			합계		170,000	16,000	134,000	150,000	3,117	16,883	0	☞ NPL분석

이 표에서 보면 임차권의 전입일은 07. 03. 15로 말소기준권리(저당권)보다 빨라 대항력이 있으나 배당의 기준이 되는 확정일자가 저당권과 동일자이므로 소액최우선변제 이외의 우선변제는 저당권과 안분해서 배당(비율배당)을 받고, 미배당액은 역시 대항력이 있으므로 낙찰자가 인수한다.

① 소액최우선변제(홍길동) : 16,000,000원
② 잔여 배당재단(134,000,000원) 안분배당

▶ 홍길동 : 20,883,000원[134,000,000원 × 24,000,000원

(보증금 : 40,000,000원 – 최우선변제 : 16,000,000원)/

154,000,000원]

▶ 대한은행(저당권) : 113,117,000원(134,000,000원 ×

130,000,000원/154,000,000원)

③ 최종배당(총 배당재단 : 150,000,000원)

▶ 홍길동 : 36,883,000원(소액최우선배당 : 16,000,000원+

우선배당 : 20,883,000원) ⇒ 부족액(3,117,000원) 인수

▶ 대한은행(저당권) : 113,117,000원

동일자의 근저당권이 2개이나 순위번호가 다른 경우

1. 경매물건 내용

· 임차인(홍길동) 40,000,000원

· 2007. 3. 15 전입신고

· 2007. 3. 16 입주 및 확정일자

· 2011. 10. 5 배당요구신청

· 현황조사 및 권리신고내용 동일함

· 등기부 내용

2007. 3. 16(순위번호1) : 근저당권설정(대한은행) 80,000,000원

2007. 3. 16(순위번호2) : 근저당권설정(민국은행) 80,000,000원

2010. 5. 1 경매개시기입등기

· 경락금액(=가용배당액) : 150,000,000원

· 2011. 11. 11 배당요구종기

2. 권리분석표(토지·건물 권리관계 동일)

(단위 : 천 원)

권리종류 ☞건☞토☞공	권리자	전입일자 사업자등록	등기·확정 법정기일	배당종기 11.11.11	채권액 임차보증금	※ 소액 ☞ 주택 : 40,000/16,000 상가 : 45,000/13,500		비고 (처리내역)
						월차임	* 기타 임대차 내역(호수·면적·기간 등), 부기등기일자 등	
주택/현황	홍길동	07. 03. 15			40,000		50㎡ 전부 : 00.00.00~00.00.00	배당부족
/신고		07. 03. 15	07. 03. 16	11. 10. 05	소/40,000			액☞인수
저당권/공	대한은행(순위번호1)	07. 03. 16			80,000			말소기준
저당권/공	민국은행(순위번호2)	07. 03. 16			80,000			소제
임의경매/공	대한은행(순위번호1)	10. 05. 01						소제
※ 주의 : 위는 법원공시자료에 의한 간편분석자료입니다.				합계	200,000	※ 따라서 정확한 권리분석은 직접 현지조사 등으로 재상 확인바랍니다.		

3. 예상배당분석표(토지·건물 권리관계 동일)

> ※ **낙찰가 : 152,000,000원** + 몰수보증금 : 0 − 경매비용 : 2,000,000원 − 유익비 등 : 0
> = **150,000,000원**[토지(00.00%) : **000,000,000원**/건물 등(00.00%) : **000,000,000원**]

(단위 : 천 원)

권리종류 ☞건☞토☞공	권리자	전입일자 사업자등록	등기·확정 법정기일	배당종기 11.11.11	채권액 임차보증금	※ 소액 ☞ 주택 : 40,000/16,000 상가 : 45,000/13,500						비고 (처리내역)
						최우선 당해세	우선 배당	조정후	인수	소멸	명도비	
주택/현황	홍길동	07. 03. 15			40,000	50㎡ 전부 : 00.00.00~00.00.00						배당부족
/신고		07. 03. 15	07. 03. 16	11. 10. 05	소/40,000	16,000	17,478	33,478	6,522	0	0	액☞인수
저당권/공	대한은행(순위번호1)	07. 03. 16			80,000		58,261	80,000	0	0	0	말소기준
저당권/공	민국은행(순위번호2)	07. 03. 16			80,000		58,261	36,522	0	43,478		소제
임의경매/공	대한은행	10. 05. 01										소제
■ 색은 말소기준권리보다 선순위입니다.				합계	200,000	16,000	134,000	150,000	6,522	43,478	0	☞ NPL분석

소액최우선배당 후 우선변제에 있어서는 확정일자임차인과 저당권 2건이 동일자이므로 안분해서 배당하되 저당권 간에는 순위가 다르므로 선순위가 자신의 부족분을 후순위로부터 흡수한다. 따라서 저당권간 순위가 동순위라면 그냥 안분배당으로 종결된다.

① 소액최우선변제(홍길동) : 16,000,000원

② 잔여 배당재단(134,000,000원) 안분배당

- ▶ 홍길동 : 17,478,000원[134,000,000원×24,000,000원(보증금 : 40,000,000원-최우선변제 : 16,000,000원)/184,000,000원]

- ▶ 대한은행(1순위저당권) : 58,261,000원(134,000,000원× 80,000,000원/184,000,000원) ⇐ 부족분 흡수

- ▶ 민국은행(2순위저당권) : 58,261,000원(134,000,000원× 80,000/184,000,000원) ⇒ 일부 피흡수 ⇑

③ 최종배당(총 배당재단 : 150,000,000원)

- ▶ 홍길동 : 33,478,000원[소액최우선배당 : 16,000,000원+우선 배당 : 17,478,000원] ⇒ 부족액(6,522,000원) 인수

- ▶ 대한은행(1순위저당권):80,000,000원[안분액:58,261,000원+ 후순위로부터 흡수액 : 21,739,000원]

- ▶ 민국은행(2순위저당권):36,522,000원[안분액:58,261,000원- 선순위에게 피흡수액 : 21,739,000원]

소액보증금 적용기준이 2개인 경우(기준이동)

☞ **최우선변제대상 소액임차인의 임차보증금 적용기준이 되는 담보물권의 의미**
배당의 대가라 자처하는 어떤 경매책자나 강의에서 최우선변제대상 소액임차인의 임차보증금을 판별하는 기준이 되는 담보물권의 의미에 배당에 참여하는 우선변제권을 갖춘 임차보증금도 같이 포함시켜 적용하고 있는데, 이는 아마 판례에서 판시하는 취지를 잘못 해석한 것에 기인한 것이 아닌가 생각한다. 그러면 판례의 내용은 무엇이며, 또 다른 이유는 무엇인지 알아보기로 하자.

1. 판례(대법원92다30597, 2007다45562)를 자세히 보면 이 판례가 판시하고 있는 주요 내용은, 원래 임차보증금반환채권은 채권임이 분명하지만 대항요건(계약체

결+전입신고/사업자등록+전입/건물의 인도)과 확정일자를 갖춘 경우에는 물권이 갖는 고유의 권리 중의 하나인 '우선변제권'을 부여한다는 것이며, 그리하여 경매물건의 배당에 있어 담보물권과 같이(유사하게) 취급해서 자신의 순위보다 늦게 성립한 채권(조세·공과금을 포함)보다는 우선변제권을 갖고 선순위가압류가 있는 경우에는 안분하게 되고, 또 안분 후 후순위채권자가 있는 경우에는 흡수하고, 조세와 공과금과 임금채권과 담보물권 등이 혼재해 있을 시는 담보물권과 같이 취급해서 서로 상충할 시 순환배당도 하라는 것이다. 이것이 바로 법률규정(주임법8조, 상임법14조)과 판례에서 강조하고자 하는 의미인 것이다.

2. 당초 주택임대차보호법과 상가건물임대차보호법이 달성하고자 하는 목적은 국민의 주거안정과 상인의 보호에 목적이 있는 민법의 법리에 상충되는 부분이 있는 특별법이고, 특히 그중 소액임차인을 보호하고자 하는 규정(주임법8조, 시행령10조, 11조/상임법14조, 시행령6조, 7조)은 열악한 위치에 있는 서민의 주거안정과 영세상인을 적극적으로 보호하고자 하는 데 그 취지가 있는 것이다. 이는 대부행위를 하는 채권자의 일부 희생을 바탕으로 하고 있기에 대부행위를 할 시에는 아무리 우선순위라 하더라도 미리 이 정도의 후발적인 부담은 감내하고 하라는 것이다.

3. 본시 임차권은 사용·수익이 주목적이지 채권의 대부로 수익을 실현하려는 데 주목적이 있는 것이 아니다. 따라서 경매에 있어 말소기준권리 또한 오로지 채권회수를 목적으로 하는 권리[저당·근저당권, 담보가등기, 압류·가압류, 경매개시기입등기, 채권회수 목적의(전체에 대한 설정+경매신청 또는 배당요구한) 전세권]만 해당되는 것이다.

4. 그럼에도 불구하고 배당대상임차인마저 이러한 채권자와 같이 취급한다면 이는 사용·수익이 주목적인 임차인을 마치 대부행위로 수익을 취하려는 채권자(고리대부업자)와 동일시하는 무순이 될 뿐 아니라 사용·수익이 주목적인 임자인에게 그중 일부는 나중에 들어오는 꼭 같은 입장에 있는 사람을 위해 미리 일부 희생을 하라는 것이 되고 나아가 임차인끼리 서로 반목하게 하는 것이 되고 만다.

5. 그런 주장을 하는 분의 책자에서는, 주택임차인은 소액임차인의 판별기준으로 삼으면서도 상가임차인은 적용하지 않고 있어 그 기준도 공평하지가 않다.

6. 한편 꼭 같이 전입신고를 해서 대항력을 갖춘 임차인임에도 불구하고 확정일자(우선변제권)를 득한 임차인에게만 적용하고 그렇지 않은 임차인에게는 적용하지 않는다면 너무 불공평하고 그로 인해 영향을 받는 채권자의 저항이 있을 시 이는 어떻게 할 것인가에 대한 고민이 있어야 한다.

이와 같은 이유로 소액임차인을 판별하는 기준은 오로지 담보물권(여기에는 담보가등기도 포함)에 국한해서 적용해야 한다는 것이다.

1. 경매물건 내용

· 주택 : 서울소재

· 2010. 3. 1 배당요구 종기

· 2009. 9. 1 경매개시

· 가용배당액 : 10,000만 원

· 2002. 1. 1 근저당권설정(대한은행) 4,000만 원

☞ 위 설정 당시 주임법상 최우선변제대상 소액보증금 및 최우선변제액 : 4,000만 원/1,600만 원

· 2002. 5. 1 김금철 입주(보증금 : 3,000만 원, 입주당일 전입신고+확정일자)

· 2009. 1. 1 근저당권설정(씨티은행) 5,000만 원

☞ 위 설정 당시 주임법상 최우선변제대상 소액보증금 및 최우선변제액 : 6,000만 원/2,000만 원

· 2009. 5. 1 홍길동 입주(보증금 : 5,500만 원, 입주당일 전입신고+

확정일자)

· 2010. 2. 1 홍길동 배당요구신청(집행관 현황조사 내용과 권리신
고 내용 동일)

· 2010. 2. 10 김금철 배당요구신청(집행관 현황조사 내용과 권리
신고 내용 동일)

2. 권리분석표(토지·건물 권리관계 동일)

(단위 : 천 원)

권리종류 ☞건☞토☞공	권리자	전입일자 사업자등록	등기·확정 법정기일	배당종기 10.03.01	채권액 임차보증금	※ 소액 ☞ 주택 : 40,000/16,000 ⇒ 60,000/20,000		비고 (처리내역)
						월 차임	* 기타 임대차 내역(호수·면적·기간 등), 부기등기일자 등	
근저당/공	대한은행		02. 01. 01		40,000			말소기준
주택/현황	김금철	02. 05. 01			30,000		0층000호/50㎡ : 00.00.00~00.00.00	
/신고		02. 05. 01	02. 05. 01	10. 02. 10	소/30,000			말소
근저당/공	씨티은행				50,000			말소
주택/현황	홍길동	09. 05. 01			55,000		0층000호/60㎡ : 00.00.00~00.00.00	
/신고		09. 05. 01	09. 05. 01	10. 02. 01	소/55,000			말소
임의경매/공	대한은행		09. 09. 01					말소
※ 주의 : 위는 법원공시자료에 의한 간편분석자료입니다.				합계	175,000	※ 따라서 정확한 권리분석은 직접 현지조사 등으로 재삼 확인바랍니다.		

3. 예상배당분석표(토지·건물 권리관계 동일)

※ **낙찰가** : 101,800,000원 + 몰수보증금 : 0 - 경매비용 : 1,800,000원 - 유익비 등 : 0
= 100,000,000원[토지(00.00%) : **000,000,000원**/건물 등(00.00%) : **000,000,000원**]

(단위 : 천 원)

권리종류 ☞건☜토☞공	권리자	전입일자 사업자등록	등기·확정 법정기일	배당종기 10.03.01	채권액 임차보증금	※소액 ☞주택:40,000/16,000 ⇒60,000/20,000						비고 (처리내역)
						최우선 당해세	우선배당	조정후	인수	소멸	명도비	
근저당/공	대한은행		02.01.01		40,000	제외	40,000	40,000	0	0	0	말소기준
주택/현황	김금철	02.05.01			30,000	16,000 + 4,000	0층000호/50㎡ : 00.00.00~00.00.00					
/신고		02.05.01	02.05.01	10.02.10	소/30,000		10,000	30,000	0	0	0	말소
근저당/공	씨티은행		09.01.01		50,000	제외	10,000	10,000		40,000		☞NPL? 말소
주택/현황	홍길동	09.05.01			55,000		0층000호/60㎡ : 00.00.00~00.00.00					
/신고		09.05.01	09.05.01	10.02.01	소/55,000	20,000	0	20,000	0	35,000	1,145	말소
임의경매/공	대한은행		09.09.01			제외	0	0	0	0	0	말소
■ 색은 말소기준권리보다 선순위입니다.	합계				175,000	40,000	60,000	100,000	0	75,000	1,145	☞NPL분석

① 소액최우선변제(02. 01. 01 당시 최우선변제기준 : 40,000,000원/16,000,000원)

  ▶ 김금철 : 16,000,000원

  ▶ 홍길동 : 0(미해당 : 보증금이 55,000,000원으로 최우선변제대상 보증금을 초과하므로)

② 1차 우선변제/배당재단 : 84,000,000원

  (총 배당재단 : 100,000,000원-소액최우선변제 : 16,000,000원)

  ▶ 대한은행 : 40,000,000원(전액배당 ⇒ 소멸) ⇒ ▶ 소액임차인 기준변경(09. 01. 01 씨티은행)

③ 2차 소액최우선변제(09. 01. 01 당시 최우선변제기준 : 60,000,000원/20,000,000원)

  ▶ 김금철 : 4,000,000원(소액최우선변제액 : 20,000,000원-기 소액최우선변제액 : 16,000,000원)

  ▶ 홍길동 : 20,000,000원(이 당시의 증액된 최우선변제대상보증

금범위 이하이므로)

④ 2차 우선변제/배당재단 : 20,000,000원(1차 우선변제 시 배당
　재단 : 84,000,000원-대한은행 : 40,000,000원-2차 소액최우선변
　제 : 24,000,000원)

▶ 김금철 : 10,000,000원/미배당잔액(총 보증금 : 30,000,000원-
　소액최우선변제 : 20,000,000원)

▶ 씨티은행 : 10,000,000원

▶ 홍길동 : 0(우선변제에서는 순위가 늦으므로)

⑤ 최종배당(총 배당재단 : 100,000,000원)

▶ 김금철:30,000,000원(소액최우선변제:16,000,000원+4,000,000원
　+우선변제 : 10,000,000원) ⇒ 전액배당

▶ 대한은행 : 40,000,000원(전액배당) ⇒ 소제

▶ 씨티은행 : 10,000,000원(2차 우선변제 시 배당액) ⇒ 부족액
　(40,000,000원) 소멸 ⇒ 소제

▶ 홍길동 : 20,000,000원(2차 소액최우선변제 시 배당액) ⇒ 미배
　당액 소멸 : 35,000,000원(이 부분에 대해 낙찰자는 명도비 감안)

인수권리가 있는 경우

1. 경매물건 내용

· 주택 : 서울소제

· 배당요구 종기 : 2010. 3. 1

· 가용배당액 : 100,000,000원

· 2001. 5. 1 : 김금철 입주(보증금 : 30,000,000원, 입주당일 전입신고)

- 2009. 1. 1 : 근저당권설정(씨티은행) 50,000,000원 2009. 9. 1 경매개시
- 2009. 5. 1 : 홍길동 입주(보증금 : 55,000,000원, 입주당일 전입신고+확정일자)
- 2010. 2. 1 : 홍길동 배당요구신청(집행관 현황조사내용과 권리신고내용 동일함)
- 2010. 2. 9 : 김금철 확정일자
- 2010. 2. 10 : 김금철 배당요구신청(집행관 현황조사내용과 권리신고내용 동일함)

2. 권리분석표(토지·건물 권리관계 동일)

(단위 : 천 원)

권리종류 ☞건물☞토지☞공	권리자	전입일자 사업자등록	등기·확정 법정기일	배당종기 10.03.01	채권액 임차보증금	※ 소액 ☞ 주택 : 60,000/20,000 상가 : 45,000/13,500		비고 (처리내역)
						월 차임	* 기타 임대차 내역(호수·면적·기간 등), 부 기등기일자 등	
주택/현황	김금철	01.05.01			30,000		0층000호/50㎡ : 00.00.00~00.00.00	배당부족 시
/신고		01.05.01	10.02.09	10.02.10	소/30,000			☞ 인수
근저당/공	씨티은행		09.01.01		50,000			말소기준
주택/현황	홍길동	09.05.01			55,000		0층000호/60㎡ : 00.00.00~00.00.00	
/신고		09.05.01	09.05.01	10.02.01	소/55,000			말소
임의경매/공	씨티은행		09.09.01					말소
※주의 : 위는 법원공시자료에 의한 간편분석자료입니다.				합계	135,000	※ 따라서 정확한 권리분석은 직접 현지조사 등으로 재삼 확인바랍니다.		

3. 예상배당분석표(토지·건물 권리관계 동일)

> ※ **낙찰가 : 101,800,000원** + 몰수보증금 : 0 – 경매비용 : 1,800,000원 – 유익비 등 : 0
> = 100,000,000원[토지(00.00%) : **000,000,000원**/건물 등(00.00%) : **000,000,000원**]

권리종류 ☞건·토·공	권리자	전입일자 사업자등록	등기·확정 법정기일	배당종기 10.03.01	채권액 임차보증금	※ 소액 ☞ 주택 : 60,000/20,000 상가 : 45,000/13,500						비고 (처리내역)
						최우선 당해세	우선 배당	조정후	인수	소멸	명도비	
근저당/공	씨티은행		09.01.01		50,000	제외	50,000	50,000	0	0	0	말소기준
주택/현황	홍길동	09.05.01			55,000	0층000호/60㎡ : 00.00.00~00.00.00						
/신고		09.05.01	09.05.01	10.02.01	소/55,000	20,000	10,000	30,000	0	25,000	818	말소
임의경매/공	씨티은행		09.09.01			제외	58,261	80,000	0	0	0	말소
주택/현황	김금철	01.05.01			30,000	0층000호/50㎡ : 00.00.00~00.00.00						배당부족
/신고		01.05.01	10.02.09	10.02.10	소/30,000	20,000	0	20,000	10,000	0	0	액☞인수
■ 색은 말소기준권리보다 선순위입니다.	합계				135,000	40,000	60,000	100,000	10,000	25,000	818	☞ NPL분석

위 표를 보면 김금철이 그 앞 전입일자 기준의 권리분석 시는 대항력이 있는 앞순위이나 배당 시에는 확정일자를 기준으로 하므로 씨티은행이나 홍길동보다도 후순위에 위치하는 것을 알 수가 있다. 따라서 이에 대한 배당부족액은 인수해야 한다.

대항력과 확정일자를 모두 갖춘 최선순위임차인의 지위와 전세권자 (후순위)의 지위를 동시에 가진 자가 배당신청을 했으나, 임차보증금을 인수하는 경우(전세권자로 배당신청한 경우)

1. 경매물건 내용

· 주택 : 서울 소재

· 2010. 3. 1 : 배당요구 종기

· 사용·배낭액 : 100,000,000원

· 2001. 5. 1 : 김금철 입주(보증금 : 30,000,000원, 입주당일 전입신고+확정일자)

· 2009. 1. 1 : 근저당권설정(씨티은행) 50,000,000원 2009. 9. 1

경매개시

· 2009. 5. 1 : 홍길동 입주(보증금 : 55,000,000원, 입주당일 전입신
고+확정일자)

· 2009. 6. 1 : 김금철 전세권설정(건물전체)

· 2010. 2. 1 : 홍길동 배당요구신청(집행관 현황조사내용과 권리신
고내용 동일)

· 2010. 2. 1 : 전세권자 김금철 배당요구신청(현황조사와 권리신
고내용 동일)

2. 권리분석표(토지·건물 권리관계 동일)

(단위 : 천 원)

권리종류 (☞건물☞토지☞공)	권리자	전입일자 사업자등록	등기·확정 법정기일	배당종기 10.03.01	채권액 임차보증금	※ 소액 ☞ 주택 : 60,000/20,000 상가 : 45,000/13,500		비고 (처리내역)
						월 차임	* 기타 임대차 내역(호수·면적·기간 등), 부 기등기일자 등	
주택/현황	김금철	01. 05. 01	01. 05. 01		소/30,000		0층000호/50㎡ : 00.00.00~00.00.00	배당부족 시
/신고								☞ 인수
근저당/공	씨티은행		09. 01. 01		50,000			말소기준
주택/현황	홍길동	09. 05. 01			55,000		0층000호/60㎡ : 00.00.00~00.00.00	
/신고		09. 05. 01	09. 05. 01	10. 02. 01	소/55,000			소제
전세권/건	김금철		09. 06. 01	10. 02. 01	30,000			소제
임의경매/공	씨티은행		09. 09. 01					소제
※ 주의 : 위는 법원공시자료에 의한 간편분석자료입니다.			합계		165,000	※ 따라서 정확한 권리분석은 직접 현지조사 등으로 재삼 확인바랍니다.		

3. 예상배당분석표(토지·건물 권리관계 동일)

※ 낙찰가 : 101,800,000원 + 몰수보증금 : 0 − 경매비용 : 1,800,000원 − 유익비 등 : 0
= 100,000,000원[토지(00.00%) : 000,000,000원/건물 등(00.00%) : 000,000,000원]

권리종류 ☞건☞토☞공	권리자	전입일자 사업자등록	등기·확정 법정기일	배당종기 10. 03. 01	채권액 임차보증금	※ 소액 ☞ 주택 : 60,000/20,000 상가 : 45,000/13,500						비고 (처리내역)
						최우선 당해세	우선 배당	조정후	인수	소멸	명도비	
주택/현황	김금철	01. 05. 01	01. 05. 01		소/30,000	0층000호/50㎡ : 00.00.00~00.00.00						배당부족
/신고						0	0	0	30,000	0	0	액☞인수
근저당/공	씨티은행		09. 01. 01		50,000	제외	50,000	50,000	0	0	0	말소기준
주택/현황	홍길동	09. 05. 01			55,000	0층000호/60㎡ : 00.00.00~00.00.00						
/신고		09. 05. 01	09. 05. 01	10. 02. 01	소/55,000	20,000	50,000	50,000	0	5,000	164	소제
전세권/건	김금철		09. 06. 01	10. 02. 01	30,000	0	0	0	0	30,000	0	소제
임의경매/공	씨티은행		09. 09. 01			제외	0	0	0	0	0	소제
■ 색은 말소기준권리보다 선순위입니다.			합계		165,000	20,000	80,000	100,000	30,000	35,000	164	☞ NPL분석

　　이런 경우 언뜻 보기에는 선순위 확정일자를 갖춘 최선순위임
차인이 배당신청을 했으므로 당연히 전액 배당되어 임차권 및 전
세권이 소멸할 것이라고 생각하기 쉽겠지만 이때는 그렇지 않다.
배당분석표를 자세히 살펴보면 임차권자가 아닌 전세권자로 배당
신청을 했기 때문에 임차권에 대해서는 소액최우선변제대상 범위
내의 임차인임에도 불구하고 임차권자로서 배당신청을 하지 않았
기에 아예 배당대상이 아니고, 나아가 전세권자로서는 배당종기
내에 배당신청을 했으므로 배당대상이 되지만 이때는 배당순위가
늦어 배당을 받지 못한 채 소멸하고 만다. 따라서 이런 경우에는
대항력 있는 임차권을 인수해야 하므로 임차권자로서 배당신청을
했는지, 아니면 전세권자로서 배당신청을 했는지 세심히 살펴보아
야 한다. 물론 그 내용이 매각물건명세서에 표기되지 않았다면 매
각불허가의 사유가 됨은 앞서 언급한 내용과 같다.

최선순위전세권자가 배당신청을 했으나 건물일부에 대한 전세권인 경우

1. 경매물건 내용

· 주택 : 서울소재

· 2010. 3. 1 : 배당요구 종기

· 가용·배당액 : 100,000,000원

· 2001. 5. 1 : 김금철 전세권설정 120,000,000원(설정범위 : 건물일부/2층) ⇒ 2001. 5. 2 : 김금철 전세권설정만 믿고 전입신고 없이 입주

· 2009. 1. 1 : 근저당권설정(씨티은행) 30,000,000원

· 2009. 2. 1 : 김금철 전입신고 120,000,000원(당일 확정일자, 집행관 현황조사내용과 동일하며 권리신고 없음)

· 2009. 9. 1 : 경매개시(건물만)

· 2010. 2. 1 : 전세권자 김금철 배당요구신청

2. 권리분석표(건물)

(단위 : 천 원)

권리종류 ☞건☞토☞공	권리자	전입일자 사업자등록	등기·확정 법정기일	배당종기 10. 03. 01	채권액 임차보증금	※ 소액 ☞ 주택 : 60,000/20,000 상가 : 45,000/13,500		비고 (처리내역)
						월 차임	* 기타 임대차 내역(호수 면적 기간 등), 부기등기일자 등	
전세권/건	김금철		01. 05. 01	10. 02. 01	120,000			소제
근저당/공	씨티은행		09. 01. 01		30,000			말소기준
주택/현황	김금철	09. 02. 01	09. 02. 01		120,000		0층000호/50㎡ : 00.00.00~00.00.00	미배당
/신고								☞ 소제
임의경매/공	씨티은행		09. 09. 01					소제
※ 주의 : 위는 법원공시자료에 의한 간편분석자료입니다.				합계	270,000	※ 따라서 정확한 권리분석은 직접 현지조사 등으로 재삼 확인바랍니다.		

※ 물론 이처럼 최선순위전세권자가 경매신청자가 아닌 배당신청자이고, 매각대금이 부족할 경우에는 '무잉여취소'가 되겠지만 공부

를 위해 이는 접어두고 보기로 하자.

임차인 김금철은 실제 전입일은 2001. 5. 1로 최선순위지만 전세권을 믿고 2009. 2. 1에서야 전입신고를 했기 때문에 말소기준권리(2009. 1. 1 근저당) 후라 대항력이 없어 소제가 되고, 자신의 전세권은 선순위지만 배당요구를 했으므로 배당이 부족하더라도 소제되며(민집법91조4항 단서) 건물전체가 아닌 건물일부에 대한 전세권이기 때문에 말소기준권리는 될 수 없다. 이처럼 비록 선순위 전세권이라 하더라도 경매신청이나 배당신청 시는 배당이 부족한 경우에도 소제되기 때문에 통상 배당신청을 하지 않고 대항력을 행사한다. 이런 경우 경매법원으로서는 인수주의를 매각조건으로 하거나 매각취소를 해야 하며, 전세권자로서는 말소를 방지하기 위해 매각불허가신청을 할 수 있다(97마2935).

3. 예상배당분석표(건물)

> ※ 낙찰가 : 101,800,000원 + 몰수보증금 : 0 – 경매비용 : 1,800,000원 – 유익비 등 : 0
> = 100,000,000원[토지(00.00%) : 000,000,000원/건물 등(00.00%) : 000,000,000원]

(단위 : 천 원)

권리종류 ☞건☞토☞공	권리자	전입일자 사업자등록	등기·확정 법정기일	배당종기 10. 03. 01	채권액 임차보증금	※ 소액 ☞ 주택 : 60,000/20,000 상가 : 45,000/13,500						비고 (처리내역)
						최우선 당해세	우선 배당	조정후	인수	소멸	명도비	
전세권/전	김금철		01.05.01	10.02.01	120,000	0	100,000	100,000	0	20,000	250	소제
근저당/공	씨티은행		09.01.01		30,000	제외	0	0	0	30,000	0	말소기준
주택/현황	김금철	09.02.01	09.02.01		120,000	0층000호/50㎡ : 00.00.00~00.00.00						미배당
/신고						0	0	0	0	120,000	0	소제
임의경매/공	씨티은행		09.09.01			제외	0	0	0	0	0	소제
■ 색은 말소기준권리보다 선순위입니다.				합계	270,000	0	100,000	100,000	0	170,000	250	☞ NPL분석

흡수배당·순환배당의 예

| 사례1 |

조세채권의 후순위 가압류채권 흡수 및 선순위가압류채권 소급 흡수(국세기본법35조1항, 지방세기본법71조, 관세법3조)

1. 경매물건 내용

· 가용배당액 : 10,000만 원
· 가압류A(2001. 1. 1) : 5,000만 원
· 저당권B(2002. 1. 1) : 5,000만 원
· 가압류C(2003. 1. 1) : 6,000만 원
· 압류D(일반조세, 2004. 1. 1) : 4,000만 원

2. 1차배당(가압류부터 안분)

· 가압류A : 10,000×5,000/20,000=2,500만 원
· 저당권B : 10,000×5,000/20,000=2,500만 원
· 가압류C : 10,000×6,000/20,000=3,000만 원
· 압류(일반조세)D : 10,000×4,000/20,000=2,000만 원

3. 1차 배당조정(흡수배당 : 물권인 저당권의 후순위 흡수)

· 가압류A : 2,500만 원
· 저당권B(담보물권) : 5,000만 원(부족액을 흡수해서 당초 자기채권액 확보)

☞ 1차 안분액 : 2,500만 원+후순위(가압류C 및 압류D)로부터 부족액을 흡수 : 2,500만 원

· 가압류C : 1,500만 원[배당조정(피흡수) 후 2차 안분액]

☞ 위 저당권B가 흡수한 후 잔여가용배당액 안분 :
  2,500만 원(잔여가용배당액)×3,000만 원/5,000만 원

· 압류(일반조세)D : 1,000만 원[배당조정(피흡수) 후 2차 안분액]

☞ 위 저당권B가 흡수한 후 잔여가용배당액 안분 :
  2,500만 원(잔여가용배당액)×2,000만 원/5,000만 원

4. 2차 배당조정(후순위조세의 선순위가압류 소급흡수)

· 가압류A : 1,000만 원[1차 안분액 : 2,500만 원-조세D에게 피흡수
  : 1,500만 원(아래②)]

☞ 1차 배당조정 후 후순위조세가 자신의 부족액 : 3,000만 원(당초 : 4,000만
원-1차 배당조정 후 : 1,000만 원)에 대해 ① 후순위가압류로부터 1,500만 원을 흡
수한 후 그래도 1,500만 원이 부족하자 만족할 때까지 ② 1차 안분 후 선순위가
압류A가 가지고 있는 금액(2,500만 원) 중 부족액(1,500만 원)을 흡수

· 저당권B : 5,000만 원(1차 배당조정 시 당초의 자기채권을 확보)

☞ 당초 안분액 : 2,500만 원+1차 배당조정 시 후순위(가압류C 및 압류D)로부터
  흡수액 : 2,500만 원

· 가압류C : 0[2차 안분액 : 1,500만 원 ⇒ 후순위조세D에게 피흡수]

☞ 2차 안분액 : 1,500만 원[2,500(잔여가용배당액)×3,000만 원/5,000만 원]
⇒ 후순위조세D에게 피흡수

· 압류(일반조세)D : 4,000만 원[2차안분 후 가압류C 및 가압류A로
부터 부족액 흡수]

☞ 2차 안분액 : 1,000만 원+흡수①(가압류C로부터) : 1,500만 원+흡수②(가압류
A로부터) : 1,500만 원

| 사례2 |

순환배당의 예(조세·공과금 : 공히 법정기일이라고 가정)

1. 경매물건 내용

· 가용배당액 : 10,000만 원
· 공과금A(2007. 1. 1) : 2,000만 원
· 저당권B(2008. 1. 1) : 14,000만 원
· 조세C(2009. 1. 1) : 4,000만 원

2. 일반 원칙인 성립순서대로 배당하면

▶ 공과금A : 2,000만 원 ⇒ ▶ 저당권B : 8,000만 원 ⇒ ▶ 조세
C : 0만 원

3. 그런데, 국세기본법제35조1항 및 지방세기본법제71조1항에 의하면 조세는 그 어떤 경우에도 공과금보다 우선이므로 공과금A ⇔ 저당권B ⇔ 조세C 간의 순위관계를 보면 공과금A는 저당권B 보다(국민건강보험법제85조 단서, 국민연금법제98조, 고용보험 및 산업 재해보상보험의 보험료징수 등에 관한 법률 제30조), 저당권B는 조세 C보다, 조세C는 공과금A보다(국세기본법제35조1항, 지방세기본법제 71조1항) 우선해서 끊임없이 이 순환하는 관계가 된다는 것을 알 수 있다. 즉 A > B > C > A > B > C이다.

4. 따라서 이런 경우에는 다음 표에서와 같이 1차 안분 후 자기 채권의 부족액을 열후한 채권자의 배당액에서 그자의 안분금액을 한도로 해서 흡수한다(안분후흡수설). *단, 이때에는 끊임없는 순환 관계를 끝내기 위해 조정작업을 1회에 한한다.

(단위 : 만 원)

a : 각 채권액	b : 안분액 (피흡수 한도)	c : 부족액 (흡수할 한도)	d : 흡수(+)		e : 피흡수(-)		최종배당 (b+d-e)
			피흡수자	금액	흡수한자	금액	
공과금A : 2,000	1,000	1,000	저당권B	1,000	조세C	1,000	1,000
저당권B : 14,000	7,000	7,000	조세C	2,000	공과금A	1,000	8,000
조세C : 4,000	2,000	2,000	공과금A	1,000	저당권B	2,000	1,000
합계 : 20,000	10,000	10,000	합계	4,000	합계	4,000	10,000

가압류채권이 확정된 경우(판결이 확정된 채권)의 배당방법

여태까지 살펴본 가압류의 배당은 아직 가압류채권에 대한 본안 판결이 확정되지 않은 경우로, 만약 배당 이전에 가압류채권이 확정(판결확정)되었다면 다음과 같이 배당해야 한다(물론 이는 경매 개시기입등기 이전에 가압류등기가 경료되었거나 아니면 최소한 배당 요구종기까지 가압류를 경료하고 배당요구를 한 가압류에 한하며, 그 외 는 검토대상이 아니므로 생략한다). 여기서 중요한 것은, 비록 배당요 구종기 내에 가압류를 한 채권으로서 배당 시까지 판결문을 제출 한 경우에도 가압류금액이 많아야 안분액이 많아지고, 만약 배당 시까지 판결문을 제출하지 않은 경우에는 추후 판결액이 가압류 금액을 초과해도 그 초과액은 배당대상이 되지 않으므로 가압류 시는 가능한 최대한의 금액을 산정해서 신청해야 한다는 것이다.

1. 가압류결정액(등기부 기록액) = 확정판결액의 경우

현실적으로 이런 경우는 거의 없겠으나, 만약 이런 경우가 있다면 이는 앞에서 본 가압류의 배당과 결과가 같으므로 생략하기로 한다.

2. 가압류결정액(등기부 기록액) > 확정판결액의 경우

- 배당 전에 판결문을 제출한 경우 : 이 경우에는 확정판결액을 기준으로 배당한다.
- 배당 후에 판결문을 제출한 경우 : 이 경우에는 과도한 금액을 가압류의 몫으로 공탁하고 잔여액(소액)만으로 배당한 상태이 므로 앞에서 배당한 방식대로 재배당해야 한다.

3. 가압류결정액(등기부 기록액) < 확정판결액의 경우

- 배당 전에 판결문을 제출한 경우 : 이때는 확정판결액 전액을 배당요구한 채권이 되므로 전액이 배당대상이 된다. 하지만 이때 주의해야 할 것은, 가압류 후에 경료 된 조세 근저당권 등 우선변제권이 있는 채권이 있을 경우 가압류등기가 경료된 금액과 잔여액을 구분해서 안분배당을 한 후 배당조정(가압류 후에 경료된 우선변제권이 있는 채권의 흡수배당)을 해야 하는데, 그 이유는 비록 판례(대법원95다22788)에 따라 지연이자 등도 청구기초의 동일성이 인정되는 한 가압류에 대한 관계에서 본안이라고 보기는 하지만 이 경우에도 처분금지적 효는 가압류가 경료된 금액에 한하기 때문이다(또한 그래야만 등기부에 공시된 채권을 신뢰한 선의의 후순위의 채권자의 권리를 보호할 수도 있는 것이다). 예를 들면 이렇다.

▶ 가압류 : 2,000만 원 ▶ 근저당 : 1,000만 원이 등기부에 경료 된 상태에서 가압류권자가 추후 본안소송에서 판결 받은 금액이 3,000만 원이고 이 금액으로 배당요구종기 시까지 배당요구를 한 경우라면 등기가 경료 된 순서에 따라 ▶ 가압류 : 2,000만 원(처분금지적 효가 있는 채권) ▶ 근저당 : 1,000만 원 ▶ 잔여 판결채권 : 1,000만 원(처분금지적 효가 없는 채권)으로 안분배당을 한 후 근저당채권은 부족액이 있을 경우 산여 판결채권으로부터 흡수해야 한다는 것이다(이런 경우를 대비해서 가압류금액의 산정(청구) 시는 가능한 최대한의 금액으로 신청해야 하는 것이다).

– 배당 후에 판결문을 제출한 경우 : 이 경우에는 경매개시기입
등기 전에 경료되었거나 아니면 최소한 배당요구종기까지 배
당신청을 한 가압류채권만 배당대상이 되고 잔여 판결채권은
배당요구종기까지 배당신청을 하지 않은 채권이 되므로 아예
배당대상에서 제외된다(이런 경우 가압류금액은 매우 중요하다.
따라서 이런 경우를 대비해서 가압류금액의 산정(청구) 시는 가능
한 최대한의 금액으로 신청해야 하는 것이다).

11 | 공동저당물건의 동시배당과 이시배당 민법368조

공동담보물건의 배당 시 대위변제자의 구상권과 이시배당 시의 후순위
채권자의 대위

이 경우의 배당작업은 매우 복잡할 뿐 아니라 매우 중요하므로
여러 배당사례와는 별도로 취급해서 설명하고자 한다.

> ※ 공동저당의 요건으로는 각 부동산상에 동시에 설정하지 않아도 되고, 모두 동
> 일인 소유가 아니라도 되고, 동일한 순위가 아니어도 되지만, 등기신청 시 공동담
> 보목록을 첨부해서 등기부상에 공동담보라는 내용을 등기해야 한다(부동산등기법
> 제78조, 등기규칙 제133조~136조).

☞ 공동저당 대위등기에 관한 업무처리지침(등기예규 제1407호 : 2011. 10. 12 제정)

제1조(목적) : 이 예규는 부동산등기법 제80조(공동저당의 대위등기) 및 부동산등기 규칙 제138조(공동저당 대위등기의 신청)에 따른 공동저당의 대위등기에 관한 사항을 규정함을 목적으로 한다.

제2조(신청인) : 공동저당 대위등기는 선순위저당권자가 등기의무자로 되고 대위자(차순위저당권자)가 등기권리자로 되어 공동으로 신청해야 한다.

제3조(신청정보)

① 공동저당의 대위등기를 신청할 때에는 규칙 제43조에서 정한 일반적인 신청정보 외에 매각부동산, 매각대금, 선순위저당권자가 변제받은 금액 및 매각부동산 위에 존재하는 차순위저당권자의 피담보 채권에 관한 사항을 신청정보의 내용으로 등기소에 제공해야 한다.

② 등기의 목적은 '○번 저당권 대위'로, 등기원인은 '민법 제368조 제2항에 의한 대위'로, 그 연월일은 '선순위저당권자에 대한 경매대가의 배당기일'로 표시한다.

제4조(첨부정보) : 공동저당의 대위등기를 신청하는 경우에는 규칙 제46조에서 정한 일반적인 첨부정보 외에 집행법원에서 작성한 배당표정보를 첨부정보로서 등기소에 제공해야 한다.

제5조(등록면허세 등)

① 공동저당의 대위등기를 신청할 때는 매 1건당 3,000원에 해당하는 등록면허세를 납부하고, 매 부동산별로 3,000원에 해당하는 등기신청수수료를 납부해야 한다.

② 공동저당의 대위등기를 신청하는 경우에는 국민주택채권을 매입하지 아니한다.

제6조(등기실행절차)

① 공동저당 대위등기는 대위등기의 목적이 된 저당권등기에 부기등기로 한다.

② 등기관이 공동저당 대위등기를 할 때에는 법 제48조의 일반적인 등기사항 외에 매가부동산 위에 존재하는 차순위저당권자의 피담보채권에 관한 내용과 미각부동산, 매각대금, 선순위 저당권자가 변제받은 금액을 기록해야 한다.

공동담보물건의 전체매각에 의한 동시배당(민법368조1항)

동일한 채권의 담보로 수개의 부동산에 저당권을 설정한 경우에 그 부동산의 경매대가를 동시에 배당하는 때에는 각 부동산의 경매대가에 비례해서 그 채권의 분담을 정한다. 경매대가의 비례배분은 민집법 101조2항, 268조에 의한 일괄매각 시에도 적용되고, '공장 및 광업재단 저당법'상의 저당목적물인 토지와 건물 및 거기에 설치된 기계·기구의 경매대가를 동시에 배당하는 경우에도 적용된다(대법원97다51650).

다만, 이때에도 공담물건이 채무자소유와 보증인소유가 혼합되어 있다면 민법368조1항에 따른 비율배당이 아닌 채무자소유의 경매대가에서 먼저 배당하고 부족분이 있을 시 보증인소유의 경매대가에서 배당을 해야 하는데, 그 이유는 채무자와 보증인 간의 책임한계가 다르기 때문이다(대법원2008다41475, 2013다207996). 이것은 최고·검색의 항변권(민법437조)이 없는 연대보증의 경우라 하더라도 마찬가지이다.

따라서 설령 이시배당 시라 해도 공담물건의 구성이 채무자소유의 부동산 1개와 보증인소유의 부동산 1개만이 있고 채무자소유의 부동산이 먼저 매각될 시는 변제자의 구상권도 변제자대위도 발생하지 않고 이시배당에 의한 차순위자의 대위문제도 발생하지 않는다. 하지만 공담물건이 여러 개인 경우는 그중 하나가 먼저 매각될 시 모두 채무자소유라 하더라도 변제자의 구상권도 변제자대위도 발생할 수는 없지만 후순위채권자가 있을 시 이시배당에 의한 차순위자의 대위문제는 발생하게 된다.

공동담보물건의 일부매각에 의한 이시배당(민법368조2항)

☞ **일부매각에 의한 이시배당을 실시하게 되는 경우**
여러 개의 공담물건이 경매가 진행될 경우에는 전체가 매각되기를 기다렸다가 동시배당을 하는 것이 원칙이지만, ▶ 일부의 매각으로도 채무가 충당되어 과잉경매가 되는 경우 ▶ 채권자가 일부를 경매에 부친 경우 ▶ 채무자가 이의를 제기해 분할매각신청 또는 우선매각물건을 지정신청을 하는 경우 ▶ 공동저당권자가 아닌 특정물의 선순위 또는 후순위채권자가 그 특정물을 경매신청 하는 경우에는 일부의 매각에 따른 이시배당이 실시될 수 있다.

전항의 저당 부동산 중 일부의 경매대가를 먼저 배당하는 경우에는 그 대가에서 그 채권 전부의 변제를 받을 수 있다. 이 경우에 그 경매한 부동산의 차순위저당권자는 선순위저당권자가 전항의 규정에 의해 다른 부동산의 경매대가에서 변제를 받을 수 있는 금액의 한도 내에서 선순위자를 대위해 저당권을 행사할 수 있다.

이는 선순위의 공동저당 부동산 중 후순위저당권자가 있는 부동산에 대한 저당권을 일부 포기하는 경우에도 이를 기대한 후순위저당권자를 보호하기 위해 성립되지만(대법원2009다41250, 2010다99132), 동시배당 시는 차순위자의 대위라는 문제는 발생하지 않는다. 그런데 후순위자의 대위는 법률의 규정에 의해 당연히 담보권이 다 공담물건으로 이전되는 경우여서 담보권이전의 부기등기 없이도 그 증거서류(대위변제사실을 증명하는 공정증서, 배당표등본 등)를 첨부해서 타 공담물건에 대한 경매를 신청할 수 있으나 혹시 있을지도 모르는 손실을 막기 위해서는 필히 신속히 담보권이전의 부기등기(부동산등기법80조, 부동산등기규칙138조, 등기예규1407호)를 한 후 경매를 신청해야 한다.

그 이유는, 공담물건 중 하나가 먼저 매각되는 경우 공담채권자가 채권이 전액 변제되었음을 확인하고+매각물건상의 후순위채권자가 공동저당권의 말소에 동의하고+매각물건이 공동채무자나 보증인소유인 경우에는 해당 공동채무자나 보증인의 동의가 없는 한 매각되지 않은 물건(또는 지분)에 설정된 저당권은 변제자대위를 위해 말소되지 않겠지만[공유지분 전부에 저당권이 설정된 후 일부 지분이 먼저 매각된 경우 매각지분에 설정된 말소될 저당권(후순위저당권 포함)은 매각되지 않은 공유지분에 변경등기를 해야 하고(등기선례200506-3), 물상보증인이 대위취득한 선순위저당권 설정등기에 대해서는 말소등기가 경료될 것이 아니라 물상보증인 앞으로 대위에 의한 저당권이전의 부기등기가 경료되어야 할 성질의 것이어서 아직 경매되지 않은 공동저당물의 소유자로서는 1번저당권자에 대한 피담보채무가 소멸했다는 사정만으로는 말소등기를 청구할 수 없으며(대법원93다25417, 2001다21854, 부산지법2008가단165261), 만약 공동저당권자가 임의로 말소했을 시는 손해배상을 당할 수도 있다(대법원2011다30666, 30673)].

이와는 달리 공담물건 중 일부의 선매각에 따른 이시배당으로 배당손해를 본 후순위채권자가 대위권을 행사하지 않는 한 경매법원이 스스로 대위권을 행사해줄 수는 없을 뿐 아니라, 공동저당의 대위등기를 하지 않고 있는 사이 선순위저당권자 등에 의해 그 부동산에 관한 선순위저당권등기가 말소된 경우 그 상태에서 그 부동산에 관해 소유권이나 저당권 등 새로 이해관계를 취득한 제 3취득자에 대해 후순위저당권자가 민법368조2항에 따른 대위를 주장할 수 없기 때문이다(대법원2012다99341).

　따라서 공담물건 중 일부의 선매각에 따라 이시배당으로 손해를 본 후순위채권자는 매각과 동시에 동시배당 시의 배당표를 작성해서 ⇒ 배당즉시 배당표를 첨부해서 다른 공담물건에 설정된 선순위저당권이 말소되기 전에 대위권을 부기등기 해야 한다(부동산등기법80조, 부동산등기규칙138조, 등기예규1407호, 대법원2001다21854, 2008마109). 다만 이때 동시배당 시라 해도 배당이 되지 않는 후순위채권자라면 신속히 다른 물건에 가압류 등의 채권보전조치를 취해야 할 것이다.

　그런데 여기서 우선변제권이 없는 일반채권자는 민법368조(차순위대위)의 적용을 받을 수 있을까? 필자는 민법368조에서 규정하고 있는 차순위자의 대위는 일반채권자도 적용되는 것이 분명하다고 본다. 따라서 만약 공담물건 중 일부매각에 따른 이시배당 시 후순위가 일반채권자라 해서 후순위대위에서 제외시킨다면 배당이의를 제기하고, 동시에 등기관을 상대로 '후순위대위등기 이행의 소'를 진행해야 할 것이다.

☞ 이시배당 시 우선변제권 없는 일반채권자도 민법368조2항(차순위대위)의 적용을 받아야 하는 이유

배당에 권위자라고 자처하는 어떤 분의 책자와 강의에서 일반채권자(가압류권자)는 물권이 아니어서 물상대위성이 없으므로 타 물건에 설정된 저당권에 대해 차순위대위를 할 수 없다고 하고 있는데, 과연 그것이 옳은 말일까? 그렇다. 물상대위는 우선변제권이 있는 물권이 갖는 권리임에는 틀림없다(민법342조, 370조). 하지만 민법368조에서 규정하고 있는 차순위자의 대위는 물상대위와는 아예 다른 성질의 것으로 여기서는 물권과 채권을 구분할 이유도 없고, 구분해서도 안 되는 것이다. 그 이유를 보자.

① 나중에 예시할 배당분석 자료에서 보면 알겠지만, 가압류권자는 동시배당 시라면 분명히 전액 배당을 받았을 것(이미 확정되고 확보된 채권)임에도 불구하고 이시배당을 하는 바람에 한 푼도 배당받지 못했음은 명백한 사실이다. 그럼에도 불구하고 단순히 일반채권이라서 차순위대위를 할 수 없고, 고스란히 손해를 보아야 한다면 이는 너무나 불공평하기 때문이다.

② 한편 일부 배당재원이 있는 경우라 해도 자신보다 후순위의 물권이 있는 경우 그 물권과 안분배당을 한 후 후순위담보권자는 부족액을 다른 물건에 경료된 선순위저당권에서 대위권을 행사할 수 있는데 반해 그 앞에 경료된 가압류권자는 일반채권자라는 이유로 그 권리를 행사하지 못하고 박탈당해 손해를 보아야 한다면 이 또한 공평의 원칙에 맞지 않다(이때 후순위담보권자는 선순위가압류와 동등한 채권으로 취급되어 평균배당이 되는 것인데, 만약 그럴 요량이라면 아예 처음부터 안분배당을 할 것이 아니라 그냥 선순위가압류를 무시하는 것이 더 간편할 것이다).

③ 그리고, 설령 물권이 아니어서 물상대위권이 인정되지는 않는다 하더라도 이시배당으로 인해 과다배당을 받은 자에 대해 부당이득반환청구권(민법 제741조)이 있음은 의심의 여지가 없는 명백한 사실이다(대법원2014다206983). 그렇다면 하나의 권리(부당이득반환청구)는 인정하면서도 그 권리를 쉽게 실현할 수 있는 또 하나의 권리(차순위자대위)를 뺏는다면 물을 마시라고 하면서 물그릇을 뺏어버리는 것과 같은 모순에 도달하는, 매우 비경제적이고 불합리한 현상이 되는 것이다.

④ 물론 후순위의 일반채권자로서는 ▶ '변제할 정당한 이익이 있는 자(민법 제481조, 대법원89다카24834, 2008마109, 2009다29137, 90다17774)'에 해당하는 바, 선순위의 공동저당권을 대위변제로 취득한 후 다른 공동담보물권을 경매에 부쳐 자신의 채권을 회수하거나 ▶ 채무자의 다른 물건에 또 다시 가압류를 해서 채권을 회수하거나 ▶ 채권자대위권(민법 제404조, 대법원2010다43597)을 활용, 선순위 저당권자(공동담보권자)를 대위해서 다른 공담물건에 대한 경매를 신청할 수도 있겠지만(이는 앞서 말한 경매책자에서도 그렇게 설명하고 있다), 이 또한 하지 않아도 될 일을 해야 하는 비경제적인 것임은 말할 것도 없고, ▶ 다른 물건에 대해 가압류를 하는 경우에는 다른 채권자와도 경합이 되어 심지어 이미 확정되고 확보된 채권이 무용지물이 될 수도 있고, ▶ 채권자대위권행사의 경우에는 설령 그렇게 한다고 하더라도 그 물건이 경매가 진행되기 전에 이미 해당 물건은 경매가 되어 자신의 채권이 소멸한 상태가 되는 바, 이는 동시배당 시라면 분명히 회수할 수 있었던 채권을 전혀 자신의 의지와는 다른 요소, 그것도 정의로워야 할 법률규정이 작용해서 그 권리를 침탈하는 결과가 발생하게 되는 것이고, 이때의 책임은 누가 져야 하는가의 문제가 대두된다.

⑤ 일반채권자가 경매물건에서 배당을 받으려면 경매개시기입등기 전에 신속히 가압류를 하거나 아니면 최소한 경매법원이 배당대상채권자를 확정짓는 배당요구종기까지 가압류를 해서 채권신고를 해야 하는 것이며, 이 경우 같은 일반채권이라 하더라도 배당요구종기까지 채권신고를 한 가압류는 배당금액을 확정지어 배당받을 수 있고 배당요구종기 후에 경료한 가압류는 그야말로 아예 배당에 참여할 수 없는 하늘과 땅 만큼의 차이가 있는 것만 보아도 쉽게 이해될 일이다. 따라서 민사집행법에서 규정하고 있는 배당요구종기까지 가압류와 배당요구를 해서 자신의 배당액을 확정하고, 채권을 확보한 일반채권자(가압류권자)는 등기부에 등기를 경료한 채권(대항력과 우선변제권이 있는 채권)과 같다고 보아야 할 것이다.

⑥ 이는 곧 등기 없이도 법률규정에 따라 소유권을 취득하는 경우, 채권인 임차권도 법률에서 규정하고 있는 요건을 갖추면 물권이 갖는 우선변제권을 부여하는 경우, 채권도 등기를 하면 물권이 갖는 권리인 우선변제권을 부여하는 것 등과도 같은 이치로, 물권이 아님에도 불구하고 물권의 권능인 물상대위의 권리를 가지려는 것이 아니라 그 차원과는 달리 그냥 법률규정에 따라 대위변제를 받으려는 것이다.

⑦ 따라서 동시배당 시에 비해 이시배당으로 손해를 보는 채권자는 담보물권자에 한정해서 차순위자의 대위를 할 것이 아니라 담보물권자든 민사집행법에서 규정하고 있는 절차인 배당요구종기까지 채권 신고를 필해 배당이 확정된 일반채권자든 다 같이 배당이 확정된 채권이므로 이를 구분해서는 안 된다고 보아야 하며, 이것이 민법 제368조에서 달성하고자 하는 입법취지에 부합하는 것이다. 또한 이는 물권에 주어지는 물상대위(민법 제342조, 제370조)의 권리를 침해 또는 무력화시키거나 변형시키자는 것이 아닌 아예 별도의 법률규정인 것이다.

⑧ 그리고 민법 제368조에서 달성하고자 하는 입법취지는 공담물건의 동시배당 시와 이시배당 시 서로 배당이 달라지는 불합리를 치유하고 해소하고자 하는 것이어서 공담물건을 전부 매각해서 동시배당하는 경우든 일부만 먼저 매각해서 이시배당을 하는 경우든 그 결과는 같아야 하는데, 엄연히 민사집행법상의 규정을 지켜 배당신청을 해서 그 배당액이 확정되고 확보된 사람마저 일반채권자라 해서 민법 제368조에서 규정하고 있는 후순위자의 대위를 인정하지 않는다면 동시배당 시와 이시배당 시의 결과가 명백히 달라져 이 또한 당해 조항의 입법취지에도 명백히 반하게 되는 것이다.

⑨ 만약 민법 제368조에서 규정하고 있는 차순위자의 대위를 일반채권에는 적용하지 않고 담보물권에 한정한다면, 무엇보다 유대관계가 있는 공동담보물건 소유자가 서로 통모해서 채무를 면탈하거나 아니면 공동담보물건이 전부 채무자 소유일 경우에는 자의적으로 매각순서를 조정해서 얼마든지 후순위의 일반채권, 그것도 확실성(확정성)이 없는 유동적인 일반채권이 아닌 배당금액이 확정되고 회수가 확보된 채권을 면탈해서 채무를 회피할 수 있게 되므로 이는 입법취지의 심각한 교란은 물론, 건전하고 정의로운 사회경제활동을 위해 존재해야 할 법률규정이 오히려 혼란을 부추기는 좋은 통로가 되는 것이다.

⑩ 결론적으로 동시배당 시에 비해 이시배당으로 손해를 보는 일반채권자가 다른 공동담보물건에 경료된 선순위저당권에 대위권을 행사하는 것은 담보물권이 갖는 물상대위가 아닌(즉, 물상대위의 차원에서 볼 것이 아니라) 이와는 완전히 다른 차원인 민법 제368조 제2항에서 규정하고 있는 '차순위자의 대위'라는 규정에 의한 대위권을 행사하는 것이어서 민법 제368조 제2항에서 규정하고 있는 '차순위자

의 대위'는 꼭 후순위권자가 담보물권자인 경우에 국한된다고 할 수 없다고 해야 할 것이다. 그러므로 민법 제368조에서 규정하고 있는 '차순위자의 대위'는 말 그대로 오로지 순수한 의미의 '차순위자의 대위'지 이를 '물상대위'라는 단어로 치환하거나 '물상대위'라는 단어와 연결지어 혼동해서 사용해서는 안 될 것이다.

다만, 민법 제368조2항에서도 등기예규 제1407호에서도 '후순위채권자'가 아닌 '후순위저당권자'라는 단어를 쓰고 있어 대중이 보기에도 여기에는 일반채권자는 해당되지 않고, 말 그대로 저당권자만 해당 되는구나 하는 편견을 가질 수 있으므로 법률상 용어를 변경(개정)하거나 판례로 이를 바로잡아야 할 것이다.

물론 필자는 민법 제368조2항의 적용을 받는 일반채권자가 부기등기를 한 등기를 아직 확인한 적이 없고 이를 규정한 판례도 찾아보지 못했지만, 이는 아마도 이런 경우로 손해를 본 채권자가 없거나 있어도 아예 안 되는 줄 알고 지레 포기해서 그에 대한 판례가 형성될 여지가 없었기 때문이 아닌가 생각한다. 따라서 만약 이렇게 명백한 사실임에도 불구하고 일반채권자는 민법368조에서 규정하고 있는 차순위자의 대위를 할 수 없다는 판례가 있다면 이는 분명히 변경되어야 할 것이다.

※ 참고로, 앞에서 말한 경매책이나 강의에서 다수의 판례를 들어(대법원92마380, 2002다13539, 93다25417, 2001다21854 등) 일반채권자에게 후순위자의 대위를 인정하게 되면 이는 일반채권을 물권으로 전환시켜주는 것이 되어 부당하다고 하는데, 여기서 든 판례에서 강조하고자 하는 것은 일반채권에 대한 물상대위를 부정하고자 하는 것이 아니라 후순위저당권자가 물상대위를 해서 경매신청을 하고자 할 경우(후순위저당권자 역시 기존의 물권자로서 채무명의 없이도 임의경매신청이 가능한 자이므로) 별도의 채무명의가 필요 없다는 취지를 강조하고자 하는 것이어서 차순위대위에 있어 일반채권자를 배제하는 이유로는 예를 잘못 든 것이다.

공동담보물건의 소유자가 다른 경우 구상권, 대위권이 적용되는 경우와 안 되는 경우(대법원2001다21854, 2008다41475, 95마500외 다수)

1. 구상권, 변제자대위, 차순위대위가 적용되는 경우

물상보증인소유의 부동산이 먼저 매각되는 경우 보증인은 채무자소유 부동산의 매각대금이 있을 시 채무자를 대신해서 변제한 금액에 대해 ▶ 구상권과 함께 ▶ 민법481조, 482조에 따른 변제자대위로 채무자소유의 부동산에 대한 1번저당권을 취득하고(변제자대위), ▶ 물상보증인소유의 부동산에 대한 후순위채권자는 동시배당 시라면 배당받았을 금액에 대해 채무자소유 부동산에 설정된 1번저당권으로 우선해서 변제받을 수 있다[원래 우선변제권이 없는 채권은 물상대위(민법342조, 370조)가 인정되지 않지만 여기서 말하는 후순위채권은 우선변제권이 없어도 무방한데, 그 이유는 이때 행사하는 권리는 물상대위가 아닌 민법368조2항에 따른 차순위자의 대위가 되기 때문이다].

이때 우선배당순위는 물상보증인이 취득한 채무자소유에 대한 변제자대위보다 물상보증인소유의 부동산에 대한 후순위채권자가 취득한 차순위자의 대위가 우선한다. 그 이유는 원래 차순위자의 대위는 이시배당으로 인해 동시배당 시보다 선순위저당권이 과다배당 받았을 시 그로 인해 배당손해를 입은 후순위채권자가 채무자소유의 공담물건에 설정된 선순위저당권으로 이전한 보증인소유의 선순위저당권에 터 잡아 대위권을 행사하는 것인데, 물상보증인은 어차피 자신 소유의 부동산에 설정된 선순위담보권자에게 채무를 변제해야 할 의무가 있고, 후순위채권자에게도 채무를 변제할 의무가 있기 때문이다.

이와는 달리 물상보증인이 취득한 채무자소유에 대한 변제자대위와 채무자소유 부동산상의 후순위채권자와의 관계에 있어서는 물상보증인이 취득한 채무자소유에 대한 변제자대위가 우선하는데, 그 이유는 채무자소유의 후순위채권자는 처음부터 당해물건(채무자소유의 물건)에 관한 한 선순위저당권의 우선변제(또는 이에 터 잡은 보증인의 선변제에 의한 변제자대위)가 있을 수 있음을 인지할 수 있었기 때문이다. 그런데 여기서 물상보증인이 채무자에 대해 행사할 수 있는 구상권(손해액)의 범위는 소유권을 상실할 당시의 교환가치인 제1차 경매기일에서의 평가액(최저경매가격)이 되겠지만(대법원95다42621), 이때에도 그 순위는 역시 '① 채무자물건에 설정된 공담채권(당초 인지할 수 있었던) 범위의 1차 구상 ⇒ ② 채무자의 물건상 당해 공담채권 후의 채권자 회수 ⇒ ③ 물상보증인의 회수부족액 2차 구상'의 순서가 되어야 할 것이다.

2. 구상권, 변제자대위, 차순위자의 대위가 적용되지 않는 경우
① 채무자 소유의 부동산이 먼저 매각되는 경우

앞서 보증인소유의 부동산이 먼저 매각되는 경우와는 달리 채무자소유의 부동산이 먼저 매각되는 경우에는 변제자대위와 차순위지대위의 적용이 없는데 그 이유는 채무자소유의 부동산이 먼저 매각된다고 해서 채무자가 공동저당물소유자인 보증인에게 구상권을 행사할 수 없고, 채무자소유의 부동산에 대한 후순위채권자는 제3취득자로서 그 지위를 승계한 자가 되기 때문이다(대법원95

마500, 2008다41475).

② 실질적인 채무자인 물상보증인의 물건이 먼저 매각되는 경우(대법원 2013다41097, 2013다80429)

실질적인 채무자와 실질적인 물상보증인이 공동으로 담보를 제공해 대출을 받으면서 실질적인 물상보증인이 저당권설정등기에 자신을 채무자로 등기한 경우, 실질적 물상보증인인 채무자는 채권자에 대해 채무자로서의 책임을 지는지와 관계없이 내부관계에서는 실질적 채무자인 물상보증인이 변제를 했더라도 그에 대해 구상권이 없으므로 채권자를 대위해서 실질적 물상보증인인 채무자에 대한 담보권을 취득한다고 할 수 없다.

그리고 이런 법리는 실질적 물상보증인인 채무자와 실질적 채무자인 물상보증인 소유의 각 부동산에 공동저당이 설정된 후에 실질적 채무자인 물상보증인 소유의 부동산에 설정된 후순위저당권자에게도 적용되므로 후순위저당권자는 물상대위를 할 대상이 없어 채무자(실질적인 채무자인 보증인) 소유의 부동산에 대한 선순위공동저당권자의 저당권에 대해 물상대위를 할 수 없다. 여기서 말하는 것은 실질적인 채무자와 실질적인 보증인이 서로 뒤바뀐 경우를 말하는 것으로, 그런 경우에는 형식이 아닌 실질적인 내용에 따르라는 것이다. 따라서 만약 아파트 구입 시 구입자금 대출을 하면서 남편을 채무자로 아내를 담보제공자로 한 경우라면 이는 뒤바뀐 경우가 아닌 실질적으로는 공동채무자로 간주되므로 남편지분이 먼저 매각될 경우 ▶ 남편은 과다변제한 부분이 있을 시 아내에게 구상권과 대위권(변제자대위)을 갖고, ▶ 동시배당 시에 비해 손해를 본 남편지분의 후순위우선변제권자는 민법368조2항에서 규정하고 있는 이시배당의 법리에 따라 아내의 지분에 설정된 선순위저당권에 물상대위를 할 수 있으며, 이때에도 역시 남편의 변제자대위보다 남편지분에 설정된 후순위채권자의 차순위대위가 우선하는 것이다.

공담물건 형태별, 매각순서별 발생 가능한 대위권 요약표

공담물건의 소유자 형태 및 매각순서별			구상권 (변제자대위)	후순위 대위
공담물건 모두를 매각해서 배당을 하는 경우(동시배당의 경우)		전부 채무자소유인 경우	×	×
		채무자소유+보증인소유	○	×
일부매각에 따른 이시배당의 경우	전부 채무자소유 중 일부가 먼저 매각되는 경우		×	○
	채무자소유 1개 + 보증인소유 1개	채무자소유가 먼저 매각	×	×
		보증인소유가 먼저 매각	○	○
	채무자소유 다수 + 보증인소유 또는 보증인이 다수	채무자소유 중 일부가 먼저 매각	×	○
		채무자소유 전부가 먼저 매각	×	×
		보증인(소유) 중 일부가 먼저 매각	○	○
		보증인소유 전부가 먼저 매각	○	○

12 | 공동저당의 동시배당과 이시배당은 유사공동저당의 경우에도 발생

☞ '유사공동저당'이 되는 여러 경우

▶ 공유물을 담보로 저당권·전세권·임차권을 설정하거나, 단독물건에 설정한 후 상속 등으로 공유된 경우

▶ 토지·건물이 일괄매각되었으나 토지와 건물의 채권자 및 채권이 다른 경우(대법원2001다66291)

▶ 나대지상에 근저당을 설정한 후 토지가 공유로 지분분할이 되거나 집합건물이 신축되어 토지가 대지권으로 분할된 경우(즉, 집합건물등기부상 토지별도등기가 있는 경우 : 대법원2004다46502, 2011다74932)

▶ 공유물상에 전체지분이나 과반지분과 임대차계약을 체결하고 대항요건과 확정일자를 갖춘 임차인이 있는 경우(대법원2012다5537), 또는 단독물건에 대항요건과 확정일자를 갖춘 임차인이 있었으나 추후 상속 등의 사유로 공유가 된 경우

▶ 사용자의 여러 부동산이 있는 경우 : 그중 하나에서 임금채권을 우선변제받는 경우 이시배당에 따른 후순위자의 대위가 발생(대법원97다9352, 99다22311, 2000다32475, 2005다34391, 2009다53017, 53024)

▶ 여러 부동산이 있는 조세채무자 : 여러 부동산이 있는 조세채무자의 재산 중 어느 하나에서 조세우선변제권이 행사된 경우 공동저당의 경우에서처럼 이시배당에 따른 후순위채권자의 대위가 발생할 수 있다(대법원2003다18401, 2003다18418). 단, 이때에도 개별물건에 최우선변제권이 적용되는 당해세는 제외된다.

변제자대위와 이시배당에 따른 차순위자의 대위는 위와 같은 유사공동저당의 경우에도 발생한다. 따라서 이런 상황에서, ① 공유지분 중 일부가 먼저 매각될 시 그 지분 권자는 타 지분권자가 부담해야 할 부분에 대해 타 지분권자에게 구상권과 민법481조,

482조에 따른 변제자대위권을 갖고, ② 후순위채권자는 이시배당으로 인해 받지 못한 금액(즉, 동시배당 시였더라면 받았을 금액)에 대해 타 지분에 이전한 선순위저당권 등에 차순위자의 대위를 행사할 수 있다.

　이때 유의해야 할 것은, 임차권을 등기하는 경우야 처분행위에 해당되어 공유자 전원의 동의가 있어야 해서 문제가 없지만(공동채무자), 대항요건을 갖춘 미등기 임대차의 경우가 문제인데, 임대차계약을 체결하는 행위는 관리행위에 해당되어 과반의 지분으로 유효한 법률행위가 되고, 임차인이 대항요건을 갖출 시 대항력도 있지만 이때 임대차계약을 체결한 자는 임차인에 대해 채무자가 되고, 임대차계약에 반대하거나 무관심해서 계약체결에 관여하지 않은 사람은 임차인과의 관계에 있어 제3자의 위치가 되어 임차보증금반환채무도 없고, 임대차계약 시 대리권수여가 아닌 계약을 체결하려는 공유자에게 단순히 동의만 한 경우는 임차인과의 관계에서는 제3자가 되고 공유자 내부적 관계에 있어서는 당시의 상황과 사후의 처리에 따라 공동임대인 또는 보증인의 관계가 될 것이다. 다만 임대차계약체결에 관여하지 않았다 하더라도 추후 임차보증금과 임료를 공유했다면 이는 임대차계약을 추인한 것으로 보아 역시 공동임대인의 지위에 있다고 볼 수 있겠지만(추후 임차인이 이를 주장하려면 임료를 공유했다는 입증을 해야 할 것이다), 어떻든 이런 이유로 임대차계약의 체결 시 가능하면 공유자 전원의 동의를 받으려 하는 이유가 여기에 있는 것이다.

　따라서 이런 상황에서 ▶ 공유물(공유지분 전체)이 경매가 진행된다면 설령 대항력이 있는 임차인이라 하더라도 임대차계약체결에 동의하지 않은 미체결자(제3자)지분의 매각대금에서는 우선변제권이 없고, ▶ 임대차계약을 체결한 자(채무자)의 지분이 먼저 매각되는 경우 계약체결자(채무자)는 미동의자에 대해 구상권(변제자대위)을 행사할 수 없고, 우선변제권을 갖춘 후순위임차인은 선순위저당권으로 인해 배당부족액이 있다 해도 임대차계약체결에 관여하지 않은 자(제3자)의 지분에 설정된 선순위저당권에 차순위자의 대위를 행사할 수도 없다. 반면, ▶ 미동의자의 지분이 먼저 매각되고, 그 대금에서 임차인에 대한 배당이 이루어지는 경우 미동의자는 계약체결자(채무자)에 대해 구상권(변제자대위)을 행사할 수 있고, 선순위저당권으로 인해 배당손해를 본 우선변제권을 갖춘 후순위임차인은 임대차계약을 체결한 자의 선순위저당권에 차순위자의 대위를 할 수 있고, 한편 미동의자의 지분을 취득한 낙찰자로서는 설령 임차인이 대항력이 있는 선순위임차인이라 해도 인수부담이 없다. 다만 이때에도 과반지분과 체결한 적법한 임차인은 대항력을 행사할 수는 있다.

그런데 경매실무에서는 임차보증금은 불가분채무(대법원67다328)라는 이유로 공유물 (공유지분 전체)이 경매가 될 시 미동의자 지분의 매각대금에서도 임차인에게 배당을 하고 있고, 심지어 미동의자의 지분이 먼저 매각될 시에도 임차인에게 배당을 하고 있는데, 이런 경우 미동의 공유자는 배당이의를 제기하거나 아니면 최소한 당해공유자의 배당금이나 지분(매각 전일 경우)에 가압류를 해서 자신의 권리를 되찾아야 한다. 그 이유는 만약 임대차계약을 체결한 공유자의 배당잔여금이 있음에도 불구하고 이런 조치를 취하지 않고 그자가 배당을 받은 뒤 구상권을 행사하려면 매우 어려워지기 때문이다. 이런 이유로 공유지분에 설정된 채권(NPL)을 취득하고자 할 경우에도 채무자와 보증인이 구분되어 있다면 필히 채무자의 채권은 피해야 하고, 특히 미등기의 대항력을 갖춘 선순위임차인이 있는 공유물에 대한 공유지분을 취득하고자 할 경우는 필히 채무자의 위치에 있는 자(임대차계약체결자)의 지분은 피해야 하는 것이다.

☞ 참고로, 많은 경매책자나 강의에서 임대차계약에 동의한 자는 보증인의 지위에 있다고 하고 있으나 채권의 담보로 제공한 경우(대출보증)가 아닌 동일물건에 대한 임대차계약의 체결 시 임차인과의 관계에 있어 O·X(긍정 또는 부정)가 아닌 보증인이라는 지위가 있을 수는 없고, 이는 임대인(공유자) 내부의 관계에서 발생하는 문제이다.

그 이유는, 민법265조에서 규정하고 있는 '공유물의 관리에 관한 사항은 공유자지분의 과반수로써 결정한다'는 의미는 '임대를 해서 사용·수익을 하자'라거나 '공유자 중 누가 사용·수익을 하기로 한다' 등 관리방법에 대한 결의(즉, 내부적 방향결정)를 할 때 과반의 동의가 있어야 유효하다는 것이지, 그 내부적 방향결정을 지나 실행단계로서의 대외적 법률행위인 임대차계약을 체결하는 행위는 동의인이 아닌 임대인이 과반지분이 되어야 적법한 법률행위(임대차계약)가 되고, 그렇지 않을 경우에는 무석법한 법률행위(임대차계약)가 된다고 해야 할 것이기 때문이다. 즉, 계약을 체결하는 자는 1/3지분권자인데, 그 사람이 다른 1/3지분권자의 동의를 받았다 하더라도 이는 공유자 간 공유물의 관리에 관한 적법(적법한 관리행위냐 아니냐)에 관한 문제일 뿐 임차인과 계약을 체결하는 자는 여전히 1/3지분권자에 불과하므로 1/3지분권자가 적법한 임대차계약을 체결하려면 1/3지분권자의 동의가 아닌 임대차계약체결권에 대한 위임을 받아서 계약을 체결해야 적법한 임대차계약이 될 것이다. 만약 그렇지 않을 경우 추후 동의인은 자신은 공유자에게 의사표시를 한 것이지 임차인에게 한 의사표시가 아니라는 항변을 할 수 있고, 그럴 경우 임차인은 동의인과는 제3자의 관계가 되어 역시 부적법한 임대차계약이 될 것이기 때문이다.

따라서 임대차계약체결에 있어서 공유자의 동의라는 것은 보증이라기보다는 그 상대방인 임차인과의 관계에 있어 임대차계약체결권에 대한 대리권수여행위(위임인과 수임인의 지위)에 관한 문제라고 보아야 할 것이다(따라서 동의인이라고 하는 공유자는 임차인에 대해 최고·검색의 항변권을 행사할 수도 없는 것이다).

하지만 공유자 내부의 관계에 있어서는 '임대차계약에 있어 나는 임대인이 아닌 보증인에 불과하므로 추후 임차보증금의 반환 시 계약자가 먼저 반환해야 하며, 그러지 않을 경우(공동변제 또는 대위변제의 경우)에는 구상권 등 보증인의 권리를 갖기로 한다'라는 별도의 약정을 해서 책임한계를 분명히 했을 경우에 한해 임대차계약을 체결한 공유자에게 선변제를 주장할 수도 있고, 구상권을 행사할 수도 있을 것이다.

13 | 공동저당물건 유사공동저당 포함 의 배당방법 및 여러 사례분석

　공동저당물건(유사공동저당 포함)에 있어 전체매각에 의한 동시배당 시와 일부매각에 의한 이시배당 시의 배당작업은 매우 복잡하고 중요해서 별도의 목록으로 공부하기로 한다. 이는 단순히 경매사건을 담당하는 공무원(경매계장, 사법보좌관)뿐만 아니라 경매사건의 채권자는 직접적인 관련이 있는 문제이며, 나아가 비록 경매사건과는 무관하다 하더라도 지분 투자에 있어서는 더없이 중요한 문제이고, 일반 경제활동에 있어서도 매우 유익한 지식이므로 누구든지 깊이 알아둘 필요가 있는 것임을 밝혀둔다.

공동저당물건(유사공동저당 포함)의 배당방법(배당업무 수행절차)

　하나의 채권에 대한 담보로 하나의 물건이 있을 경우에는 배당이 간단하다. 그런데 하나의 채권에 대해 여러 개의 물건이 공동으로 담보하는 경우나 하나의 채권에 여러 명의 지분권자가 공동으로 담보를 제공하는 경우에는 배당이 복잡하다. 그에다 이러한 공동담보물건이 전부 매각되어 동시에 배당하는 경우가 아닌 일부만 먼저 매각이 되고 그에 대한 배당만이 이루어지는 경우가 있는데 이때에는 먼저 매각되는 물건에서 공담채권자가 자신의 채권을 전부 배당받는 바람에 당해물건의 후순위채권자는 불공평하게 손해를 보는 경우가 있으므로 이에 대한 처리문제가 대두된다. 이와 같이 공동담보물건의 배당에 있어서는 고려해야 할 일들이 많다. 그러면 과연 이러한 복잡한 문제를 해결하기 위해서는 어떤 순서에 따라 배당작업을 수행해야 하는지 알아보기로 하자.

1. 공동담보물건 모두가 매각되어 동시배당을 하는 경우

공동담보물건 모두 매각되어 동시배당을 하는 경우에는 공담채권을 각 물건별로 배분해야 하므로 다음의 순서로 배당작업을 하는 것이 가장 합리적인 방법이다.

① 물건별 공담채권 배분기준[매각액-경매비용-선순위채권(인수액 제외)]을 산정한다.

☞ 앞서와 같이 기준을 정하는 이유는 민법 제368조에서 "동일한 채권의 담보로 수개의 부동산에 저당권을 설정한 경우에 그 부동산의 경매대가를 동시에 배당하는 때에는 각 부동산의 경매대가에 비례해 그 채권의 분담을 정한다"라고 하고 있고, 판례(대법원2001다66291, 서울중앙지방법원2004가합65614)에서는 "민법 제368조 제1항에서 말하는 '각 부동산의 경매대가'라 함은 매각대금에서 당해 부동산이 부담할 경매비용과 선순위채권을 공제한 잔액을 말한다"라고 하고 있기 때문이다.

다만 이때에도 법조문과 판례에서는 아직 명시하고 있지 않지만 낙찰자가 인수할 채권은 차감해서는 안 될 것인데 그 이유는, 낙찰자는 자신이 인수할 금액을 감안(차감)해서 입찰가를 산정했을 것인데(즉, 그것이 매각물건에 대한 진정한 평가액인데) 그에다 또 선순위채권이라 해서 이를 차감한다면 이는 이중으로 감가하는 것이 되므로 이를 차감하지 말아야 인수할 채권이 없는 다른 물건과의 가치비교기준이 같아지기 때문이다.

참고로, 혹자들이 공동담보설정 전 가압류가 경료되어 있는 경우와 공동담보설정 후 최우선변제액(소액임차인)이 있는 경우 공담채권을 어떻게 배분할 것인가에 대해 헷갈리고 있는데, 이때에도 그냥 앞서 법률 규정[매각액−경매비용−선순위채권(인수액 제외)] 그대로 산정하면 된다. 그 이유는 다음과 같다.

첫째, 선순위가압류가 있는 경우 혹자는 가압류의 처분금지적 효를 확대해석해서 후순위채권까지 포함해 당해물건에 대한 배당작업(흡수배당)을 한 후 그 금액을 타 공담물건과 비교하고 있는데, 그럴 경우 공동담보채권을 동일한 기준에 따라 각 공담물건별로 배분해서 적용해야 함에도 불구하고(또 그 기준을 정하기 위한 작업을 하려 하는데) 당해 물건에 있어서는 미리 공담액 전액을 적용해서 배당작업을 한 것이 잘못이요, 선순위가압류와 후순위채권을 모두 아울러 안분배당을 한 후 그 배당액을 공담채권의 배분기준으로 삼는다면 다른 물건은 배당액을 산출하기 위한 대기상태에 있는데, 당해 물건만 배당해 그 금액을 기준으로 하게 되어 기준 자체가 맞지 않기 때문이고, 공담채권설정 당시의 가치를 평가하려면 그 당시에 존재한 권리까지만 반영되어야 공평한데, 일부 물건은 그 후의 권리까지 포함된 것이 잘못인 것이다.

둘째, 소액임차인의 최우선변제액 또한 마찬가지로 각 공담물건별 공동담보채권을 배분하는 기준은 같아야 하는데 그러지 않고 어떤 물건에 경료된 후순위의 최우선변제액을 차감한다면 어떤 물건에는 공동담보설정 후 전입한 소액임차인이 있고 어떤 물건에는 소액임차인이 없는 경우 분명히 공동담보설정 당시에는 다 같이 없었는데 후발적인 사유로 서로의 비교기준이 달라질 뿐 아니라 심지어 사후에 의도적으로 이런 상황을 만들어 악용할 수도 있게 되는 것이다.

따라서 전체매각에 따른 동시배당을 할 경우 공담물건의 가치평가기준은 그냥 말 그대로 낙찰가에서 경매비용과 선순위채권(단, 인수액은 제외)만 차감해주면 공평해서 그 어떤 물건에서도 이의를 제기할 수 없는 공정한 기준이 되는 것이며, 그렇게 해야 다음 일부매각으로 인한 이시배당 시의 기준과도 그 의미가 같아지게 되는 것이다.

그럼에도 불구하고 배당의 대가라 자처하는 어떤 경매책자나 강의에서는 선순위가압류가 있는 경우 후순위채권 일체를 포함해서 먼저 배당작업을 한 후 이를 다른 물건과 비교하거나 후순위의 소액최우선변제액이 있는 경우 이를 차감해서 공담채권배분기준으로 삼고 있는데 이는 매우 맞지 않는 방법이다.

② 일단 앞서 공담채권배분기준에 따라 각 물건별로 부담할 공담채권을 배분한다.

③ 소유자별(채무자 ⇔ 보증인 간) 채무부담범위에 따라 부담할 금액을 조정한다.

☞ 이렇게 조정하는 이유는 해당 물건이 채무자소유인지 보증인소유인지에 따라 부담범위가 달라지기 때문이다. 즉, 같은 공담물건이라 하더라도 채무자소유의 매각대금에서 먼저 변제를 하고(채무자소유가 2개 이상인 경우는 매각대금에 따라 비율배분) 부족액이 있을 시 보증인소유의 매각대금에서 변제해야 하기 때문이다(대법원2008다41475, 2014다231965).

④ 각 물건별 배당작업을 한다(이로써 동시배당작업은 종료된다).

☞ 만약 배당과정에서 채무자소유의 매각물건에서 공담채권의 배당이 부족할 시는 보증인 소유의 매각물건에서 배당하되 보증인소유가 2개 이상인 경우는 역시 위와 같은 비율로 배분해서 수행하며, 이로써 배당작업은 종료된다. 따라서 공동저당의 배당에 있어 공담물건(공유지분)의 전체매각에 의한 동시배당 시는 각 물건(지분)의 소유자가 채무자인가 보증인인가에 따른 구상권(변제자대위)에 관한 문제는 발생할지언정 민법 제368조2항에 따른 후순위대위의 문제는 발생하지 않는다.

2. 일부매각으로 이시배당을 하는 경우

앞 공담물건이 전부 매각되어 동시배당을 실시하는 경우야 일정한 공담액 배분기준에 따라 공담액을 배분한 다음 바로 배당작업을 수행하면 되겠지만, 이시배당에 있어서는 공담물건 전체가 매각되어 동시배당을 할 경우의 정상적인 배당과 매각물건만 먼저 매각되어 이시배당을 하는 경우 둘 다를 수행해 그 차이를 산출해야 한다. 그 이유는 동시배당을 하건 이시배당을 하건 그 결과는 같아야 하는데 이시배당을 하는 바람에 공동담보권자는 동시배당 시의 정상적인 배당에 비해 선행 매각물건에서 과다배당을 받았기 때문에 자신으로 인해 손해를 본 이해관계인[▶ 동시배당 시라면 변제하지 않거나 조금만 변제했어도 될 변제자(보증인)의 변제자대위 ▶ 이시배당으로 인해 동시배당 시보다 적게 받은 후순위채권자를 위한 차순위대위]을 위해 다른 담보물건에 설정되어 있는 자신의 저당권을 양해(제공)해야 하기 때문이다.

단, 공담물건이 채무자소유 1개와 보증인소유의 물건 1개 중 채무자소유가 먼저 매각되는 경우는 동시배당 시를 가정해서 배당업무를 수행할 필요 없이 그냥 매각물건에 대한 배당만 실시해서 공담채권이 회수하지 못한 금액이 있을 시 그 금액만 산출하면 된다(그 이유는 채무자소유의 물건이 먼저 매각되는 경우에는 채무자의 선변제의무로 말미암아 매각되지 않은 보증인에 대해 변제자대위도 발생할 여지가 없고 그에 따라 차순위자의 대위도 발생하지 않기 때문이다). 하지만 공담물건이 같은 채무자소유라도 여러 개거나 보증인의 소유라도 여러 개인 경우는 각 물건별 채무부담범위에 따라 공담채권을 부담할 금액이 달라지고 또 그에 따라 후순위채권자의 배당 또한 달라지기 때문에 다음 업무 전부를 수행해야 한다.

① 물건별 공담채권 배분기준금액(감정가액-선순위채권)을 산정한다.

> ☞ 공담물건 중 일부매각에 의한 이시배당 시는 공담채권배분기준에 있어 전체매각에 의한 동시배당 시와 그 기준이 다를 수밖에 없는데, 전체매각에 의한 동시배당을 하는 경우야 매각대금(낙찰가)을 기준으로 하면 되겠지만 공담물건 중 일부의 매각으로 인한 이시배당을 할 시에는 공담물건 전체가 매각되지 않았으므로 아직 매각되지 않은 물건에 대해 동시매각 시에서와 같은 '매각대금'이라는 것이 있을 수가 없다. 따라서 이때에는 부득이 다른 기준을 적용할 수밖에 없다.
>
> 그런데 이시매각 시의 공담채권의 배분방법으로 판례(대법원71다513, 71다514)에서 "공동담보 중 1개의 부동산에 대해 먼저 담보권이 실행된 경우에 공동담보가 된 각 부동산의 피담보채권에 대한 담보가치의 산정은 그 각 부동산의 가격비율에 의해 산정함이 타당하다"라고 하고 있고, 또 다른 판례(서울고등법원2004나87895)에서도 "위 '각 부동산의 가액'이라 함은 시가에서 당해 부동산이 부담할 선순위채권을 공제한 잔액을 말한다"라고 하고 있는 바, 여기서 말하는 '가격비율' 또는 '부동산의 가액'이란 곧 감정가액을 의미한다 할 것이고, 이 기준을 적용하면 모든 공동담보물건에 동일한 기준이 적용되어 불합리가 없어지게 되는 것이다(만약 감정가액이 없을 경우에는 공시가격을 적용하면 모두 기준이 공평하게 될 것이다). 한편 이때에는 아직 매각이 되지 않은 상태의 평가액을 산출하는 것이어서 '선순위채권'이라는 단어는 있을 수 있어도 경매에서 낙찰자가 인수하는 '인수액'이라는 개념이 있을 수가 없으므로 이는 논외가 된다.

② 일단 앞서 공담채권배분기준에 따라 각 물건별로 부담할 공담채권을 배분한다.

③ 소유자별(채무자 ⇔ 보증인 간) 물건별 채무부담범위에 따라 부담할 금액을 조정한다.

☞ 이렇게 조정하는 이유는 해당 물건이 채무자소유인지 보증인소유인지에 따라 부담범위가 달라지기 때문이다. 즉, 같은 공담물건이라 하더라도 채무자소유의 매각대금에서 먼저 변제를 하고 부족액이 있을 시 보증인소유의 매각대금에서 변제해야 하기 때문이다(대법원2008다41475, 2014다231965).

– 앞에서 말한 바와 같이 공담물건이 채무자소유 1개와 보증인소유의 물건 1개 중 채무자소유가 먼저 매각되는 경우는 여기까지만 업무를 수행한 후 매각물건에 대한 배당을 실시해서 공담채권이 회수하지 못한 금액이 있을 시 그 금액만 산출하면 된다(그 이유는 채무자소유의 물건이 먼저 매각되는 경우에는 채무자의 선변제의무로 말미암아 매각되지 않은 보증인에 대해 변제자대위도 발생할 여지가 없고 그에 따라 차순위자의 대위도 발생하지 않기 때문이다).

– 하지만 공담물건이 같은 채무자소유라도 여러 개거나 보증인의 소유라도 여러 개인 경우는 각 물건별 채무부담범위에 따라 공담채권을 부담할 금액이 달라지고 또 그에 따라 후순위채권자의 배당 또한 달라지기 때문에 다음의 업무 전부를 수행해야 한다.

④ 배분된 공담채권에 따라 동시배당 시를 기준으로 매각물건에 대한 배당작업을 한다. 이때 매각물건 외는 아직 매각이 되지 않았으므로 배당작업을 할 수도 없다.

⑤ 이제는 매각물건에 대해 단독배당(이시배당)을 실시한다. 이때 공동담보권자는 자신의 실효채권(채권최고액과 회수할 채권 중 적은 금액) 범위 내에서 매각대금(배당재단) 중 선순위배당채권을 제외한 전부를 배당빋는다.

⑥ 매각물건상의 각 채권자별로 동시배당 시와 이시배당 시의 배당차액을 산정한다.

⑦ ⑥의 배당차액에 대해 매각되지 않은 각 공담물건에 설정된

공담채권자의 저당권에 대한 처분을 한다(매각되지 않은 각 공담물건에 설정된 공담채권자의 저당권은 다음과 같은 순서로 충당되며 그 금액은 다음 각 금액의 합계와 같다).

▶ 공담채권자의 미회수채권액 ⇒ ▶ 동시배당 시에 비해 매각물건에서 배당손해를 본 차순위채권자의 대위액 ⇒ ▶ 매각물건에서 공담채권을 과다변제한 자의 변제자 대위액(여기서 변제자대위가 차순위자의 대위보다 후순위인 것은, 자신의 소유인 매각물건상의 후순위채권자는 어차피 자신이 변제해야 할 채권자이기 때문이다)

공동저당물건(유사공동저당 포함)의 여러 배당사례(동시배당 및 이시배당)

다음 배당분석 사례는 제시 자료가 서로 비슷해서 헷갈릴 수도 있겠지만, 그 속에서도 미세한 차이를 찾아 공동저당(유사공동저당 포함)의 배당과 또 그와 관련해 발생하는 법리를 완벽하게 소화하기 위해서 그런 것이니 매 사례마다 배당분석의 순서에 따라 업무를 수행하며 주의 깊게 살펴보기를 바란다.

특히 주의 깊게 보아야 할 것은, 앞에서 필자가 지적한 바와 같이 다른 책에서 잘못 기술하고 있는 부분 즉, ▶ 소액임차인의 임차보증금을 판별하는 기준이 되는 담보물권의 범주에 배당대상임차권을 포함시키는 문제, ▶ 민법제368조제1항에 따른 동시배당 시 각 공담물건별로 부담해야 할 공동담보채권을 배분하는 방식, ▶ 동시배당 시 공담물건 중 일부에 공담채권 후 성립한 최우선변제대상 소액임차인이 있는 경우의 공담채권 배분 및 그에 따른 동시배당방법, ▶ 공담물건 중 일부에 선순위가압류가 있는 경우의 공담채권 배분 및 그에 따른 동시배당방법, ▶ 민법 제368조제2항에 따른 이시배당 시 각 공담물건별로 공담채권을 배분하는 방식, ▶ 민법 제368조제2항에 따른 이시배당 시 동시배당 시에 비해 배당손해를 보는 후순위채권자 중 일반채권자의 후순위대위에 대한 자격유무 등이다.

1. 전부 채무자소유의 공담물건 전체매각에 따른 동시배당 시의 배당분석

① 공담물건 경매진행내역

(단위 : 원)

구분	A (상계동 빌라)	B (공덕동 빌라)	C (흑석동 빌라)	비고
소유자의 지위	채무자	채무자	채무자	
경매개시기입등기	2012. 01. 10	2012. 01. 10	2012. 01. 10	
배당요구종기일	2012. 03. 30	2012. 03. 30	2012. 03. 30	
매각일	2012. 10. 10	2012. 10. 10	2012. 10. 10	
감정가액	250,000,000	300,000,000	425,000,000	
매각가액(낙찰가)	200,000,000	250,000,000	350,000,000	
경매비용	2,000,000	2,200,000	3,000,000	
몰수, 지연이자 등	0	0	0	

② 각 물건별 임차인 현황(각 물건별로 공담채권을 배분하려면 각 물건별 선순위채권을 먼저 알아야 한다)

▶ "A(상계동 빌라)" 임차인 현황 : 임차인 없음

▶ "B(공덕동 빌라)" 임차인 현황 : 임차인 없음

▶ "C(흑석동 빌라)" 임차인 현황

　　임차인 : "병"(주택임차인)

현황조사 : 보증금 : 140,000,000원 전입 : 2011. 10. 01

권리신고 : 보증금 : 120,000,000원 전입 : 2011. 10. 20

확정 : 2011. 11. 20

배당요구 : 2012. 3. 20

③ 각 물건별 등기권리 내역(각 물건별로 공담채권을 배분하려면 각
물건별 선순위채권을 먼저 알아야 한다)

▶ "A(상계동 빌라)" 등기권리내역

2011. 1. 10 소유권(매매) 홍길동(전소유자 김삿갓)

2011. 8. 10 근저당권설정(채권자 : 농협) 300,000,000원

[공동담보 : "B(공덕동 빌라)" - 채무자소유

"C(흑석동 빌라)" - 채무자소유]

2011. 9. 10 근저당권설정(채권자 : "갑") 100,000,000원

2012. 1. 10 임의경매 (채권자 : 농협)

▶ "B(공덕동 빌라)" 등기권리내역

2011. 3. 10 소유권(매매) 홍길동(전소유자 김길동)

2011. 8. 10 근저당권설정(채권자 : 농협) 300,000,000원

[공동담보 : "A(상계동 빌라)" - 채무자소유

"C(흑석동 빌라)" - 채무자소유]

2011. 10. 10 근저당권설정(채권자 : "을") 150,000,000원

2012. 1. 10 임의경매(채권자 : 농협)

▶ "C(흑석동 빌라)" 등기권리내역

2011. 5. 10 소유권(매매) 홍길동(전소유자 박문수)

2011. 8. 10 근저당권설정(채권자 : 농협) 300,000,000원

[공동담보 : "A(상계동 빌라)"-채무자소유

"B(공덕동 빌라)"-채무자소유]

2011. 12. 11 근저당권설정(채권자 : "정") 150,000,000원

2012. 1. 10 임의경매(채권자 : 농협)

④ 각 물건별 공담채권 배분기준[매각액-경매비용-선순위채권(인수액 제외)] 산정

▶ "A(상계동 빌라)" : 200,000,000원-2,000,000원-0
=198,000,000원(24.9748%)

▶ "B(공덕동 빌라)" : 250,000,000원-2,200,000원-0
=247,800,000원(31.2563%)

▶ "C(흑석동 빌라)" : 350,000,000원-3,000,000원-0
=347,000,000원(43.7689%)

⑤ 공담채권배분기준에 따른 각 물건별 부담할 공담채권
(300,000,000원) 배분액

▶ "A(상계동 빌라)" : 300,000,000원×198,000,000원/
792,800,000(24.9748%)=74,924,319원

▶ "B(공덕동 빌라)" : 300,000,000원×247,800,000원/
792,800,000원(31.2563%)=93,768,920원

▶ "C(흑석동 빌라)" : 300,000,000원×347,000,000원/
792,800,000원(43.7689%)=131,306,761원

⑥ 소유자별(채무자 ⇔ 보증인 간) 물건별 채무부담범위에 따른
부담금액 조정

모두 채무자소유이므로 채무자 ⇔ 보증인 간 부담할 채무범위

의 조정은 필요 없다.

⑦ 각 물건별 배당작업

▶ "A(상계동 빌라)"

낙찰가 : 200,000,000원 + 몰수, 지연이자 : 0 - 경매비용 : 2,000,000원 = 배당재단 : 198,000,000원

(단위 : 원)

등기, 확정일	전입(사업)	권리종류	권리자	채권액	배당금액	부족액	비고
2011. 8. 10		근저당권 (공동담보)	농협	74,924,319 (300,000,000)	74,924,319	0	B, C와 동시배당
2011. 9. 10		근저당권	갑	100,000,000	100,000,000	0	
합계				174,924,319	174,924,319	0	
배당 후 매각대금 잔액					23,075,681		

▶ "B(공덕동 빌라)"

낙찰가 : 250,000,000원 + 몰수, 지연이자 : 0 - 경매비용 : 2,200,000원 = 배당재단 : 247,800,000원

(단위 : 원)

등기, 확정일	전입(사업)	권리종류	권리자	채권액	배당금액	부족액	비고
2011. 8. 10		근저당권 (공동담보)	농협	93,768,920 (300,000,000)	93,768,920	0	A, C와 동시배당
2011. 10. 10		근저당권	을	150,000,000	150,000,000	0	
합계				243,768,920	243,768,920	0	
배당 후 매각대금 잔액					4,031,080		

▶ "C(흑석동 빌라)"

낙찰가 : 350,000,000원 + 몰수, 지연이자 : 0 − 경매비용 : 3,000,000원 = 배당재단 : 347,000,000원

(단위 : 원)

등기, 확정일	전입(사업)	권리종류	권리자	채권액	배당금액	부족액	비고
2011. 8. 10		근저당권 (공동담보)	농협	131,306,761 (300,000,000)	93,768,920	0	A, B와 동시배당
2011. 11. 20	2011. 10. 20	임차인	병	120,000,000	120,000,000	0	주택임차인
2011. 12. 11		근저당권	정	150,000,000	95,693,239	54,306,761	
합계				401,306,761	347,000,000	54,306,761	
배당 후 매각대금 잔액					0		

※ 위 배당표를 일목요연하게 한 표로 종합하면 다음과 같다(실
제 배당작업은 이 표에 의하는 것이 공담채권배분에도 편리하고 오류도
줄일 수 있다).

1. 전부 채무자소유의 공담물건 동시매각에 따른 동시배당표 (단위 : 원)

△사건명 : 중앙지법 2012타경11111 △ 배당일 : '12. 12. 30(매각일 : '12. 10. 10)

공담물건이 전부 채무자소유인 경우에는 일부매각에 따른 이사배당 시에도 구성권(연제자대위)에 관한 문제는 발생하지 않고 저순위자의 대위만 발생할 수 있다.

소/여	'11. 8. 10기준 주택:75,000/25,000 상가:50,000/15,000	'11.9. 10기준 10기준	주택 / 상가	권리종류 토:토지 건:건물 공:공동	권리자	청구액(설정액) 보증금	채무자 "A(8채동 빌라)" 감정:250,000,000 낙찰:200,000,000 몰수·지연이자:0 경매비용:2,200,000 배당재단:198,000,000		채무자 "B(8종덕동 빌라)" 감정:300,000,000 낙찰:250,000,000 몰수·지연이자:2,200,000 배당재단:247,800,000		비고 [편의상 근저당설정액 =채무액으로 가정]
배당기준 등기,확정,전입 권리순위 등기일,배당요구일 등기신청일자							우선배당:198,000,000 1차⇒ 조정후	배당대상채권 최우선당해세	우선배당:247,800,000 1차⇒ 조정후	배당대상채권 최우선당해세	
				소유권			11. 1. 10 홍길동(채무자)⇐매매/감/보존자 198,000,000(24.9748%)		11. 3. 10 홍길동(채무자)⇐매매/김길동 247,800,000(31.2563%)		낙찰가-경매비용 -선순위인수액
11.8.10	11.8.10			근저당(공동) 농협⇒A B C공담	300,000,000 (300,000,000)		위부름 74,924,319	0	위부름 93,768,920	0	⇒민법368조1항
11.9.10	11.9.10			근저당 "갑"⇒물건'A'설정	100,000,000 (100,000,000)		부담안분 74,924,319	100,000,000	부담안분 93,768,920	-	⇒부담안분배당 후
11.10.10	11.10.10			근저당 "을"⇒물건'B'설정	150,000,000		-	-	0	150,000,000	
	11.10.1			주거/현황	140,000,000		-	-	-	-	
11.10.20	12.3.20			신고	120,000,000		-	-	-	-	
11.11.20	11.10.20			근저당 "병"⇒물건'C'임차	-		-	-	-	-	
11.12.11	11.12.11			근저당 "정"⇒물건'C'설정	150,000,000		-	-	-	-	
12.1.10	12.1.10			임의경매	(300,000,000)		-	-	-	-	
				합계	820,000,000		174,924,319	174,924,319	243,768,920	243,768,920	-
				채권과부족/배당 후 잔액			23,075,681	-	4,031,080	-	-

공담액 배당기준 ⇒ 동시배당 시 : 낙찰가⇐경매⇒-선순위인수액
⇒이사배당 시 : 감정가⇐선순위전액채권 합계 : 792,800,000(=100%)

■색은 말소기준권리보다 선순위입니다.

※ 각 공담물건별 공담채권 배당기준
판례(대법원2001다6291, 서울중앙지법판결2004가합56140)에서 "민법368조1항에서 말하는 '각 부동산'의 경매대가'라 함은 매각대금에서 당해 부동산이 부담할 경매비용과 선순위채권을 공제한 잔액을 말한다"고 하고 있다. 다만 여기서 공제할 선순위채권 중 낙찰자가 인수함으로 채권자가 인수하는 최소한 인수금액은 채권액에서 공제하는 것이옳을 것인데 그 금액을 처감한다면 이는 2중으로 감가하는 결과가 되기 때문이며, 따라서 매각대금에서 선순위채권을 처감(도)이미 낙찰가에 반영되어 있으므로 인수금액으로 다시 처감하지 않아야 당해 물건의 정확한 가치평가가 될 것이다. 때문이므로(여지 이런 사례에 대한 판례는 없지만 그에 대한 공담물건과 배당금기준의 공평함에 모든 것입니다.

소 예	'11. 8. 10기준 '11. 9. 10기준	주택 : 75,000/25,000 상가 : 50,000/15,000		주택 : 좌동 상가 : 좌동	채무자 "C(홍식동 빌라)"				비고
		토 : 토지 건 : 건물 공 : 공동			감정 : 425,000,000 경매비용 : 3,000,000	낙찰 : 350,000,000 몰수 지연이자 : 0			△ 동시배당 시의 각 공담물건별 공담채권배당기준은 낙찰가-경매비용-선순위채권+인수액이다.
배당기준	배당종기 12. 3. 30	권리 종류	권리자	청구액 (신청액) 보증금	배당재단 : 347,000,000				△ 소액최우선제액은 가압류의 효력이 미치지 않는 최우선변제권이
등기,확정일 전입일 사업자등록	배당신청 채권자				배당 대상채권	최우선 당해세	우선배당 : 347,000,000		있는 채권으로 인분(평균배당)대상이 아니다.
							1차 ⇒	조정 후	
		소유권		11. 5. 10 홍열동(채무자)/박문수					☞낙찰가-경매비용-선순위채권+인수액
권리순위		공담액 배당기준 [△ 동시배당 시 : 낙찰가-경매비용-선순위채권] [▷이차배당 시 : 감정가-선순위채권] 합계 : 792,800,000 =100%)			347,000,000(43.7689%)				
11.8.10	11.8.10	근저당(공담) 농협⇒A·B·C공담		300,000,000	131,306,761	☞위룹별	131,306,761	131,306,761	☞민법368조1항
		각 물건 소유자(지위)의 부담범위[채무자 ⇔ 보증인] 조정 후		(300,000,000)	—	☞부담범위	—	—	☞부담범위조정후
11.9.10	11.9.10	그저당 "갑"⇒물건"A"설정		100,000,000	—	—	0	—	
11.10.10	11.10.10	그저당 "을"⇒물건"B"설정		150,000,000	—	—	—	—	
	11.10.1	주가(현황)		140,000,000	—	—	—	—	
11.11.20	11.10.20 12.3.20	근저당 "병"⇒물건"C"임차 /신고		120,000,000	120,000,000	—	120,000,000	120,000,000	
11.12.11	11.12.11	그저당 "정"⇒물건"C"설정		150,000,000	150,000,000	0	95,693,239	95,693,239	
12.1.10	12.1.10	임의경매 농협		(300,000,000)	—	—	—	—	
			합계	820,000,000	401,306,761	0	347,000,000	347,000,000	
			채권과부족/배당 후 잔액		-54,306,761	0	347,000,000	0	

■ "정"은 담보물건의 매수인이지만 채권자보다는 선순위이다.

※ "정"은 "정"은 담보물건의 매수인으로 물상보증인의 지위에 여지도 없고, 이는 동시배당을 받는 배당채권액(150,000,000)=배당액(95,693,239)=배당부족액(54,306,761)을 회수하기 위해서는 신속히 같은 채무자소유인 "A물건(생계불가)와 "B물건(공유물분할)의 매각대금(배당재단)에 국경매 경절을 채권최고로 하는 기입등록을 경료해야 한다.

공담배당에서 이사배당으로 인해 받지 못한 채순우지자 대위(민법368조2항)를 행사할 수도 있다. 따라서 배당부족액(채권액(150,000,000)=배당액(95,693,239)=54,306,761을 회수하기 위해서는 신속히 같은 채무자소유인 "A물건(생계불가)와 "B물건(공유물분할)의 매각대금(배당재단)에 국경매 채권제무자로 하는 기입률을 경료해야 한다.

2. 공담물건 중 일부에 선순위임차인이 있는 경우의 전체매각에 따른 동시배당

① 공담물건 경매진행내역

(단위 : 원)

구분	A (상계동 빌라)	B (공덕동 빌라)	C (흑석동 빌라)	비고
소유자의 지위	채무자	채무자	채무자	
경매개시기입등기	2012. 1. 10	2012. 1. 10	2012. 1. 10	
배당요구종기일	2012. 3. 30	2012. 3. 30	2012. 3. 30	
매각일	2012. 10. 10	2012. 10. 10	2012. 10. 10	
감정가액	250,000,000	300,000,000	425,000,000	
매각가액(낙찰가)	200,000,000	250,000,000	350,000,000	
경매비용	2,000,000	2,200,000	3,000,000	
몰수, 지연이자 등	0	0	0	

② 각 물건별 임차인 현황(각 물건별로 공담채권을 배분하려면 각 물건별 선순위채권을 먼저 알아야 한다)

▶ "A(상계동 빌라)" 임차인 현황 : 임차인 없음

▶ "B(공덕동 빌라)" 임차인 현황 : 임차인 없음

▶ "C(흑석동 빌라)" 임차인 현황

임차인 : "병"(주택임차인)

현황조사 - 보증금 : 120,000,000원 전입 : 2011. 6. 1

권리신고 - 보증금 : 100,000,000원 전입 : 2011. 7. 10

확정 : 2011. 7. 10

배당요구 : 2012. 3. 20

③ 각 물건별 등기권리 내역(각 물건별로 공담채권을 배분하려면 각 물건별 선순위채권을 먼저 알아야 한다)

▶ "A(상계동 빌라)" 등기권리내역

2011. 1. 10 소유권(매매) 홍길동(전소유자 김삿갓)

2011. 8. 10 근저당권설정(채권자 : 농협) 300,000,000원

[공동담보 : "B(공덕동 빌라)"- 채무자소유

"C(흑석동 빌라)"- 채무자소유]

2011. 9. 10 근저당권설정(채권자 : "갑") 100,000,000원

2012. 1. 10 임의경매(채권자 : 농협)

▶ "B(공덕동 빌라)" 등기권리내역

2011. 3. 10 소유권(매매) 홍길동(전소유자 김길동)

2011. 8. 10 근저당권설정(채권자 : 농협) 300,000,000원

[공동담보 : "A(상계동 빌라)"- 채무자소유

"C(흑석동 빌라)"- 채무자소유]

2011. 10. 10 근저당권설정(채권자 : "을") 150,000,000원

2012. 1. 10 임의경매(채권자 : 농협)

▶ "C(흑석동 빌라)" 등기권리내역

2011. 5. 10 소유권(매매) 홍길동(전소유자 박문수)

2011. 8. 10 근저당권설정(채권자 : 농협) 300,000,000원

[공동남보 : "A(상계동 빌라)"- 채무자소유

"B(공덕동 빌라)"- 채무자소유]

2011. 12. 11 근저당권설정(채권자 : "정") 150,000,000원

2012. 1. 10 임의경매(채권자 : 농협)

④ 각 물건별 공담채권 배분기준[매각액-경매비용-선순위채권(인수액 제외)] 산정

  ▶ "A(상계동 빌라)" : 200,000,000원-2,000,000원-0
  　　　　　　　　　　　　=198,000,000원(28.5797%)

  ▶ "B(공덕동 빌라)" : 250,000,000원-2,200,000원-0
  　　　　　　　　　　　　=247,800,000원(35.7679%)

  ▶ "C(흑석동 빌라)" : 350,000,000원-3,000,000원-100,000,000원
  　　　　　　　　　　　　=247,000,000원(35.6524%)

⑤ 공담채권배분기준에 따른 각 물건별 부담할 공담채권
  (300,000,000원) 배분액

  ▶ "A(상계동 빌라)" : 300,000,000원×198,000,000원/
  　　　　　　　　　　692,800,000원(24.9748%)=85,739,030원

  ▶ "B(공덕동 빌라)" : 300,000,000원×247,800,000원/
  　　　　　　　　　　692,800,000원(35.7679%)=107,303,695원

  ▶ "C(흑석동 빌라)" : 300,000,000원×247,000,000원/
  　　　　　　　　　　692,800,000원(35.6524%)=106,957,275원

⑥ 소유자별(채무자 ⇔ 보증인 간) 물건별 채무부담범위에 따른
  부담금액 조정

모두 채무자소유이므로 채무자 ⇔ 보증인 간 부담할 채무범위의 조정은 필요 없다.

⑦ 각 물건별 배당작업

▶ "A(상계동 빌라)"

낙찰가 : 200,000,000원 + 몰수, 지연이자 : 0 – 경매비용 : 2,000,000원 = 배당재단 : 198,000,000원

(단위 : 원)

등기, 확정일	전입(사업)	권리종류	권리자	채권액	배당금액	부족액	비고
2011. 8. 10		근저당권 (공동담보)	농협	85,739,030 (300,000,000)	85,739,030	0	B, C와 동시배당
2011. 9. 10		근저당권	갑	100,000,000	100,000,000	0	
합계				185,739,030	185,739,030	0	
배당 후 매각대금 잔액					12,260,970		

▶ "B(공덕동 빌라)"

낙찰가 : 250,000,000원 + 몰수, 지연이자 : 0 – 경매비용 : 2,200,000원 = 배당재단 : 247,800,000원

(단위 : 원)

등기, 확정일	전입(사업)	권리종류	권리자	채권액	배당금액	부족액	비고
2011. 8. 10		근저당권 (공동남보)	농협	107,303,695 (300,000,000)	107,303,695	0	A, C와 동시배당
2011. 10. 10		근저당권	을	150,000,000	140,496,305	9,503,695	
합계				257,303,695	247,800,000	0	
배당 후 매각대금 잔액					0		

▶ "C(흑석동 빌라)"

낙찰가 : 350,000,000원 + 몰수, 지연이자 : 0 – 경매비용 : 3,000,000원 = **배당재단 : 347,000,000원**

(단위 : 원)

등기, 확정일	전입(사업)	권리종류	권리자	채권액	배당금액	부족액	비고
2011. 7. 10	2011. 7. 10	임차권	병	100,000,000	100,000,000	0	주택임차인
2011. 8. 10		근저당권 (공동담보)	농협	106,957,275 (300,000,000)	106,957,275	0	A, B와 동시배당
2011. 8. 20		가압류	샤일록	20,000,000	16,475,615	3,524,385	*안분배당 (흡수 없음)
2011. 12. 11		근저당권	정	150,000,000	123,567,110	26,432,890	
합계				376,957,275	347,000,000	29,957,275	
배당 후 매각대금 잔액					0		

※ 위 배당표를 일목요연하게 한 표로 종합하면 다음과 같다(실제
배당작업은 이 표에 의하는 것이 공담채권배분에도 편리하고 오류도 줄
일 수 있다).

1. 공담물건 중 일부에 선순위임차인이 있는 경우의 동시배당표 (단위 : 원)

△사건명 : 중앙지법 2012타경11111　△배당일 : '12. 12. 30(매각일 : '12. 10. 10)

공담물건이 전부 채무자소유인 경우에는 일부매각에 따른 사례도 이사배당 시에도 구성권(현재자대위)에 관한 문제는 발생하지 않고 차순위자의 대위만 발생할 수 있다.

소 예	'11. 8. 10기준	주택 : 75,000/25,000 상가 : 50,000/15,000	'11. 9. 10기준	주택 : 좌동 상가 : 좌동		채무자 "A(상계동 빌라)" 감정 : 250,000,000　낙찰 : 200,000,000 경매비용 : 2,000,000　몰수지연이자 : 0		채무자 "B(공덕동 빌라)" 감정 : 300,000,000　낙찰 : 250,000,000 경매비용 : 2,200,000　몰수지연이자 : 0		비고 (면제상 그저당 설정액 = 채무액으로 가정)
배당기준	등기, 확정 설정기일	등기, 전입 사업자등록	배당종기 12. 3. 3C	배당신 청일자	청구액 (설정액) 보증금	배당 대상채권	☞최우선 당해세 우선배당 : 198,000,000	배당 대상채권	☞최우선 당해세 우선배당 : 247,800,000	
							198,000,000(28.579%)		247,800,000(35.767 9%)	
		소유권					1차 ⇒　조정 후		1차 ⇒　조정 후	
	11. 6.01	주기/현황			120,000,000	11. 1. 10 홍길동(채무자) ⇐ 매매/감사자		11. 3. 10 홍길동(채무자) ⇐ 매매/김길동		
11.7. 10	11. 7. 10	12.3. 20	/신고	"B"⇒ 물건C 앞서	100,000,000					
공담액 배당기준 : △동시배당 시 : 낙찰가 − 경매비용 − 선순위인수액 /「△배당 : 낙찰가−조순위채권 합계 : 692,800,000=100%)										☞낙찰가−경매비용 −선순위인수액
각 물건 소유자(자산)의 **무담위별액**(채무자) ⇐ 보증의 **조정 후**					300,000,000 (300,000,000)			247,800,000		
11.8. 10	11. 8.10	근저당(을2) 농협 ⇒ A·B·C공동			300,000,000 (300,000,000)	85,739,030	85,739,030	107,303,695	107,303,695	☞ 민법368조1항
				위배동물			위배동물			
				무담위별			**무담위별**			☞부담액조정후
11.8. 20	11. 8.20	기압류		사임물 ⇒ 물건C"	20,000,000	−	−	−	−	
11.9. 10	11. 9.10	근저당		"A"⇒ 물건C"A"설정	100,000,000	100,000,000	100,000,000	−	−	
11.10.10	11. 10.10	근저당		"을"⇒ 물건C"B"설정	150,000,000	0	0	150,000,000	140,496,305	
11.12.11	11. 12.11	근저당		"장"⇒ 물건C"C"설정	150,000,000	−	−	0	140,496,305	
12.1. 10	12. 1.10	임의경매		농협	(300,000,000)	−	−	−	−	
				합계	820,000,000	185,739,030	185,739,030	257,303,695	247,800,000	
				채권과족/배당 잔액		12,260,970	12,260,970	−9,503,695	0	

■ 셋은 말소기준권리보다
선순위입니다.

※ ① 이때에도 역시 각 공담물건별 공담채권배당기준은 '매각대금(낙찰가−경매비용−선순위인수권)'이 된다.
② '을'은 배당부족액 : 9,503,695 회수를 위해 "A"물건 매각대금(배당잔액)에 선순위 기압류가 없음하다(그럴 경우 뒤 "장" 사임돌 등과 함께 경함된다).

소유 11. 8. 10기준	주택 : 75,000/25,000 상가 : 50,000/15,000	'11. 9. 10기준	주택 : 좌동 상가 : 좌동			채무자 "C(을)동 별당)"				비고

감정 : 425,000,000 낙찰 : 350,000,000
경매비용 : 3,000,000 몰수·지연이자 : 0
배당재단 : 347,000,000

배당기준 등기·확정·변경기일	권리순위 등기·전입·사업자등록	배당종기 12. 3. 30 배당신청 배당일자	토 : 토지 건 : 전물 공 : 공동	권리종류	권리자	청구액 (설정액) 보증금	배당대상채권	좌우선 당해세	우선배당 347,000,000 1차 ⇒ 매매/박문수	조정 후	비고
							11. 5. 10 홍길동(채무자)				△ 동시배당 시의 각 공담물건별 공담채권배분기준은 낙찰가-경매비용-선순위채권+인수액이다. △ 소액좌우선변제는 기부금의 효력이 미치지 않는 좌우선변제권이 있는 채권으로 인분별배당대상이 아니다.
	11.6.1		소유권	주거/현황							
11.7.10	12.3.20	/신고		"봄⇒을건C"임차		120,000,000 100,000,000	100,000,000	0	100,000,000	100,000,000	
							247,000,000(35.65%24%)				☞ 낙찰가-경매비용-선순위채권+인수액

공담액 배분기준 [△ 동시배당 시 : 낙찰가-경매비용-선순위채권 합계 : 692,800,000(=100%) / ▷이자배당 시 : 경정가-선순위채권] 합계 : 692,800,000(=100%)

11.8.10	11.8.10		근저당(을)동 홍원 ⇒ A B C공담			300,000,000	106,957,275	위배율별	106,957,275	106,957,275	☞ 공담비율대로 배분한 채권(합계 : 300,000,000)을 전액 배당받는다.

각 물건 소유자(H)의 부담위별(채무자) ⇔ 보증의 조정 후

								무담보별			
11.8.20	11.8.20		가압류	서울특 ⇒ 물건"C"		20,000,000	20,000,000	0	16,475,615	16,475,615	☞ 모두 채무자소유이므로 채무자 ⇔ 보증인 간의 부담배분 조정은 필요 없다.
11.9.10	11.9.10		근저당	"갑"⇒물건"A"설정		100,000,000	-	-	-	-	☞ 우선채권이 있는 채권이 아니므로 1차 인분배당으로 종결
11.10.10	11.10.10		근저당	"을"⇒물건"B"설정		150,000,000	-	-	-	-	(서울특을 배당부족액 "A"물건에 선순히 기분부 해야 한다)
11.12.11	11.12.11		근저당	"장"⇒물건"C"설정		150,000,000	150,000,000	-	123,567,110	123,567,110	☞ 흡수 순으로 후순위가 없으므로 1차 인분배당으로 종결한다.
12. 1.10	12. 1.10		임의경매	농협		(300,000,000)	-	0	-	-	("장"은 배당부족액을 "A"물건에 선순히 기분부 해야 한다)
							(170,000,000)		-	-	☞ 배당재원 : 140,042,725에서 인분을 위한 잔여채권 합계(20,000,000+150,000,000)을 표시한 것

			합계			820,000,000	376,957,275	0	347,000,000	347,000,000	☞ 29,957,275은 "C"물건에 대한 총 채권액 : 376,957,275-총배당재
			채권과부족/배당 후 잔액				-29,957,275		-	0	단 : 347,000,0001 된다(득, 배당부족액).

■ 색은 말소기준권리보다 선순위입니다.

3. 공담물건 중 일부에 가압류 후 소액임차인이 있는 경우의 동시배당

여기서 강조하고자 하는 것은 소액임차인의 최우선변제액도 안분의 대상인가 하는 문제로, 어느 경매책자와 강의에서 가압류 후에 경료된 임차인이라면 무조건 최우선변제액을 포함한 전액을 안분배당대상에 포함시켜 안분한 후 배당조정을 하고 있는데 이는 법리를 잘못 이해하고 있는 오류가 명백하다. 그 이유를 보자.

소액임차인에 대한 최우선변제채권은 그 어떤 채권과도 경합이 되는 경우가 없기 때문이다. 즉, 성립한(경료된) 순서에 관계없이 담보물권이나 일반 임금채권이나 당해세나 그 어떤 채권과도 변제의 우선순위가 경합하지 않고 명쾌하기 때문이다.

특히 소액임차인의 최우선변제액은 주택임대차보호법8조(시행령10조, 11조), 상가건물임대차보호법14조(시행령6조, 7조)에서 다른 담보물권자보다 우선한다고 하고 있을 뿐 아니라 민사집행법 246조에서 주택임대차의 최우선변제액은 아예 '압류금지채권'으로 규정하고 있어 압류의 대상이 되지도 않기 때문이다. 따라서 소액임차인에 대한 최우선변제액은 아예 처음부터 안분의 대상으로 하지 말고 먼저 최우선변제액으로 공제한 후 잔여 임차보증금을 안분의 대상으로 해야 하는 것이다.

한편 당해세도 특수한 경우 즉, '가압류 ⇒ 당해세 ⇒ 담보물권 ⇒ 일반 임금채권'으로 경료된 경우에는 '당해세 > 가압류 > 담보물권 > 일반 임금채권 > 당해세 > 가압류 > 담보물권 > 일반 임금채권'의 순이 되어 끊임없이 돌고 도는 관계로 말미암아 부득이 순환배당을 해야 하는 경우가 발생할 수 있지만, 그 외 일반

임금채권이 없는 경우라면 설령 '가압류 ⇒ 당해세 ⇒ 담보물권'
이나 '가압류 ⇒ 담보물권 ⇒ 당해세'로 경료된 경우라 하더라도
가압류도 담보물권도 당해세와는 경합을 할 수 없는 관계로 안분
배당의 대상이 되지 않는 것이다. 그럼 사례를 통해 직접 배당분
석을 해보기로 하자.

① 공담물건 경매진행내역

(단위 : 원)

구분	A (상계동 빌라)	B (공덕동 빌라)	C (흑석동 빌라)	비고
소유자의 지위	채무자	채무자	채무자	
경매개시기입등기	2012. 1. 10	2012. 1. 10	2012. 1. 10	
배당요구종기일	2012. 3. 30	2012. 3. 30	2012. 3. 30	
매각일	2012. 10. 10	2012. 10. 10	2012. 10. 10	
감정가액	250,000,000	300,000,000	425,000,000	
매각가액(낙찰가)	200,000,000	250,000,000	350,000,000	
경매비용	2,000,000	2,200,000	3,000,000	
몰수, 지연이자 등	0	0	0	

② 각 물건별 임차인 현황(각 물건별로 공담채권을 배분하려면 각
   물건별 선순위채권을 먼저 알아야 한다)
   ▶ "A(상계동 빌라)" 임차인 현황 : 임차인 없음
   ▶ "B(공덕동 빌라)" 임차인 현황 : 임차인 없음
   ▶ "C(흑석동 빌라)" 임차인 현황
     임차인 : "병"(주택임차인)
     현황조사 보증금 : 120,000,000원 전입 : 2011. 6. 1

권리신고 보증금 : 100,000,000원 전입 : 2011. 7. 10
확정 : 2011. 7. 10
배당요구 : 2012. 3. 20
임차인 : "무"(주택임차인)['10. 7. 26~'13. 12. 31 소액임차인기
준 ☞ 보증금 : 75,000,000원/최우선변제 : 25,000,000원]
현황조사 : 보증금 : 50,000,000원 전입 : 2011. 12. 20
권리신고 : 보증금 : 50,000,000원 전입 : 2011. 12. 20
확정 : 2011. 12. 20
배당요구 : 2012. 3. 18
③ 각 물건별 등기권리 내역(각 물건별로 공담채권을 배분하려면 각
물건별 선순위채권을 먼저 알아야 한다)
▶ "A(상계동 빌라)" 등기권리내역
2011. 1. 10 소유권(매매) 홍길동(전소유자 김삿갓)
2011. 8. 10 근저당권설정(채권자 : 농협) 300,000,000원
[공동담보 : "B(공덕동 빌라)"-채무자소유
"C(흑석동 빌라)"-채무자소유]
2011. 9. 10 근저당권설정(채권자 : "갑") 100,000,000원
2012. 1. 10 임의경매(채권자 : 농협)
▶ "B(공덕동 빌라)" 등기권리내역
2011. 3. 10 소유권(매매) 홍길동(전소유자 김길동)
2011. 8. 10 근저당권설정(채권자 : 농협) 300,000,000원
[공동담보 : "A(상계동 빌라)"-채무자소유
"C(흑석동 빌라)"-채무자소유]

2011. 10. 10 근저당권설정(채권자 : "을") 150,000,000원

2012. 1. 10 임의경매(채권자 : 농협)

▶ "C(흑석동 빌라)" 등기권리내역

2011. 5. 10 소유권(매매) 홍길동(전소유자 박문수)

2011. 8. 10 근저당권설정(채권자 : 농협) 300,000,000원

[공동담보 : "A(상계동 빌라)"-채무자소유

"B(공덕동 빌라)"-채무자소유]

2011. 8. 20 가압류(채권자 : "샤일록") 20,000,000원

2011. 12. 11 근저당권설정(채권자 : "정") 150,000,000원

2012. 1. 10 임의경매(채권자 : 농협)

④ 각 물건별 공담채권 배분기준[매각액-경매비용-선순위채권(인수액 제외)] 산정

▶ "A(상계동 빌라)" : 200,000,000원-2,000,000원-0
=198,000,000원(28.5797%)

▶ "B(공덕동 빌라)" : 250,000,000원-2,200,000원-0
=247,800,000원(35.7679%)

▶ "C(흑석동 빌라)" : 350,000,000원-3,000,000원-
100,000,000원=247,000,000원(35.6524%)

⑤ 공담채권배분기준에 따른 각 물건별 부담할 공담채권
(300,000,000원) 배분액

▶ "A(상계동 빌라)" : 300,000,000원×198,000,000원/
692,800,000원(24.9748%)=85,739,030원

▶ "B(공덕동 빌라)" : 300,000,000원×247,800,000원/
692,800,000원(35.7679%)=107,303,695원

▶ "C(흑석동 빌라)" : 300,000,000원×247,000,000원/

692,800,000원(35.6524%)=106,957,275원

⑥ 소유자별(채무자 ⇔ 보증인 간) 물건별 채무부담범위에 따른 부담금액 조정

모두 채무자소유이므로 채무자 ⇔ 보증인 간 부담할 채무범위의 조정은 필요 없다.

⑦ 각 물건별 배당작업

▶ "A(상계동 빌라)"

낙찰가 : 200,000,000원 + 몰수, 지연이자 : 0 – 경매비용 : 2,000,000원= **배당재단 : 198,000,000원**

(단위 : 원)

등기, 확정일	전입(사업)	권리종류	권리자	채권액	배당금액	부족액	비고
2011. 8. 10		근저당권 (공동담보)	농협	85,739,030 (300,000,000)	85,739,030	0	B, C와 동시배당
2011. 9. 10		근저당권	갑	100,000,000	100,000,000	0	
합계				185,739,030	185,739,030	0	
배당 후 매각대금 잔액					12,260,970		

▶ "B(공덕동 빌라)"

낙찰가 : 250,000,000원+ 몰수, 지연이자 : 0 – 경매비용 : 2,200,000원 = **배당재단 : 247,800,000원**

(단위 : 원)

등기, 확정일	전입(사업)	권리종류	권리자	채권액	배당금액	부족액	비고
2011. 8. 10		근저당권 (공동담보)	농협	107,303,695 (300,000,000)	107,303,695	0	A, C와 동시배당
2011. 10. 10		근저당권	을	150,000,000	140,496,305	9,503,695	
합계				257,303,695	247,800,000	0	
배당 후 매각대금 잔액					0		

▶ "C(흑석동 빌라)"

낙찰가 : 350,000,000원 + 몰수, 지연이자 : 0 − 경매비용 : 3,000,000원 = 배당재단 : 347,000,000원

(단위 : 원)

등기, 확정일	전입(사업)	권리종류	권리자	채권액	배당금액	부족액	비고
2011. 12. 20	2011. 12. 20	최우선 변제	무	25,000,000	25,000,000	0	*안분없이 배당
2011. 7. 10	2011. 7. 10	임차권	병	100,000,000	100,000,000	0	주택임차인
2011. 8. 10		근저당권 (공동담보)	농협	106,957,275 (300,000,000)	106,957,275	0	A, B와 동시배당
2011. 8. 20		가압류	샤일록	20,000,000	11,799,254	8,200,746	*안분배당 안분 ⇒ '정'부족액 '무'로부터 흡수
2011. 12. 11		근저당권	정	150,000,000	(88,494,404) ⇒ 103,243,471	46,756,529	
2011. 12. 20	2011. 12. 20	임차권	무	25,000,000 (50,000,000)	(14,749,067) ⇒ 0	25,000,000	
합계				426,957,275	347,000,000	79,957,275	
배당 후 매각대금 잔액					0		

※ 위 배당표를 일목요연하게 한 표로 종합하면 다음과 같다(실제 배당작업은 이 표에 의하는 것이 공담채권배분에도 편리하고 오류도 줄일 수 있다).

1. 공담물건 중 일부를 가압류 후 소액임차인이 있는 경우의 동시배당표 (단위 : 원)

△사건명 : 중앙지법 2012타경11111 △배당일 : '12. 12. 30(매각일 : '12. 10. 10)

공담물건이 전부 채무자·소유인 경우에는 일부배당 시에는 이자배당 시에에도 구성권(현재재산에)에 관한 문제는 발생하지 않고 차순위자의 대위만 발생할 수 있다.

소재	'11.8.10기준	'11.9.10기준	주택 : 75,000/25,000 상가 : 50,000/15,000		

배당기준	배당종기 12.3.30	권리자	권리종류	청구액 (설정액) 보증금	채무자 "A(상계동 빌라)" 감정 : 250,000,000 낙찰 : 200,000,000 경매비용 : 2,000,000 물수 지연이자 : 0 배당재단 : 198,000,000			채무자 "B(공덕동 빌라)" 감정 : 300,000,000 낙찰 : 250,000,000 경매비용 : 2,200,000 물수 지연이자 : 0 배당재단 : 247,800,000			비고 (편의상) 근저당 설정액 = 채무액으로 가정
등기,확정, 변경기일 / 등기,전입 사업기일등록	토 : 토지 건 : 건물 공 : 공통				배당 대상채권	최우선 당해세 우선배당 : 198,000,000	우선배당 : 198,000,000 1차 ⇒ 조정 후	배당 대상채권	최우선 당해세 우선배당 : 247,800,000	우선배당 : 247,800,000 1차 ⇒ 조정 후	
			소유권		11. 1. 10 홍길동(채무자) ⇔ 매매/김감자			11. 3. 10 홍길동(채무자) ⇔ 매매/김름동			
11.6.01			주거/현황	"병"⇨ 물건"C"임차	120,000,000						
11.7.10 12.3.20			/신고		100,000,000						
11.8.10 11.8.10		근저당(공통) 농협 ⇨ A·B 공담		300,000,000 (300,000,000)	85,739,030	-	85,739,030	107,303,695	-	107,303,695	☞낙찰가-경매비용 -선순위+인수액
					198,000,000(28.579%)			247,800,000(35.7679%)			
11.8.20 11.8.20		가압류	서울보 ⇨ 물건"C"	20,000,000	-	-	-	-	-	-	☞민법368조1항
11.9.10 11.9.10		근저당	"갑"⇨ 물건"A"설정	100,000,000	100,000,000	-	100,000,000	0	-	0	☞부담범위별
11.10.10 11.10.10		근저당	"을"⇨ 물건"B"설정	150,000,000	-	-	-	150,000,000	0	140,496,305	☞부담범위별
11.12.11 11.12.11		근저당	"정"⇨ 물건"C"설정	150,000,000	-	-	-	-	-	-	
11.12.1			주거/현황	"무"⇨ 물건"C"임차	50,000,000	-	-	-	-	-	-
11.12.20 11.12.20 12.3.18			/신고		50,000,000	-	-	-	-	-	-
12.1.10 12.1.10			임의경매	농협	(300,000,000)						
합계					820,000,000	185,739,030	0	185,739,030	257,303,695	0	247,800,000
채권과부족/배당 후 잔액						12,260,970		12,260,970	-9,503,695		0

공담액 배당기준 [▷동시배당 시 : 낙찰가-경매비용-선순위+인수액 /(▷이자배당자 : 경8가=선순위채권 합계 : 692,800,000=100%)

각 물건 소유자(차이)의 부담범위별(채무자 ⇔ 보증)의 조정 후

■색인 말소기준권리보다 선순위입니다.

※ "응"은 배당부족액 : 9,503,695 회수를 위해 "A'물건 매각대금(배당잔액에 신속하게 기압류 필요하다(배당잔액 경우 뒤 "정" "무"의 함께 경합된다).

소재	11.8.10기준 주택: 75,000/25,000 상가: 50,000/15,000	'11.9.10기준 주택: 좌동 상가: 좌동	채무자 "C(홍서동 빌라)" 감정: 425,000,000 / 낙찰: 350,000,000 / 경매비용: 3,000,000 / 몰수·지연이자: 0 배당재단: 347,000,000 / 우선배당: 322,000,000				비고
배당기준 권리순위	배당요기 12.3.30	토: 토지 건: 건물 공: 공통 권리자					
등기·확정 배당순위 발생기일	등기·전입 사업자등록	배당요구 신청일자	권리 종류	청구액(설정액) 보증금	배당 대상채권	좌우선 당해세	우선배당: 322,000,000 1차 ⇒ 매매/박문수 / 조정 후
11.6.1			소유권	120,000,000			▷ 동시배당 시 각 공담물건별 공담채권배분기준은 "낙찰가-경매비용-선순위채권+인수액"이다. ▷ 소액최우선변제액은 기유료의 효력이 미치지 않는 좌우선변제권이 있는 채권으로 인별분배대상이 아니다.
11.7.10 11.7.10		주거/현황 /신고	"병⇒물건C"임차	100,000,000 100,000,000	100,000,000	0	100,000,000 / 100,000,000
공담액 배분기준 [▷ 동시배당 시 : 낙찰가-경매비용-선순위+인수액 / ▷ 이시배당 시 : 감정가-선순위채권의 합계 : 692,800,000(=100%)]					247,000,000(35.6624%)		☞ 낙찰가-경매비용-선순위채권+인수액
각 물건 소유자 사이의 부담범위별(채무자) 조정 후					부담범위		
11.8.10 11.8.10			근저당(공담) 농협⇒A,B,C공동	300,000,000	106,957,275	106,957,275	106,957,275 / 106,957,275 ☞ 공담대로 배분한 채권(합계 : 300,000,000)을 전액 배당받는다.
11.8.20 11.8.20			기압류 "사임동⇒물건C"	20,000,000	20,000,000	0	11,799,254 / 11,799,254 ☞ 모두 채무자소유의 채권이므로 채무자 ⇔ 보증인 간의 부담범위 조정은 필요 없다.
11.9.10 11.9.10			근저당 "갑⇒물건A"설정	100,000,000	-	-	- / - ☞ 우선변제권이 있는 물건이 아니므로 1차 인분배당으로 종결
11.10.10 11.10.10			근저당 "을⇒물건B"설정	150,000,000	-	-	- / -
11.12.11 11.12.11			근저당 "정⇒물건C"설정	150,000,000	150,000,000	0	88,494,404 / 103,243,471 ☞ 우선변제권 있는 물건으로 인분 후 후순위로부터 부족액 흡수
11.12.01		주거/현황		50,000,000			
11.12.20 11.12.20 12.1.10		/신고	"무⇒물건C"임차	50,000,000 50,000,000	25,000,000	25,000,000	14,749,067 / 0
12.1.10		임의경매	농협	(300,000,000)	(195,000,000)	0	- / (195,000,000) ☞ 1차 인분배당을 위한 잔여채권 합계액(사임도 : 20,000,000+정 : 150,000,000+ 무 : 25,000,000)을 편의상 먼저 표시했음
합계				870,000,000	426,957,275	25,000,000	322,000,000 / 322,000,000
채권과부족/배당 후 잔액					-79,957,275	-	0

* 여기서 왜 인분함 "무자권" 좌우선변제액 : 25,000,000을 제외한 25,000,000원? 하면, 소액우선변제는 현행법(주임법)상 소액우선변제에 대해서도 우선되고 또 압류금지채권(민집법제246조)이 어서 압류의 효력이 미치지도 않는 것이므로 해야 이를 제외한 금액을 기준으로 해야 하는 것이다.(이는 딸 것대로 별도로 좌우선변제까지 포함해 인별배당을 해야 하는데 이는 뒤로를 잘못 이해한 것이다.

■ 색은 말소기준권리보다 선순위이다.

※ 색은 배당잔액이 있는 채무자 "A 물건C(배당재원)에 선순위 기압류를 해야 한다.

4. 공담물건 중 일부에 선순위가압류가 있는 경우의 동시배당

어느 경매책자와 강의에서 공동담보설정 전 가압류가 있는 물건의 동시배당 시 공담채권배분기준을 정함에 있어 후순위채권까지 포함해서 안분한 후 배당조정(흡수배당)을 해서 그 금액을 다른 공담물건과의 공담채권배분기준으로 하고 있는 경우가 있는데, 이는 법리를 잘못 이해하고 있는 오류가 명백하다.

그 이유는 공동담보채권을 각 공담물건별로 배분하고자 할 경우 동일한 기준에 따라 배분해서 적용해야 함에도 불구하고(또 그 기준을 정하기 위한 작업을 하려 하는데) 당해 물건에 있어서는 미리 공담액 전액을 적용해서 배당작업을 한 것이 잘못이요, 선순위가압류와 후순위채권을 모두 아울러 안분배당을 한 후 그 배당액을 공담채권의 배분기준으로 삼는다면 다른 물건은 배당액을 산출하기 위한 대기상태에 있는데 당해 물건만 배당을 해서 그 금액을 기준으로 하는 것이 되어 기준 자체가 맞지 않기 때문이고, 공담채권설정 당시의 가치를 평가하려면 그 당시에 존재한 권리까지만 반영이 되어야 공평한데 일부 물건은 그 후의 권리까지 포함된 것이 잘못인 것이다. 그럼 사례를 들어보기로 하자.

① 공담물건 경매진행내역

(단위 : 원)

구분	A (상계동 빌라)	B (공덕동 빌라)	C (흑석동 빌라)	비고
소유자의 지위	채무자	채무자	채무자	
경매개시기입등기	2012. 1. 10	2012. 1. 10	2012. 1. 10	
배당요구종기일	2012. 3. 30	2012. 3. 30	2012. 3. 30	
매각일	2012. 10. 10	2012. 10. 10	2012. 10. 10	
감정가액	250,000,000	300,000,000	425,000,000	
매각가액(낙찰가)	200,000,000	250,000,000	350,000,000	
경매비용	2,000,000	2,200,000	3,000,000	
몰수, 지연이자 등	0	0	0	

② 각 물건별 임차인 현황(각 물건별로 공담채권을 배분하려면 각
  물건별 선순위채권을 먼저 알아야 한다)
  ▶ "A(상계동 빌라)" 임차인 현황 : 임차인 없음
  ▶ "B(공덕동 빌라)" 임차인 현황 : 임차인 없음
  ▶ "C(흑석동 빌라)" 임차인 현황
    임차인 : "병"(주택임차인)['10. 7. 26~'13. 12. 31 소액임차인기준
      ☞ 보증금 : 75,000,000원/최우선변제 : 25,000,000원]
    현황조사 보증금 : 80,000,000원 전입 : 2011. 10. 01
    권리신고 보증금 : 75,000,000원 전입 : 2011. 10. 20
              확정 : 2011. 11. 20
    배당요구 : 2012. 3. 20
③ 각 물건별 등기권리 내역(각 물건별로 공담채권을 배분하려면 각
  물건별 선순위채권을 먼저 알아야 한다)

▶ "A(상계동 빌라)" 등기권리내역

  2011. 1. 10 소유권(매매) 홍길동(전소유자 김삿갓)

  2011. 8. 10 근저당권설정(채권자 : 농협) 300,000,000원

      [공동담보 : "B(공덕동 빌라)"-채무자소유

      "C(흑석동 빌라)"-채무자소유]

  2011. 9. 10 근저당권설정(채권자 : "갑") 100,000,000원

  2012. 1. 10 임의경매(채권자 : 농협)

▶ "B(공덕동 빌라)" 등기권리내역

  2011. 3. 10 소유권(매매) 홍길동(전소유자 김길동)

  2011. 8. 10 근저당권설정(채권자 : 농협) 300,000,000원

      [공동담보 : "A(상계동 빌라)"- 채무자소유

      "C(흑석동 빌라)"- 채무자소유]

  2011. 10. 10 근저당권설정(채권자 : "을") 150,000,000원

  2012. 1. 10 임의경매(채권자 : 농협)

▶ "C(흑석동 빌라)" 등기권리내역

  2011. 5. 10 소유권(매매) 홍길동(전소유자 박문수)

  2011. 7. 10 가압류(채권자 : "샤일록") 50,000,000원

  2011. 8. 10 근저당권설정(채권자 : 농협) 300,000,000원

      [공동담보 : "A(상계동 빌라)"-채무자소유

      "B(공덕동 빌라)"-채무자소유]

  2011. 12. 11 근저당권설정(채권자 : "정") 150,000,000원

  2012. 1. 10 임의경매(채권자 : 농협)

④ 각 물건별 공담채권 배분기준[매각액-경매비용-선순위채권(인

수액 제외)] 산정

▶ "A(상계동 빌라)" : 200,000,000원-2,000,000원-0

=198,000,000원(26.6559%)

▶ "B(공덕동 빌라)" : 250,000,000원-2,200,000원-0

=247,800,000원(33.3603%)

▶ "C(흑석동 빌라)" : 350,000,000원-3,000,000원-50,000,000원

=297,000,000원(39.9838%)

⑤ 공담채권배분기준에 따른 각 물건별 부담할 공담채권

(300,000,000) 배분액

▶ "A(상계동 빌라)" : 300,000,000원×198,000,000원/

742,800,000원(26.6559%)=79,967,690원

▶ "B(공덕동 빌라)" : 300,000,000원×247,800,000원/

742,800,000원(33.3603%)=100,080,775원

▶ "C(흑석동 빌라)" : 300,000,000원×297,000,000원/

742,800,000원(39.9838%)=119,951,535원

⑥ 소유자별(채무자 ⇔ 보증인 간)물건별 채무부담범위에 따른 부
담금액 조정

모두 채무자소유이므로 채무자 ⇔ 보증인 간 부담할 채무범위
의 조정은 필요 없다.

⑦ 각 물건별 배당작업

▶ "A(상계동 빌라)"

낙찰가 : 200,000,000원 + 몰수, 지연이자 : 0 – 경매비용 : 2,000,000원 = 배당재단 : 198,000,000원

(단위 : 원)

등기, 확정일	전입(사업)	권리종류	권리자	채권액	배당금액	부족액	비고
2011. 8. 10		근저당권 (공동담보)	농협	79,967,690 (300,000,000)	79,967,690	0	B, C와 동시배당
2011. 9. 10		근저당권	갑	100,000,000	100,000,000	0	
합계				179,967,690	179,967,690	0	
배당 후 매각대금 잔액					18,032,310		

▶ "B(공덕동 빌라)"

낙찰가 : 250,000,000원 + 몰수, 지연이자 : 0 – 경매비용 : 2,200,000원 = 배당재단 : 247,800,000원

(단위 : 원)

등기, 확정일	전입(사업)	권리종류	권리자	채권액	배당금액	부족액	비고
2011. 8. 10		근저당권 (공동담보)	농협	100,080,775 (300,000,000)	100,080,775	0	A, C와 동시배당
2011. 10. 10		근저당권	을	150,000,000	147,719,225	2,280,775	
합계				250,080,775	247,800,000	0	
배당 후 매각대금 잔액					0		

▶ "C(흑석동 빌라)"

낙찰가 : 350,000,000원 + 몰수, 지연이자 : 0 – 경매비용 : 3,000,000원 = 배당재단 : 347,000,000원

(단위 : 원)

등기, 확정일	전입(사업)	권리종류	권리자	채권액	배당금액	부족액	비고
2011. 11. 20	2011. 10. 20	최우선 변제	병	25,000,000	25,000,000	0	*안분없이 배당
2011. 7. 10		가압류	샤일록	50,000,000	43,519,214	6,480,786	*안분배당 ① 안분 ⇒ ② 농협이 부족액 흡수 ⇒ ③ '병'이 부족액 흡수
2011.8. 10		근저당권 (공동담보)	농협	119,951,535 (300,000,000)	(104,403,930) ⇒ 119,951,535	0	
2011. 11. 20		임차권 (주택)	병	50,000,000 (75,000,000)	(43,519,214) ⇒ 50,000,000	0	
2011. 12. 11		근저당권	정	150,000,000	(130,557,642) ⇒ 108,529,251	41,470,749	
합계				394,951,535	347,000,000	47,951,535	
배당 후 매각대금 잔액					0		

※ 위 배당표를 일목요연하게 한 표로 종합하면 다음과 같다(실제 배당작업은 이 표에 의하는 것이 공담채권배분에도 편리하고 오류도 줄일 수 있다).

1. 공담물건 중 하나에 선순위가압류가 있는 경우의 동시배당표 (단위 : 원)

△사건명 : 중앙지법 2012타경11111 △배당일 : '12. 12. 30(매각일 : '12. 10. 10)

공담물건이 전부 채무자소유인 경우에는 일부매각에 따른 이사배당 시에도 구상권(변제자대위)에 관한 문제는 발생하지 않고 차순위자의 대위만이 발생할 수 있다.

소재					권리종류	청구액(설정액)보증금	채무자 "A(상계동 빌라)" 감정:250,000,000 / 낙찰:200,000,000 / 경매비용:2,000,000 / 몰수지연이자:0 / 배당재단:198,000,000				채무자 "B(공덕동 빌라)" 감정:300,000,000 / 낙찰:250,000,000 / 경매비용:2,200,000 / 몰수지연이자:0 / 배당재단:247,800,000				비고 [편의상] 근저당 설정액 = 채무액으로 가정
							배당대상채권	최우선당해세	우선배당:198,000,000 1차⇒	조정 후	배당대상채권	최우선당해세	우선배당:247,800,000 1차⇒	조정 후	
배당기준	'11.8.10기준 주택:75,000,25,000 상가:50,000/15,000	'11.9.10기준 10기준	토:토지 건:건물 공:공동	권리자											
등기,확정 전입,배당요구	등기,신 청접수일	사업자등록					11.1.10 홍길동(채무자)⇐매매/김갑동 198,000,000(26.6559%)				11.3.10 홍길동(채무자)⇐매매/김갑동 247,800,000(33.3603%)				낙찰가-경매비용 -선순위+인수액
11.7.10	11.7.10	12.3.20	소유권	사임록⇒동건"C"		50,000,000	위배율	79,967,690	79,967,690	-	-	100,080,775	100,080,775	-	-	민법368조1항
			가압류			300,000,000	부담안분	-	-	-	-	-	-	-	-	부담안분조정 후
11.8.10	11.8.10		근저당(공동) 동건⇒A B C공담			300,000,000										
11.9.10	11.9.10		근저당 "갑"⇒동건"A"설정			100,000,000	100,000,000	0	100,000,000	-	150,000,000	0	-	-	위배율
11.10.10	11.10.10		근저당 "을"⇒동건"B"설정			150,000,000	-	-	-	-	-	0	147,719,225	147,719,225	부담안분
	11.10.01		주거/현황			80,000,000	-	-	-	-	-	-	-	-	
11.11.20	11.10.20	12.3.20	신고 /소:25,000,000			75,000,000	-	-	-	-	-	-	-	-	
11.12.11	11.12.11		근저당 "정"⇒동건"C"설정			150,000,000	-	-	-	-	-	-	-	-	
12.1.10	12.1.10		강의경매	농협		(300,000,000)	-	-	-	-	-	-	-	-	
				합계		825,000,000	179,967,690	0	179,967,690		250,080,775	0	247,800,000		
				채권과부족/배당 후 잔액			18,032,310			18,032,310	-2,280,775			0	

공담물건 배당기준 [△동시배당 시 : 낙찰가 - 경매비용 - 선순위 + 인수액 / △이시배당 시 : 감정가 - 전순위채권] 합계 : 742,800,000(=100%)

각물건 소유자(채무자)의 **부담안분별(채무자)** ⇔ 보증이 조정 후

※ 각 공담물건 공담채권 배당기준

판례(대법원2001다66291, 서울중앙지방법원2004가합61408)에서 「민법368조 1항에서 공동저당이라 함은 매개대금에서 당해 부동산이 부담비율과 선순위채권을 공제한 잔액을 말한다」라고 하고 있다. 다만 여기서 공제할 선순위채권 중 낙찰자가 인수를 안하는 것(즉 후순위 채권)은 공제해서는 안되며 공제를 안하면 그 금액을 차감한다면 이는 이중으로 공제하는 결과가 되기 때문이다. 따라서 매각대금에서 선순위채권을 차감하되 이미 낙찰자에게 부담(차감)되어 있는 인수금액은 다시 차감하지 않아 당해물건의 정확한 가치평가가 될 것이기 때문이다(여타 이런 사례에 대한 판례는 없지만 그래야 다른 공담물건과 배당기준이 공평하게 되는 것이다).

■ 색은 압순기준권리보다 선순위입니다.

소액	'11. 8. 10기준	주택: 75,000/25,000	주택: 좌동	채무자 "C(출석동 빌라)"		
	'11. 9. 10기준	상가: 50,000/15,000	상가: 좌동	감정: 425,000,000	낙찰: 350,000,000	
배당기준	권리순위	토: 토지 건: 건물 공: 공동	청구액 (설정액) 보증금	경매비용: 3,000,000	몰수·지연이자: 0	비고
배당종기 12.3.30	등기,확정,전입 사업등록	권리자	권리종류	배당재단: 347,000,000		

배당기준	권리순위	권리자	권리종류	청구액(설정액)/보증금	배당대상채권	11.5.10 홍길동(채무자)←매매/박무수	우선배당 당해세 1차⇒	조정후	비고
			소유권						
11.7.10	11.7.10	샤일록⇒물건"C"	가압류	50,000,000	50,000,000	0	43,519,214	43,519,214	☞ 인분 후 확정일(안分 후순위에 조세 꼬깨금이 있으면 미술수될 수 있다)
			공담액 배당기준 (▷ 동시배당 시: 낙찰가-경매비용-선순위+인수액) (▷이자배당 시: 감정가-선순위채권 합계) 742,800,000 =100%		297,000,000 (39.9838%)				☞ 낙찰가-경매비용-선순위채권+인수액
11.8.10	11.8.10	근저당(설정) 농협 ⇒ A·B·C공담	근저당	300,000,000	119,951,535	104,403,330		119,951,535	☞ 부족액: 15,547,605을 최종 후순위 "정" 배당액에서 흡수
		각 물건 소유자 사이의 부담범위별(채무자) ⇔ 보증인 간의 조정 후							☞ 모두 채무자소유이므로 채무자 ⇔ 보증인 간의 부담범위 조정은 필요 없다.
11.9.10	11.9.10	"갑"⇒물건"A"설정	근저당	100,000,000	-	-	-	-	
11.10.10	11.10.10	"을"⇒물건"B"설정	근저당	150,000,000	-	-	-	-	
11.10.20	11.10.20	"병"⇒물건"C"임차 /신고	주거/현황	80,000,000 /75,000,000	75,000,000	-	43,519,214	50,000,000	☞ 부족액: 6,480,786을 최종 후순위 "정"배당액에서 흡수
11.11.20	11.11.20 12.3.20	근저당(설정) 농 /小:25,000,000	근저당	150,000,000	150,000,000	25,000,000	-	-	
11.12.11	11.12.11	"정"⇒물건"C"설정	근저당	150,000,000	150,000,000	0	130,557,642	108,529,251	☞ 인분액(130,557,642)에서 부족과 "병"에게 미흡으로 진액
12.1.10	12.1.10	농협	임의경매	(300,000,000)	(369,951,535)	-	-	-	
						(369,951,535)			☞ 인분을 위한 전체채권 합계(세상동: 50,000,000+농협: 119,951,535+"정": 150,000,000) 50,000,000/75,000,000-25,000,000=100,000,000]
합계				825,000,000	394,951,535	25,000,000	322,000,000	322,000,000	☞ "C"물건의 총배당액은 최우선배당액+우선배당액이 된다.
채권과부족/배당 후 잔액					-47,951,535	-47,951,535	-	0	

비고란 상단:
△ 동시배당 시의 각 공담물건(건물 공담)별 공담채권배분기준은 낙찰가-경매비용-선순위채권+인수액이다.
△ 이는 선순위가(담보)가 있는 경우에도 마찬가지이다(즉, 후순위채권과 인분하지 않고 낙찰가에서 그 금액을 차감한다).

※ 위와 같이 공담물건 중 공담채권 저당권행사당시 저당권(담보)가 선순위(기일군)가 있는 경우 전체배당 시의 동시배당 시의 각 공담물건별 공담채권배분기준을 어떻게 이해해야 할 것인가가 문제인데 이때에도 역시 판례에서 판시하고 있는 그대로 낙찰가-경매비용-선순위채권+인수액으로 계산하면 된다. 그런데 혹자들은 선순위가(담보)에서부터 공담채권설정 후의 후순위채권까지 포함시켜 배당조정금(수배당)의 금액으로 당해물건의 공담채권배분기준으로 하기도 하는데 이는 매우 잘못된 것이다. 그 이유는 공담채권설정 당시에는 후순위채권은 없고 선순위가(담보)만 있을 뿐이기 때문에 후순위는 후 발생의 사유로 평가액이 달라지고 또 다른 물건이는 없는데 평가함으로써 당해물건에만 적용을 한다는 평가기준 모순을 범하게 되는 것이기 때문이다.

■ 색은 말소기준권리보다 선순위입니다.

5. 채무자소유의 공담물건 중 일부매각에 따른 이시배당

① 공담물건 경매진행내역

(단위 : 원)

구분	A (상계동 빌라)	B (공덕동 빌라)	C (흑석동 빌라)	비고
소유자의 지위	채무자	채무자	채무자	
경매개시기입등기	2012. 1. 10	매각제외	매각제외	
배당요구종기일	2012. 3. 30	〃	〃	
매각일	2012. 10. 10	〃	〃	
감정가액	250,000,000	300,000,000	400,000,000	
매각가액(낙찰가)	200,000,000	매각제외	매각제외	
경매비용	2,000,000	〃	〃	
몰수, 지연이자 등	0	〃	〃	

② 각 물건별 임차인 현황(각 물건별로 공담채권을 배분하려면 각 물건별 선순위채권을 먼저 알아야 한다)

▶ "A(상계동 빌라)" 임차인 현황 주요 원칙 임차인 없음

▶ "B(공덕동 빌라)" 임차인 현황 주요 원칙 임차인 없음

▶ "C(흑석동 빌라)" 임차인 현황

임차인 : "병"(주택임차인) 보증금 : 50,000,000원

전입 : 2011. 7. 20

③ 각 물건별 등기권리 내역(각 물건별로 공담채권을 배분하려면 각 물건별 선순위채권을 먼저 알아야 한다)

▶ "A(상계동 빌라)" 등기권리내역

2011. 1. 10 소유권(매매) 홍길동(전소유자 김삿갓)

2011. 7. 30 근저당권설정(채권자 : "을") 10,000,000원

2011. 8. 10 근저당권설정(채권자 : 농협) 300,000,000원

　　　　[공동담보 : "B(공덕동 빌라)"-채무자소유

　　　　"C(흑석동 빌라)"-채무자소유]

2011. 9. 10 근저당권설정(채권자 : "갑") 100,000,000원

2012. 1. 10 임의경매 (채권자 : "갑")

▶ "B(공덕동 빌라)" 등기권리내역

2011. 3. 10 소유권 (매매) 홍길동(전소유자 김길동)

2011. 8. 10 근저당권설정(채권자 : 농협) 300,000,000원

　　　　[공동담보 : "A(상계동 빌라)"-채무자소유

　　　　"C(흑석동 빌라)"-채무자소유]

2011. 11. 10 근저당권설정(채권자 : "기") 80,000,000원

▶ "C(흑석동 빌라)" 등기권리내역

2011. 5. 10 소유권 (매매) 홍길동(전소유자 박문수)

2011. 8. 10 근저당권설정(채권자 : 농협) 300,000,000원

　　　　[공동담보 : "A(상계동 빌라)"-채무자소유

　　　　"B(공덕동 빌라)"-채무자소유]

2011. 11. 10 근저당권설정(채권자 : "기") 80,000,000원

④ 각 물건별 공담채권 배분기준(감정가액-선순위채권) 산정[이시배당 시는 매각외 물건은 낙찰가가 있을 수 없으므로 공담물건 간 비교기준을 일치시키기 위해서 감정가(공시가격)를 기준으로 해야 한다]

▶ "A(상계동 빌라)" : 250,000,000원-10,000,000원

　　　　　　=240,000,000원(26.9663%)

▶ "B(공덕동 빌라)" : 300,000,000원-0=300,000,000원(33.7079%)

▶ "C(흑석동 빌라)" : 400,000,000원-50,000,000

=350,000,000원(39.3258%)

⑤ 공담채권배분기준에 따른 각 물건별 부담할 공담채권

(300,000,000원) 배분액

▶ "A(상계동 빌라)" : 300,000,000원×240,000,000원/

890,000,000원(26.9663%)=80,898,876원

▶ "B(공덕동 빌라)" : 300,000,000원×300,000,000원/

890,000,000원(33.7079%)=101,123,596원

▶ "C(흑석동 빌라)" : 300,000,000원×350,000,000원/

890,000,000원(39.3258%)=117,977,528원

⑥ 소유자별(채무자 ⇔ 보증인 간) 물건별 채무부담범위에 따른

부담금액 조정

모두 채무자소유이므로 채무자 ⇔ 보증인 간 부담할 채무범위

의 조정은 필요 없다.

⑦ 각 물건별 배당작업

▶ 전체매각에 의한 동시배당 시를 가정한 "A(상계동 빌라)"의 (정상)배당표

낙찰가 : 200,000,000원 + 몰수, 지연이자 : 0 – 경매비용 : 2,000,000원 = 배당재단 : 198,000,000원

(단위 : 원)

등기, 확정일	전입(사업)	권리종류	권리자	채권액	배당금액	부족액	비고
2011. 7. 30		근저당권	을	100,000,000	10,000,000	0	
2011. 8. 10		근저당권 (공동담보)	농협	80,898,876 (300,000,000)	80,898,876	0	
2011. 9. 10		근저당권	갑	100,000,000	100,000,000	0	
합계				190,898,876	190,898,876	0	
배당 후 매각대금 잔액					7,101,124		

▶ "B(공덕동 빌라)" – 매각제외물건이므로 배당이 없다.
▶ "C(흑석동 빌라)" – 매각제외물건이므로 배당이 없다.
▶ 일부매각에 의한 이시배당 시 "A(상계동 빌라)"의 실제배당표

낙찰가 : 200,000,000원 + 몰수, 지연이자 : 0 – 경매비용 : 2,000,000원 = 배당재단 : 198,000,000원

(단위 : 원)

등기, 확정일	전입(사업)	권리종류	권리자	채권액	배당금액	부족액	비고
2011. 7. 30		근저당권	을	10,000,000	10,000,000	0	
2011. 8. 10		근저당권 (공동담보)	농협	300,000,000	188,000,000	112,000,000	잔액은 'B' 에서 회수
2011. 9. 10		근저당권	갑	100,000,000	0	100,000,000	
합계				410,000,000	198,000,000	212,000,000	
배당 후 매각대금 잔액					0		

▶ 이시배당으로 인한 배당과부족 및 처리(변제자대위/차순위대위)계획

(단위 : 원)

채권자	이시배당 시 실제배당액	동시배당 시 정상배당액	배당과부족	처리계획 (변제자대위/차순위대위)
을	10,000,000	10,000,000	0	
농협	188,000,000	80,898,876	107,101,124	자신으로 말미암아 배당손해를 본 변제자나 후순위자에게 제공(변제자대위/차순위대위)
갑	0	100,000,000	-100,000,000	농협으로 인해 배당손해를 입었으므로 농협이 다른 공담물건에 갖는 저당권에 터 잡아 후순위대위를 행사해서 회수한다.
합계	198,000,000	190,898,876	7,101,124	☞ 이는 동시배당 시의 'A'의 배당잔액과 같다.

※ 이 배당표를 일목요연하게 한 표로 종합하면 다음과 같다(실제 배당작업은 이 표에 의하는 것이 공담채권배분에도 편리하고 오류도 줄일 수 있다).

1. 전부 채무자소유의 공담물건 중 일부매각 시 (예상동시배당표) (단위 : 원)

△사건명 : 중앙지법 2012타경11111　△배당일 : '12. 12. 30(매각일 : '12. 10. 10)

공담물건이 전부 채무자소유인 경우에는 일부매각에 따른 이시배당 시에도 구상권(연체자대위)에 관한 문제는 발생하지 않고 차순위자의 대위만 발생할 수 있다.

소재	'11.8.10기준	'11.9.10기준	주택 : 75,000/25,000 상가 : 50,000/15,000	채무자 "A(상계동 빌라)" 감정 : 250,000,000 / 낙찰 : 200,000,000 경매비용 : 2,000,000 / 몰수지연이자 : 0 배당재단 : 198,000,000			채무자 "B(중동 빌라)" 감정 : 300,000,000 / 낙찰 : 250,000,000 경매비용 : 2,200,000 / 몰수지연이자 : 0 배당재단 : 247,800,000			비고 (편의상 근저당 설정액 = 채무액으로 가정)
배당기준	권리순위	권리종류	토 : 토지 간 : 건물 공 : 공담 권리자	청구액(설정액) 보증금	배당 대상채권 11.1.10 홍길동(채무자) ⇐ 매매/검상장 우선배당 : 198,000,000 1차 ⇒ 조정 후		배당 대상채권 11.3.10 홍길동(채무자) ⇐ 매매/김길동 우선배당 : 247,800,000 1차 ⇒ 조정 후		
등기, 확정 방어기일	등기, 전입 사업자등록	배당신청자 12.3.30				당해세			당해세	
		11.7.20	소유권	"병"⇒"을건"C"임차	50,000,000					
11.7.30	11.7.30	임차인 근저당	"을"⇒"을건"A"설정	10,000,000	10,000,000	0		10,000,000	10,000,000	
공담역 배당기준 ["⇒동(배당 시 ·낙당가-경매비용-선순위채권잔액 △이시배당 시 : 감정가-선순위채권 합계 : 890,000,000(=100%)					240,000,000(26.9663%)			300,000,000(33.7079%)		감정가액공시 가격(-선순위채권 ☞ 민법368조1항 부담배분후
11.8.10	11.8.10	근저당(임의) 농협⇒ABC공담	300,000,000 (300,000,000)	80,898,876	80,898,876		80,898,876	80,898,876	101,123,596	위바율별 부담배분별
		각 물건 소유자(채무)자에의 부담액위별(채무자⇒보증인) 조정 후								부담배분 조정 후
11.9.10	11.9.10	근저당 "갑"⇒"을건"A"설정	100,000,000	100,000,000		100,000,000	100,000,000		부담배분후
12.1.10	12.1.10	임의경매 "을"	(10,000,000)							
		합계	460,000,000	190,898,876	0	190,898,876	190,898,876		
		채권과부족/배당 후 잔액	7,101,124	7,101,124	-	190,898,876	190,898,876	7,101,124	

1. 이시배당 시의 공담채권의 배분방법으로 대법원기대513.기다5140에서 "공동담보 중 1개의 부동산에 대하여 먼저 담보권이 실행된 경우에 공동담보가 된 각 부동산의 피담보채권에 대한 담보가치의 산정은 그 각 부동산의 가격비율에 의하여 산정함이 타당하다"라고 하고 있고, 서울고법원2004나87895에서 "각 각 부동산의 가액이란 배당 시기에라 함은 선순위채권을 공제한 잔액을 함한다라고 있는 바, 이는 곧 감정가격을 말하는 것이고(어떠한 잔액이 있을수는 그래야 기준이 공평하다), 만약 감정가격이 없는 경우라면 공시가격을 적용하는 듯 될 것이다.

2. 이와 같이 이시배당에 있어 매각 외 물건의 공담채권을 배분하는 대가차계를 배분하는 것이기 때문에 필요하다. 따라서 매각 외 물건의 공담채권 후 이시배당에는 무리하므로 배당후의 배당표에 기재를 했다고 이시배당분석 시는 배당분석의 편의를 위해 선성을 하는 것이 보기에 편하다.

■ 세로 암순기준권리보다 선순위입니다.

소	'11. 8. 10기준	주택 : 75,000/25,000	'11.9. 10기준	주택 : 작동	채무자 "C축석동 빌라"		
예		상가 : 50,000/75,000		상가 : 작동	감정 : 425,000,000	낙찰 : 350,000,000	
					경매비용 : 3,000,000	몰수 지연이자 : 0	
배당기준	권리순위	배당종기 12.3.30	토 : 토지 간 : 건물 공 : 공통		배당재단 : 347,000,000		비고

배당기준	권리순위	권리종류	권리자	청구액(설정액) 보증금	배당대상채권	우선배당 : 322,000,000 최우선/당해세 1차 ⇒ 조정 후	비고
등기,확정,전입 변정기일	등기,전입 사업자등록	배당신 청일자				11. 5. 10 홍길동(채무자) ⇐ 매매/박문수	△ 동시배당 시의 각 공담물건별 공담채권배분기준은 낙찰가-경매비용-선순위채권÷안분액이다.
		소유권					△ 이는 선순위(안분가)가 있는 경우에도 마찬가지다(단, 후순위채권과 안분하지 않고 낙찰가에서 그 금액을 차감한다).
		임차인	"병"⇒동건"C"임차	50,000,000	50,000,000	–	
11.7.30 11.7.30	근저당	"을"⇒동건"A"설정	10,000,000	–	–	
공담액 배분기준 [▷홍길동 동시배당 시 : 낙찰가-경매비용-선순위채권÷안분액 / △이시배당 시 : 감정가-선순위채권 합계 : 890,000,000 / ▷이시배당 시 : 감정가-선순위채권 합계 : 880,000,000=100%]			350,000,000(39.3258%)		☞ 각 물건별 감정가액(공시가)-선순위채권	
11.8.10 11.8.10	근저당	그저당(공담) 농협 ⇒ A B C공담	303,000,000	117,977,528	–	민법368조1항
각 물건 소유자(채무자)의 부담범위별채권 ⇔ 보증의 조정 후			(30,000,000)	–	–	☞ 위배열됨
11.9.10 11.9.10	근저당	"갑"⇒동건"A"설정	100,000,000	–	–	☞ 부담범위
12.1.10 12.1.10	의의경매	"을"	(100,000,000)	–	–	☞ 모두 채무자소유이므로 부담범위 조정이 필요 없다.
		합계	460,000,000	–	–	
		채권과부족/배당 후 잔액				

■ 색은 말소기준권리보다 선순위입니다.

2. 전부 채무자소유의 공담물건 중 일부매각 시 이자배당표 (단위 : 원)

△사건명 : 중앙지법 2012타경11111 △ 배당일 : '12. 12. 30매각일 : '12. 10. 10)

공담물건이 전부 채무자소유인 경우에는 일부매각에 따른 이자배당 시에도 구상권(변제자대위)에 관한 문제는 발생하지 않고 차순위자의 대위만 발생할 수 있다.

소재	'11. 8. 10기준	'11.9. 10기준	주택 : 75,000/25,000 상가 : 50,000/15,000	주택 : 좌동 상가 : 좌동	채무자 "A(상계동 빌라)" - 매각 감정 : 250,000,000 경매비용 : 2,000,000 낙찰 : 200,000,000 매수 지연이자 : 0		이자배당으로 인한 배당과목족 (변제자대위(구상권) 및 차순위자의 대위)	
배당기초	권리순위	등기, 확정 사산등록 일	토 : 토지 건 : 건물 공 : 공통	권리 종류	청구액 (설정액) 보증금	배당재만 : 198,000,000 우선배당 : 198,000,000	동시배당 시 정상배당	"B" (46.15%) (채무자)	"C" (53.85%) (채무자)	.000 (00.00%)
		등기, 전입 사산등록		관리자		1차↔ 조정후				
	소유권							☞ 이사(실제배당 시 배당업무의 편의를 위해 매각물건선의 채권이 아닌 채권자의 선순한다.		
11.7.20	압류권		"을" ⇒ 물건"A"설정	50,000,000					
11.7.30	11.7.30		근저당	10,000,000	0	10,000,000	10,000,000			☞ 추 · 동합이 회수된 금액
공동액 배당기준 (▷ 동시배당 시 · 낙찰가 − 경매비용 − 선순위(신우선의 채무) ▷ 이자배당 시 : 감정가 − 선순위채권 합계 : 890,000,000=100%)								51,692,308	60,307,692	☞ 후순위가 대위할 한도액
11.8.10	11.8.10		근저당(을함) 농협 ⇒ A B C중담	300,000,000	188,000,000	188,000,000	80,898,876	49,431,288	57,669,836	☞ 후순위의 정구후
각 물건 소유자지위의 부담범위별(채무자) 조정 후			근저당 "감"⇒물건"A"설정	(300,000,000)				107,101,124	107,101,124	
11.9.10	11.9.10		근저당 "감"⇒물건"A"설정	100,000,000	0	0	0	-46,153,846	-53,846,154	☞ 후순위대위를 할 금액
12.1.10	12.1.10		임의경매 "을"	(10,000,000)				-100,000,000	-100,000,000	
■ 색은 밀소기존권리보다 선위임이다.		합계	410,000,000	0	198,000,000	198,000,000	190,898,876	51,692,308	60,307,692
			채권과목족 배당 후 진액			7,101,124		7,101,124	3,277,442	3,823,682
								☞ 동시배당 시 A물건(상계동 빌라)의 배당잔액		

①, ② : 농협은 여전히 112,000,000(300,000,000-188,000,000)을 회수하지 못했으므로 후후 채무자소유의 "B"와 "C"에서 이 금액을 우 비율대로 회수한다.
③ : 이사배당으로 인해 농협이 "A"에서 과대배당 받은 금액 ⇒ 잔여 공담물건에 배당받아 이사배당으로 인해받지 못한 후순위자를 위한 금액이 된다.
④, ⑤ : "A"에서 배당을 받지 못한 후순위자들이 후후 채무자소유의 "B"와 "C"에서 각 대위할 수 있는 금액(0를 넘어서는 회수야 할 수 있다)
⑥ : 전체매각에 의한 동시배당 시라면 "감"이 배당 받았어야 할 금액을 이사배당으로 인해 받지 못한 금액 ⇒ 이 금액은 추후 위 ④, ⑤에서 회수한다.
⑦ : ⑥을 채무자소유의 "B", "C"에 "감"이 "감정자 − 선순위채권"의 비율로 배분한 금액으로 ⑦은 "B"에서, ⑧은 "C"에서 각 한도로 회수한다.
⑧ : ⑥을 채무자소유의 "B", "C"에 "감"이 "감정자 − 선순위채권"의 비율로 배분한 금액으로 ⑦은 "B"에서, ⑧은 "C"에서 각 한도로 회수한다.

이 금액은 농협이 이사배당으로 불공평인지 0이 배당받는 바람에 생긴 것이어 농협이 근저당권에 더 권이 있지만 선순위인 농협이 준국 미회수한 금액이 있으므로 걸국 농협이 갓는 "B", "C"의 지당권에서 농협이 부족액을 먼저 회수한 뒤 지순위대위자 후순위대위자 뒤 농협에 먼저 배당되었을 금액이기 때문이다.

6. 채무자소유+보증인소유 공담물건 전체매각 시 동시배당표

① 공담물건 경매진행내역

(단위 : 원)

구분	A (상계동 빌라)	B (공덕동 빌라)	C (흑석동 빌라)	비고
소유자의 지위	채무자	채무자	보증인	
경매개시기입등기	2012. 1. 10	2012. 1. 10	2012. 1. 10	
배당요구종기일	2012. 3. 30	2012. 3. 30	2012. 3. 30	
매각일	2012. 10. 10	2012. 10. 10	2012. 10. 10	
감정가액	250,000,000	300,000,000	425,000,000	
매각가액(낙찰가)	200,000,000	250,000,000	350,000,000	
경매비용	2,000,000	2,200,000	3,000,000	
몰수, 지연이자 등	0	0	0	

② 각 물건별 임차인 현황(각 물건별로 공담채권을 배분하려면 각
물건별 선순위채권을 먼저 알아야 한다)

　▶ "A(상계동 빌라)" 임차인 현황 : 임차인 없음

　▶ "B(공덕동 빌라)" 임차인 현황 : 임차인 없음

　▶ "C(흑석동 빌라)" 임차인 현황

　　임차인 : "병"(주택임차인)

　　현황조사- 보증금 : 120,000,000원 전입 : 2011. 6. 1

　　권리신고- 보증금 : 100,000,000원

　　　　　　전입 : 2011. 7. 10 확정 : 2011. 7. 10

　　배당요구 : 2012. 3. 20

③ 각 물건별 등기권리 내역(각 물건별로 공담채권을 배분하려면 각
물건별 선순위채권을 먼저 알아야 한다)

▶ "A(상계동 빌라)" 등기권리내역

2011. 1. 10 소유권(매매) 홍길동(전소유자 김부자)

2011. 8. 10 근저당권설정(채권자 : 농협) 300,000,000원

[공동담보 : "B(공덕동 빌라)"-채무자소유

"C(흑석동 빌라)"-채무자소유]

2011. 9. 10 근저당권설정(채권자 : "갑") 100,000,000원

2012. 1. 10 임의경매 (채권자 : 농협)

▶ "B(공덕동 빌라)" 등기권리내역

2011. 3. 10 소유권(매매) 홍길동(전소유자 김길동)

2011. 8. 10 근저당권설정(채권자 : 농협) 300,000,000원

[공동담보 : "A(상계동 빌라)"-채무자소유

"C(흑석동 빌라)"-채무자소유]

2011. 10. 10 근저당권설정 (채권자 : "을") 150,000,000원

▶ "C(흑석동 빌라)" 등기권리내역

2011. 5. 10 소유권 (매매) 김삿갓(전소유자 박문수)

2011. 8. 10 근저당권설정(채권자 : 농협) 300,000,000원

[공동담보 : "A(상계동 빌라)"-채무자소유

"B(공덕동 빌라)"-채무자소유]

2011. 8. 20 가압류(채권자 : 샤일록) 20,000,000원

2011. 12. 11 근저당권설정(채권자 : "정") 150,000,000원

④ 각 물건별 공담채권 배분기준[매각액-경매비용-선순위채권(인수액 제외)] 산정

▶ "A(상계동 빌라)" : 200,000,000원-2,000,000원-0

$$=198,000,000원(28.5797\%)$$

- ▶ "B(공덕동 빌라)" : 250,000,000원 - 2,200,000원

  $$=247,800,000원(35.7679\%)$$

- ▶ "C(흑석동 빌라)" : 350,000,000원 - 3,000,000원 -

  $$100,000,000원=247,000,000원(35.4987\%)$$

⑤ 공담채권배분기준에 따른 각 물건별 부담할 공담채권

(300,000,000원) 배분액

- ▶ "A(상계동 빌라)" : 300,000,000원 × 198,000,000원/

  $$692,800,000원(26.9663\%)=85,739,030원$$

- ▶ "B(공덕동 빌라)" : 300,000,000원 × 247,800,000원/

  $$692,800,000원(35.7679\%)=107,303,695원$$

- ▶ "C(흑석동 빌라)" : 300,000,000원 × 247,000,000원/

  $$692,800,000원(35.4987\%)=106,957,275원$$

⑥ 소유자별(채무자 ⇔ 보증인 간) 물건별 채무부담범위에 따른
부담금액 조정

공담물건이 채무자소유와 보증인소유가 혼합되어 있다면 민법
368조1항에 따른 비율배당이 아닌 채무자소유의 경매대가에서 먼
저 배당하고 부족분이 있을 시 보증인 소유의 경매대가에서 배당을
해야 하므로(대법원2008다41475, 2013다207996) 보증인에게 배분된
공담채권을 채무자소유의 물건으로 다시 조정해서 배분해야 한다.

- ▶ 보증인소유의 "C"에 배분된 공담채권 : 106,957,275원 ⇒
  채무자소유의 "A", "B"로 이전한다(간편계산방식으로 그냥
  공담채권 총액을 "A", "B"로 배분).

▶ "A" 공담채권배분액 : 300,000,000원×198,000,000원/
445,800,000원=133,243,607원

▶ "B" 공담채권배분액 : 300,000,000원×247,800,000원/
445,800,000원=166,756,393원

⑦ 각 물건별 배당작업

▶ "A(상계동 빌라)"

낙찰가 : 200,000,000원 + 몰수, 지연이자 : 0 - 경매비용 : 2,000,000원 = 배당재단 : 198,000,000원

(단위 : 원)

등기, 확정일	전입(사업)	권리종류	권리자	채권액	배당금액	부족액	비고
2011. 8. 10		근저당권 (공동담보)	농협	133,243,607 (300,000,000)	133,243,607	0	잔액은 'B'에서 배당
2011. 9. 10		근저당권	갑	100,000,000	64,756,393	35,243,607	보증인소유 'C'에 대위 불가
합계				233,243,607	198,000,000	35,243,607	
배당 후 매각대금 잔액					0		

▶ "B(공덕동 빌라)"

낙찰가 : 250,000,000원 + 몰수, 지연이자 : 0 - 경매비용 : 2,200,000원 = 배당재단 : 247,800,000원

(단위 : 원)

등기, 확정일	전입(사업)	권리종류	권리자	채권액	배당금액	부족액	비고
2011. 8. 10		근저당권 (공동담보)	농협	166,756,393 (300,000,000)	166,756,393	0	A, C와 동시배당
2011. 10. 10		근저당권	을	150,000,000	81,043,607	68,956,393	보증인소유 'C'에 대위 불가
합계				316,756,393	247,800,000	68,956,393	
배당 후 매각대금 잔액					0		

▶ "C(흑석동 빌라)"

낙찰가 : 350,000,000원 + 몰수, 지연이자 : 0 - 경매비용 : 3,000,000원 = **배당재단 : 347,000,000원**

(단위 : 원)

등기, 확정일	전입(사업)	권리종류	권리자	채권액	배당금액	부족액	비고
2011. 7. 10	2011. 7. 10	임차권	병	100,000,000	100,000,000	0	주택임차인
2011. 8. 10		근저당권 (공동담보)	농협	0 (300,000,000)	0	0	'A', 'B'(채무자 소유)에서 배당
2011. 8. 20		가압류	샤일록	20,000,000	20,000,000	0	*전액 배당으로 안분 불필요
2011. 12. 11		근저당권	정	150,000,000	150,000,000	0	
합계				270,000,000	270,000,000	0	
배당 후 매각대금 잔액					77,000,000		

※ 이 배당표를 일목요연하게 한 표로 종합하면 다음과 같다(실제 배당작업은 이 표에 의하는 것이 공담채권배분에도 편리하고 오류도 줄일 수 있다).

1. 채무자소유+보증인소유 공담물건 전체매각 시 동시배당표 (단위 : 원)

△사건명 : 중앙지법 2012타경11111 △배당일 : '12. 12. 30(매각일 : '12. 10. 10)

공담물건이 전부 채무자소유인 경우에는 일부매각에 따른 이사배당 시에도 구상권(변제자대위)에 관한 문제는 발생하지 않고 차순위자의 대위만 발생할 수 있다.

소유	배당기준	주택 : 75,000/25,000 상가 : 50,000/15,000	토 : 토지 건 : 건물 공 : 공통	권리자	권리종류	청구액 (설정액) 보증금	채무자 "A(상계동 빌라)" 감정 : 250,000,000 낙찰 : 200,000,000 경매비용 : 2,000,000 배당재단 : 198,000,000			채무자 "B(중학동 빌라)" 감정 : 300,000,000 낙찰 : 250,000,000 경매비용 : 2,200,000 수수 지연이자 : 0 배당재단 : 247,800,000			비고 (편의상)
'11. 8. 10기준 '11. 9. 10기준	등기,확정,법원기입 권리순위	배당종기 12.3.30					배당 대상채권	최우선 당해세	우선배당 : 198,000,000 1차 ⇒ 조정 후	배당 대상채권	최우선 당해세	우선배당 : 247,800,000 1차 ⇒ 조정 후	근저당 설정액 = 채무액으로 가정
			소유권				11. 1. 10 홍길동(채무자)/감부자			11. 3. 10 홍길동(채무자)/김길동			
	11.6.1		주거(현황)			120,000,000							
	11.7.10 11.7.10 12.3.20		/신고		"병"⇒물건"C"임차	100,000,000							
11.8.10 11.8.10			근저당(원금+농협⇒A.B.C공담)			300,000,000	198,000,000(28.579%)			247,800,000(35.7679%)			낙찰가−경매비용 −선순위 인수액
	각 물건 소유자(지위)별 부담범위별(채무자+보증인) 합계 : 692,800,000(=100%)		(근저당)			(300,000,000)	85,739,030	−	−	107,303,695	−	−	☞민법368조3항
							133,243,607	−	위배율법	166,756,393	−	위배율법	부담범위법
11.8.20 11.8.20			가압류		사일록⇒물건"C"	20,000,000	−	−	부담위법	−	−	부담위법	
11.9.10 11.9.10			근저당		"갑"⇒물건"A"설정	100,000,000	100,000,000	0	−	−	−	−	
11.10.10 11.10.10			근저당		"을"⇒물건"B"설정	150,000,000	−	64,756,393	64,756,393	150,000,000	0	81,043,607	81,043,607
11.12.11 11.12.11			근저당		"정"⇒물건"C"설정	150,000,000	−	−	−	−	−	−	
12.1.10 12.1.10			임의경매		농협	(300,000,000)	−	−	−	−	−	−	
				합계		820,000,000	233,243,607	0	198,000,000	198,000,000	316,756,393	0	247,800,000 247,800,000
				채권과부족 배당 후 잔액			−35,243,607		0		−68,956,393		0

■ 색은 말소기준권리보다 선순위입니다.

※ 위 채무자소유 "A"물건의 근저당권자 "갑"은 배당부족액 : 35,243,607이, 역시 채무자소유 "B"물건의 근저당권자 "을"은 배당부족액 : 68,956,393이 발생하나 근저당권자 "을"의 배당순위는 "갑"과 "을"이 설정한 "A"와 "B"물건은 채무자 소유고 나머지 "C"는 보증인소유기 때문에 비록 "C"의 배당분에서 있어도 차순위대위를 할 수가 없다.

소 액	'11. 8. 10기준 주택: 75,000/25,000 상가: 50,000/15,000	'11.9. 10기준		주택: 저동 상가: 저동		채무자 "C(홍석동 빌라)" 감정: 425,000,000 낙찰: 350,000,000 경매비용: 3,000,000 몰수·지연이자: 0 배당재단: 347,000,000 우선배당: 347,000,000			비고
배당기준 등기,촉탁 변경기일 사항등록	권리순위 등기,전입 배당신 청일자	배당종기 12. 3. 30	토: 토지 건: 건물 공: 공통 권리 종류	권리자	청구액 (설정액) 보증금	배당 대상권리	최우선 임금채권	우선배당 1차 ⇒ 매매	조정 후
						11. 5. 10 홍길동(채무자)←매매/박문수			
	11. 6. 1		소유권 주거/현황	"병"⇒물건C임차	120,000,000	100,000,000	0	100,000,000	100,000,000
	11.7.10	11.7.10 12.3.20	/신고		100,000,000				
						247,000,000(35.498%)			
공담액 배당기준 ⇒ 동시배당 시: 낙찰가-경매비용-선순위채권 합계: 692,800,000(=100%) ⇒ 이시배당 시: 경정가-선순위채권									
11.8.10	11.8.10		근저당(설정) 농협⇒A B C공동		300,000,000 (300,000,000)	106,957,275	위비율별	-	-
각 물건 소유자(채무자)간의 부염법별(채무자) ⇔ 보증인 조정 후						0	부염압별	-	-
11.8.20	11.8.20		기업류	샤일록⇒물건C	20,000,000	20,000,000	0	20,000,000	20,000,000
11.9.10	11.9.10		근저당	"가"⇒물건C"A"설정	100,000,000	-	-	-	-
11.10.10	11.10.10		근저당	"나"⇒물건C"B"설정	150,000,000	-	-	-	-
11.12.11	11.12.11		근저당	"다"⇒물건C"C"설정	150,000,000	150,000,000	0	150,000,000	150,000,000
12.1.10	12.1.10		임의경매	농협	(300,000,000)	(170,000,000)	-	-	-
				합계	820,000,000	270,000,000	0	270,000,000	270,000,000
				채권과부족/배당 후 잔액		77,000,000	-	-	77,000,000

비고:
△ 동시배당 시의 각 공동물건별 공담채권배당기준은 낙찰가-경매비용-선순위채권+인수액이다.
△ 소액우선변제액은 기입류의 효력이 미치지 않는 최우선변제권이 있는 채권으로 안분배분(배당)대상이 아니다.

☞ 낙찰가-경매비용-선순위채권+인수액

☞ 채무자⇔보증인 간 부담분의 조정 후측, 채무자 선변제(우) 이렇게 해도 채무자의 부족분에서 매각대금에서 최우가 부족하시 부담한다.

☞ 배당채권이 부족하시 이후 채권자와 안분배당을 해야 한다.

☞ 안분배당을 위한 해당채권(참여채권) 합계액[20,000,000+150,000,000]을 표시한 것이다.

■ 세는 말소기준권리보다 선순위입니다.

7. 채무자소유의 물건이 먼저 매각되는 경우의 이시배당

① 공담물건 경매진행내역

(단위 : 원)

구분	A (상계동 빌라)	B (공덕동 빌라)	C (흑석동 빌라)	비고
소유자의 지위	채무자	채무자	보증인	
경매개시기입등기	2012. 1. 10	매각제외	매각제외	
배당요구종기일	2012. 3. 30	〃	〃	
매각일	2012. 10. 10	〃	〃	
감정가액	250,000,000	300,000,000	400,000,000	
매각가액(낙찰가)	200,000,000	매각제외	매각제외	
경매비용	2,000,000	〃	〃	
몰수, 지연이자 등	0	〃	〃	

② 각 물건별 임차인 현황(각 물건별로 공담채권을 배분하려면 각
　물건별 선순위채권을 먼저 알아야 한다)

▶ "A(상계동 빌라)" 임차인 현황 : 임차인 없음

▶ "B(공덕동 빌라)" 임차인 현황 : 임차인 없음

▶ "C(흑석동 빌라)" 임차인 현황

　임차인 : "병"(주택임차인)

　　　보증금 : 100,000,000원 전입 : 2011. 7. 10

③ 각 물건별 등기권리 내역(각 물건별로 공담채권을 배분하려면 각
　물건별 선순위채권을 먼저 알아야 한다)

▶ "A(상계동 빌라)" 등기권리내역

　2011. 1. 10 소유권(매매) 홍길동(전소유자 김삿갓)

　2011. 8. 10 근저당권설정(채권자 : 농협) 300,000,000원

[공동담보 : "B(공덕동 빌라)"-채무자소유

"C(흑석동 빌라)"-보증인소유]

2011. 9. 10 근저당권설정(채권자 : "갑") 100,000,000원

2012. 1. 10 임의경매(채권자 : "갑")

▶ "B(공덕동 빌라)" 등기권리내역

2011. 3. 10 소유권(매매) 홍길동(전소유자 김길동)

2011. 8. 10 근저당권설정(채권자 : 농협) 300,000,000원

[공동담보 : "A(상계동 빌라)"-채무자소유

"C(흑석동 빌라)"-보증인소유]

2011. 11. 10 근저당권설정(채권자 : "무") 80,000,000원

▶ "C(흑석동 빌라)" 등기권리내역

2011. 5. 10 소유권(매매) 홍은동 (전소유자 박문수)

2011. 8. 10 근저당권설정(채권자 : 농협) 300,000,000원

[공동담보 : "A(상계동 빌라)"-채무자소유

"B(공덕동 빌라)"-채무자소유]

2011. 11. 10. 근저당권설정 (채권자 : "무") 80,000,000원

④ 각 물건별 공담채권 배분기준(감정가액-선순위채권) 산정[이
시배당 시는 매각외 물건은 낙찰가가 있을 수 없으므로 공담물건
간 비교기준을 일치시키기 위해서 감정가(공시가격)을 기준으로
해야 한다]

▶ "A(상계동 빌라)" : 250,000,000원-0=250,000,000원(29.4118%)

▶ "B(공덕동 빌라)" : 300,000,000원-0=300,000,000원(35.2941%)

▶ "C(흑석동 빌라)" : 400,000,000원-100,000,000원

$$=300,000,000원(35.2941\%)$$

⑤ 공담채권배분기준에 따른 각 물건별 부담할 공담채권

(300,000,000원) 배분액

▶ "A(상계동 빌라)" : 300,000,000원 × 250,000,000원/

850,000,000원(29.4118%)=88,235,294원

▶ "B(공덕동 빌라)" : 300,000,000원 × 300,000,000원/

850,000,000원(35.2941%)=105,882,353원

▶ "C(흑석동 빌라)" : 300,000,000원 × 300,000,000원/

850,000,000원(35.2941%)=105,882,353원

⑥ 소유자별(채무자 ⇔ 보증인 간) 물건별 채무부담범위에 따른

부담금액 조정

채무자선변제의무로 채무자 ⇔ 보증인 간 부담할 채무범위의 조

정이 필요하다.

▶ 보증인소유의 "C"에 배분된 공담채권 : 105,882,353원 ⇒

채무자소유의 "A", "B"로 이전한다(간편계산방식으로 그냥

공담채권 총액을 "A", "B"로 배분).

▶ "A" 공담채권배분액 : 300,000,000원 × 250,000,000원/

550,000,000원=136,363,636원

▶ "B" 공담채권배분액 : 300,000,000원 × 300,000,000원/

550,000,000원=163,636,364원

⑦ 각 물건별 배당작업

공담물건 중 채무자소유의 "A"만 매각되었으므로 이에 대한 배

당분석만 하면 된다.

▶ 전체매각에 의한 동시배당 시를 가정한 "A(상계동 빌라)"의 (정상)배당표

낙찰가 : 200,000,000원 + 몰수, 지연이자 : 0 – 경매비용 : 2,000,000원 = **배당재단 : 198,000,000원**

(단위 : 원)

등기, 확정일	전입(사업)	권리종류	권리자	채권액	배당금액	부족액	비고
2011. 8. 10		근저당권 (공동담보)	농협	136,363,636 (300,000,000)	136,363,636	0	잔액은 'B'에서 회수
2011. 9. 10		근저당권	갑	100,000,000	61,636,364	38,363,636	
합계				236,363,636	198,000,000	38,363,636	
배당 후 매각대금 잔액					0		

▶ 일부매각에 의한 이시배당 시 "A(상계동 빌라)"의 실제배당표

낙찰가 : 200,000,000원 + 몰수, 지연이자 : 0 – 경매비용 : 2,000,000원 = **배당재단 : 198,000,000원**

(단위 : 원)

등기, 확정일	전입(사업)	권리종류	권리자	채권액	배당금액	부족액	비고
2011. 8. 10		근저당권 (공동담보)	농협	300,000,000	198,000,000	102,000,000	잔액은 'B'에서 회수
2011. 9. 10		근저당권	갑	100,000,000	0	0	
합계				400,000,000	198,000,000	102,000,000	
배당 후 매각대금 잔액					0		

▶ 이시배당으로 인한 배당과부족 및 처리(변제자대위/차순위대위)계획

(단위 : 원)

채권자	이시배당 시 실제배당액	동시배당 시 정상배당액	배당과부족	처리계획 (변제자대위/차순위대위)
농협	198,000,000	136,363,636	61,636,364	자신으로 말미암아 배당손해를 본 변제자나 후순위자에게 제공(변제자대위/차순위대위)
갑	0	61,636,364	-61,636,364	농협으로 인해 배당손해를 입었으므로 농협이 다른 공담물건에 갖는 저당권에 터 잡아 후순위대위를 행사해서 회수한다.
합계	198,000,000	198,000,000	0	☞ 동시배당 시 'A'물건의 배당잔액과 같다.

※ 이 배당표를 일목요연하게 한 표로 종합하면 다음과 같다(실제 배당작업은 이 표에 의하는 것이 공담채권배분에도 편리하고 오류도 줄일 수 있다).

1. 채무자소유의 공담물건이 먼저 매각되는 경우의 (예상)동시배당표 (단위 : 원)

△사건명 : 중앙지법 2012타경11111 △배당일 : '12. 12. 30매각일 : '12. 10. 10)

일부매각에 따른 이시배당을 하는 경우에도 공담물건이 전부 채무자소유인 경우 구상권(변제자대위)은 발생하지 않고 차순위자의 대위만 발생할 수 있으며, 선매각물건이
채무자소유(1개)고 매각 외 물건이 모두 보증인소유인 경우에는 채무자의 선매각으로 인해 변제자대위의 구상권(변제자대위)과 차순위채권자의 대위문제는 대위문제는 발생하지 않습니다.

소 유	'11. 8. 10기준	주택 : 75,000/25,000 상가 : 50,000/15,000		'11. 9. 10기준		주택 : 최동 상가 : 최동		채무자 "A(상계동 빌라)" – 매각 감정 : 250,000,000 낙찰 : 200,000,000				채무자 "B(공덕동 빌라)" – 매각 전 감정 : 300,000,000 낙찰 : 0		
배당기준	권리순위	도 : 토지 건 : 건물 공 : 공통	배당종기 12.3.3C			청구액 (설정액) 보증금		경매비용 : 2,000,000	몰수 지연이자 : 0			경매비용 : 0	몰수 지연이자 : 0	
	등기, 전입 설정일	배당신 청일자	권리자	권리 종류				배당재단 : 198,000,000				배당재단 : 0		
								배당 대상채권	☞최우선 당해세	우선배당 : 198,000,000 1차 ⇒ 조정 후		배당 대상채권	☞최우선 당해세	우선배당 : 0 1차 ⇒ 조정 후	비고 [면씨상 근저당 설정액 =채무액으로 가정]
			소유권												
			주가/현황	"병"⇒물건"C"인상가			11.1.10 홍길동(채무자) ⇐ 매매/감소자				11.3.10 홍길동(채무자) ⇐ 매매/김길동			
	11.7.10		/신고			100,000,000									
			공담액 배당기준 ['동시배당시 : 낙찰가÷경매배당=선순위채권안수액 /△ 이시배당 시 : 감정가÷선순위채권 합계 : 850,000,000 =100%)				250,000,000(29.4118%)				300,000,000(35.2941%)			☞ 감정가(배공시) 가격÷선순위채권
11.8.10	11. 8. 10		근저당(공담 농협 ⇒A·B·C공담			300,000,000	88,235,294				105,882,353			☞ 민법368조1항
			각 물건 소유자자의 부담범위별(채무) ⇐ 보증인 조정 후				136,363,636	부담범위별	136,363,636	136,363,636	163,636,364	부담범위별		☞ 위배율별 ☞ 부담범위조정 후
11.9.10	11. 9. 10		근저당	"갑"⇒물건"A"설정		100,000,000	100,000,000	0	0		61,636,364	부담범위별		
12.1.10	12. 1. 10		임의경매	"갑"		(00.000,000)					61,636,364			
						합계	500,000,000	236,363,636	0	198,000,000	198,000,000		300,000,000	
						채권과부족/배당 후 잔액		-38,363,636		198,000,000	0			

■ 색은 말소기준권리보다
선순위입니다.

※ 이시배당 시의 공담채권의 배당방법으로 대부업자가 대변"ㄱ"ㄷ513,71ㄷ514에서 "공동담보 중 1개의 부동산에 대하여 먼저 담보권이 실행된 경우에 공동담보가 되어 각 부동산이 피담보채권에 대한 담보가치의 산정
이고 그 각 부동산의 가격비율에 의하여 산정함이 타당하다"고 하고 있고, 서울고등법원2004나878950에서 "이 각 부동산이 당해부동산의 가액이므로 또한 선순위채권을 공제한 잔액을 말
한다"라고 하고 있는 바, 이는 곧 감정가격을 말하는 것이고(아직 매각이 되지 않은 물건은 얼마 낙찰될지 알 수 없으므로 그래야 기준이 명확하다) 만약 공사가격을 적용(공사가격을 적용)한 될 것이다.

소 액	'11. 8. 10기준	주택 : 75,000/25,000 상가 : 50,000/15,000	'11. 9. 10기준	주택 : 좌동 상가 : 좌동	보증인 "C(흑석동 빌라)" – 매각 전			비고
					감정 : 400,000,000	낙찰 : 0		공담물건 중 일부매각에 따른 이시배당 시 매각 외 물건에 있어서는 각 공담물건별 공담채권배당기준에 따른 공담 채권배분 및 채무담부에
배당기준	권리순위	배당종기 12.3.30	토 : 토지 간 : 건물 공 : 공동	청구액 (설정액) 보증금	경매비용 : 0	몰수·지연이자 : 0		공담물건별 공담채권배당기준에 따른 별 조정, 이시배당에 따른 변제자대위의 차순위채권의 물건별 배분작업 만 수행한다.
등기, 확정 변환일(?)	등기·전입 상재등록일	배당신 청일자	권리자		배당재단 : 0			
					배당 대상채권	최우선 당해세	우선배당 : 322,000,000	
			권리자				1차 ⇒	조정 후
			소유권	"병"⇒물건"C"양자		–	1차 ⇒ 매매/박문수	☞ 각 물건별 감정가액(공시가)×선순위채권
11.7.10			주거/현황 /신고		100,000,000	–	–	
			/신고	100,000,000			11. 5. 10 홍은동(보증인) ≤ 매매/박문수	
					300,000,000(35.294%)			
11.8.10	11.8.10		근저당(농협) 농협⇒ABC공담	300,000,000	105,882,353	위비율	–	☞ 보증인은 채무자소유에서 변제부족이 있을 시에 한해 부담하므로 매각된 채무자소유와 매각되지 않은 채무자소유 순에 먼저 배분한다.
11.9.10	11.9.10		근저당 "갑"⇒물건"A"설정	100,000,000	0	부담안위별	–	
12.1.10	12.1.10		임의경매 "갑"	(100,000,000)	–	–	–	
			합계	500,000,000	–	–	–	
			채권과부족/배당후잔액					

공담액 배분기준 [☞ 홍은동채무자·박물건?·경매배당·선순위채권액 ÷ 이시배당 시 : 감정가·선순위채권 합계 : 850,000,000 = 100%]

(○ 이시배당 시 : 감정가·선순위채권 합계 : 850,000,000 = 100%)

■ 색은 말소기준권리보다 선순위입니다.

2. 채무자소유물건이 먼저 매각되는 경우의 이사(실제)배당표 (단위 : 원)

▷사건명 : 중앙지법 2012타경11111 △ 배당일 : '12. 12. 30(매각일 : '12. 10. 10)

일부매각에 따른 이사배당을 하는 경우에도, 공동물건이 전부 채무자소유인 경우 구상권(변제자대위)은 발생하지 않고 차순위자의 대위만 발생할 수 있으며, 선배당물건이 채무자소유(1개)고 매각 외 물건이 모두 보증인소유인 경우에는 채무자의 선배당으로 인해 변제자의 구상권(변제자대위)과 차순위채권자의 대위문제는 발생하지 않습니다.

소	'11. 8. 10.7근		주택 : 좌동		채무자 "A(상계동 빌라) – 매각					
액		주택 : 75,000/25,000	상가 : 좌동		감정 : 250,000,000	낙찰 : 200,000,000				비고
	'11. 9. 10.7근	상가 : 50,000/15,000			경매비용 : 2,000,000	몰수 지연이자 : 0				

배당기준	권리순위	토 : 토지 건 : 건물 공 : 공동		배당재단 : 198,000,000		동시배당 시 정상배당	이사배당 으로 인한 배당과부족 (변제자대위)	각 물건별 과부족의 처리내역 [변제자대위(구상권) 및 차순위자의 대위]		
		권리 종류	권리자	우선배당 : 198,000,000				"B" (100.00%) (채무자)	"C" (00.00%) (보증인)	
	등기, 확정 법원기입	등기, 전입 사항신고	배당신 청원자	청구액 (성립액) 보증금	최우선 ⇒ 당해세	1차 ⇒ 조정 후				

11.7.10	소유권					11.1.10 홍길동(채무자) ⇐ 매매/감정가				☞ 배당업무의 편의를 위해 매각물건간과 무관한 권리는
	추가사항	배당종료인확정								삭제를 한다.
11.7.10		一근저		100,000,000			—		—	—

공담액 배당기준 [▷동시배당 = 낙찰가 – 경매비용 – 선순위(우선채무)채무]
/ △ 이사배당 시 : 감정가 – 선순위채무 합계 : 850,000,000 = 100%]

11.8.10	11. 8. 10	근저당(공동)농협 ⇒ A.B.C공담			☞ 위비율별	300,000,000	198,000,000	198,000,000	136,363,636	① 102,000,000	② 0	☞ 추후 농협이 회수할 금액
각 물건 소유자(채무자)사이의 부담범위 ⇐ 보증인 조정 후				☞ 부담범위		100,000,000	0	0	⑥ 61,636,364	⑤ 0	☞ 홍순인대위 가능액
11.9.10	11.9.10	그저당	"갑"⇒ 물건1 "A" 설정			100,000,000	0	0	⑦ 61,636,364	④ -61,636,364	☞ 후순위대위를 할 금액
12.1.10	12.1.10	임의경매	"을"			(100,000,000)			⑧ -61,636,364	⑧ 0	☞ 후순위대위를 할 금액

| 합계 | | | | 400,000,000 | | 198,000,000 | 198,000,000 | 190,888,876 | 0 | 0 | |
| 재단과부족/배당 후 잔액 | | | | | | — | — | 190,888,876 | 0 | 0 | |

■ 甲은 말소기준권리보다
선순위입니다.

☞ ①, ② : 농협은 여전히 102,000,000을 회수하지 못했으므로 추후 "B"와 "C"에서 감정가비율대로 각 50%씩 이 금액을 먼저 회수한다. 그런데 "C"는 보증인 소유인데 이런 상태에서 이사배당으로 보증인소유의 물건이 먼저 매각되는 경우에는 채무자에게 구상권(변제자대위)을 행사할 것이고, 동시배당 시라면 채무 자신변제액만큼 몫만은 채무자소유인 "B"물건에 먼저 배당되어야 할 것이다. 따라서 채무자소유의 "C"물건에 전액을 배분할 것이다. 단 채무대금에서도 부족할 경우 농협은 보증인소유인 "C"물건에서 채권을 회수할 것이다.

☞ 동시배당 시보다 농협이 먼저 배당받은 금액이다. 따라서 이 금액만큼은 "A"의 매각대금에서 손해를 본 후순위채 "갑"의 배당금에 배분하여 지급해야 하므로 "B"에서 각각 50%씩 배분해야겠으나 "C"는 보증인소유이므로 "B"에만 배분한다.

☞ 전체물건에 의한 동시배당 시라면 "갑"이 배당 받았어야 할 금액으로 이사배당으로 인해 받지 못한 금액 ⇒ 이 금액은 이사배당으로 인해 먼저 받은 ⑦을 회수하고, "C"에서 ⑤금액의 한도 내에서 ⑧금액의 한도 내에서 ⑧을 회수해야겠으나 "C"는 보증인소유이므로 "B"에서 전액을 회수한다.

Part 02 배당분석　171

8. 보증인소유의 물건이 먼저 매각되는 경우의 이시배당

① 공담물건 경매진행내역

(단위 : 원)

구분	A (상계동 빌라)	B (공덕동 빌라)	C (흑석동 빌라)	비고
소유자의 지위	보증인	채무자	채무자	
경매개시기입등기	2012. 1. 10	매각제외	매각제외	
배당요구종기일	2012. 3. 30	〃	〃	
매각일	2012. 10. 10	〃	〃	
감정가액	250,000,000	300,000,000	400,000,000	
매각가액(낙찰가)	200,000,000	매각제외	매각제외	
경매비용	2,000,000	〃	〃	
몰수, 지연이자 등	0	〃	〃	

② 각 물건별 임차인 현황(각 물건별로 공담채권을 배분하려면 각 물건별 선순위채권을 먼저 알아야 한다)

▶ "A(상계동 빌라)" 임차인 현황

　임차인 : "병"(주택임차인)

　현황조사 – 보증금 : 50,000,000원 전입 : 2011. 6. 1

　권리신고 – 보증금 : 50,000,000원

　　　　　　　전입 : 2011. 7. 10 확정 : 2011. 7. 10

　배당요구 : 2012. 3. 20

▶ "B(공덕동 빌라)" 임차인 현황 : 임차인 없음

▶ "C(흑석동 빌라)" 임차인 현황 : 임차인 없음

③ 각 물건별 등기권리 내역(각 물건별로 공담채권을 배분하려면 각 물건별 선순위채권을 먼저 알아야 한다)

▶ "A(상계동 빌라)" 등기권리내역

2011. 1. 10 소유권 (매매) 임꺽정(전소유자 김삿갓)

2011. 8. 10 근저당권설정(채권자 : 농협) 300,000,000원

[공동담보 : "B(공덕동 빌라)"-채무자소유

"C(흑석동 빌라)"-채무자소유]

2011. 9. 10 근저당권설정(채권자 : "갑) 100,000,000원

2012. 1. 10 강제경매 (채권자 : 임차인 "병")

▶ "B(공덕동 빌라)" 등기권리내역

2011. 3. 10 소유권(매매) 홍길동(전소유자 김길동)

2011. 8. 10 근저당권설정(채권자 : 농협) 300,000,000원

[공동담보 : "A(상계동 빌라)"-보증인소유

"C(흑석동 빌라)"-채무자소유]

2011. 11. 10 근저당권설정(채권자 : "무") 80,000,000원

▶ "C(흑석동 빌라)" 등기권리내역

2011. 5. 10 소유권(매매) 홍길동(전소유자 박문수)

2011. 8. 10 근저당권설정(채권자 : 농협) 300,000,000원

[공동담보 : "A(상계동 빌라)"-보증인소유

"B(공덕동 빌라)"-채무자소유]

2011. 11. 10 근저당권설정(채권자 : "무") 80,000,000원

④ 각 물건별 공담채권 배분기준(감정가액-선순위채권) 산정[이시배당 시는 매각 외 물건은 낙찰가가 있을 수 없으므로 공담물건 간 비교기준을 일치시키기 위해서 감정가(공시가격)을 기준으로 해야 한다]

▶ "A(상계동 빌라)" : 250,000,000원-50,000,000원

=200,000,000원(22.2222%)

▶ "B(공덕동 빌라)" : 300,000,000원-0=300,000,000원(33.3333%)

▶ "C(흑석동 빌라)" : 400,000,000원-0=400,000,000원(44.4445%)

⑤ 공담채권배분기준에 따른 각 물건별 부담할 공담채권

(300,000,000원) 배분액

▶ "A(상계동 빌라)" : 300,000,000원×200,000,000원/

900,000,000원(22.2222%)=66,666,667원

▶ "B(공덕동 빌라)" : 300,000,000원×300,000,000원/

900,000,000원(33.3333%)=100,000,000원

▶ "C(흑석동 빌라)" : 300,000,000원×400,000,000원/

900,000,000원(44.4445%)=133,333,333원

⑥ 소유자별(채무자 ⇔ 보증인 간) 물건별 채무부담범위에 따른

부담금액 조정

채무자선변제의무로 채무자 ⇔ 보증인 간 부담할 채무범위의 조

정이 필요하다.

▶ 보증인소유의 "A"에 배분된 공담채권 : 66,666,667원 ⇒ 채

무자소유의 "B", "C"로 이전한다(간편계산방식으로 그냥 공

담채권 총액을 "B", "C"로 배분).

▶ "B" 공담채권배분액 : 300,000,000원×300,000,000원/

700,000,000원=128,571,429원

▶ "C" 공담채권배분액 : 300,000,000원×400,000,000원/

700,000,000원=171,428,571원

⑦ 각 물건별 배당작업

공담물건 중 보증인소유의 "A"만 매각되었으므로 이에 대한 배당분석만 하면 된다.

▶ 전체매각에 의한 동시배당 시를 가정한 "A(상계동 빌라)"의 (정상)배당표

낙찰가 : 200,000,000원 + 몰수, 지연이자 : 0 - 경매비용 : 2,000,000원 = **배당재단 : 198,000,000원**

(단위 : 원)

등기, 확정일	전입(사업)	권리종류	권리자	채권액	배당금액	부족액	비고
2011. 7. 10	2011. 7. 10	임차권	병	50,000,000	50,000,000	0	주택임차인
2011. 8. 10		근저당권 (공동담보)	농협	0 (300,000,000)	0	0	일단 채무자 소유에서 선변제
2011. 9. 10		근저당권	갑	100,000,000	100,000,000	0	
합계				150,000,000	150,000,000	0	
배당 후 매각대금 잔액					48,000,000		

▶ 일부매각에 의한 이시배당 시 "A(상계동 빌라)"의 실제배당표

낙찰가 : 200,000,000원 + 몰수, 지연이자 : 0 - 경매비용 : 2,000,000원 = **배당재단 : 198,000,000원**

(단위 : 원)

등기, 확정일	전입(사업)	권리종류	권리자	채권액	배당금액	부족액	비고
2011. 7. 10	2011. 7. 10	임차권	병	50,000,000	50,000,000	0	주택임차인
2011. 8. 10		근저당권 (공동담보)	농협	300,000,000	148,000,000	152,000,000	잔액은 'B', 'C'에서 회수
2011. 9. 10		근저당권	갑	100,000,000	0	100,000,000	⇑후순위대위
합계				450,000,000	198,000,000	252,000,000	
배당 후 매각대금 잔액					0		

▶ 이시배당으로 인한 배당과부족 및 처리(변제자대위/차순위 대위)계획

(단위 : 원)

채권자	이시배당 시 실제배당액	동시배당 시 정상배당액	배당과부족	처리계획 (변제자대위/차순위대위)
병	50,000,000	50,000,000	0	
농협	148,000,000	0	148,000,000	⇒ 자신으로 말미암아 배당손해를 본 변제자나 후순위자에게 제공(변제자대위/차순위대위)
갑	0	100,000,000	-100,000,000	농협으로 인해 배당손해를 입었으므로 농협이 다른 공담물건에 갖는 저당권에 터 잡아 후순위대위를 행사한다(농협 미회수액 회수 ⇒ 다음)
합계	198,000,000	150,000,000	48,000,000	☞ 동시배당 시 'A'물건의 배당잔액과 같다.

※ 이 배당표를 일목요연하게 한 표로 종합하면 다음과 같다(실제 배당작업은 이 표에 의하는 것이 공담채권배분에도 편리하고 오류도 줄일 수 있다).

1. 공담물건 중 보증인소유가 먼저 매각되는 경우의 (예상)동시배당표 (단위 : 원)

△사건명 : 중앙지법 2012타경11111 △ 배당일 : '12. 12. 30매각일 : '12. 10. 10

일부매각에 따른 이시배당을 하는 경우에도, 공담물건이 전부 채무자소유인 경우 구상권(변제자대위)은 발생하지 않고 차순위자의 대위만 발생할 수 있으며, 선매각물건이 채무자소유(1차)이고 매각 외 물건이 모두 보증인소유인 경우에는 채무자의 선배당의무로 인해 변제자대위의 구상권(변제자대위)과 차순위채권자의 대위문제는 발생하지 않습니다.

소 액	'11. 8. 10기준		주택 : 75,000/25,000		주택 : 저동			보증인 "A상계동 별라" - 매각				채무자 "B공덕동 별라" - 매각 전			비고 (편의상)
			상가 : 50,000/15,000		상가 : 저동		감정 : 250,000,000		낙찰 : 200,000,000		감정 : 300,000,000		낙찰 : 0	근저당 설정에
배당기준	권리순위	배당종기 12. 3. 30	토 : 토지 건 : 건물 공 : 공동	청구액 (설정액) 보증금			경매비용 : 2,000,000		몰수 지연이자 : 0		경매비용 : 0		몰수 지연이자 : 0	= 채무액으로 가정
	등기, 확정 배당신 병확정일	등기, 전입 사업자등록 청양자	권리 종류	권리자			배당재단 : 198,000,000				배당재단 : 0			
							배당 대상채권	최우선 당해세	우선배당 : 198,000,000		배당 대상채권	최우선 당해세	우선배당 : 0	
									1차 ⇒	조정 후			1차 ⇒ 조정 후	
			소유권											
	11. 6. 1		주가/현황	"병"⇒임금A임차					11. 1. 10 임차권(보증인)⇐매매/김00값			11. 3. 10 홍길동(채무)⇐매매/김00동		
11. 7. 10	11. 7. 10 12. 3. 20	/신고		50,000,000 50,000,000			50,000,000	0	50,000,000	50,000,000	-	-	-	
			공담여 배당기준 [▷동시배당 차─낙찰가-경매비용-선순위인수액 /△이시배당 차 : 감정가-선순위채권] 합계 : 900,000,000 = 100%)						200,000,000(22.2222%)			300,000,000(33.3333%)		☞감정가(배당시 거래·선순위채권
11. 8. 10 11. 8. 10			□지당(공동)의 농협⇒A.B.C공단	300,000,000			66,666,667	-	-	-	100,000,000	-	-	☞위배등	☞민법368조1항
각 물건 소유자(차)와의 부담범위(채무자) 보증인 조정 후							0		0			128,571,429	☞부담범위	☞부담범위조정 후
11. 9. 10 11. 9. 10			근저당 "갑"⇒임금"A"설정	100,000,000			100,000,000	-	100,000,000	100,000,000	100,000,000	-	-	
12. 1. 10 12. 1. 10			은 의정매 "갑"	(50,000,000)			-	-	-	-	-	-	-	
							-	-	-	-	-	-	-	
			합계		450,000,000		150,000,000	0	150,000,000	150,000,000	-	-	-	
			채권과부족/배당 후 잔액				48,000,000	-	-	48,000,000	-	-	-	

※ 이시배당시 시의 공담채권의 배당분을 범으로 대항함기⊓513.7ㄷ514에서 "공동담보 물건 중 1개의 부동산에 대하여 먼저 담보권이 실행된 경우에 공동담보가 되 각 부동산의 피담보채권에 대한 담보가지의 산정은 그 각 부동산의 거래·경매에 의하여 신정할이 타당하다"라고 하고 있고, 서울고법판결2004나878956에서 "위 각 부동산의 가액"이라 함은 시 가계서 담해 부동산이 부담을 선순위채권을 공제한 것액을 말한다" 라고 하고 있는 바, 이는 곧 감정가액을 의미하며 감정가액이 없을 경우는 공시가격을 적용하면 될 것이다.

● 채무 압소기준권리보다 선순위임니다.

소 위	등기·확정·법정기일	권리순위	권리자	권리종류	청구액(설정액)보증금	배당대상채권	우선배당	비고
11.8.10기준 **11.9.10기준**					**주택 : 75,000/25,000** **상가 : 50,000/15,000**	채무자 "C(홍길동 빌라)" - 매각 전		
						감정 : 400,000,000 / 낙찰 : 0		공담물건 중 일부 매각에 따른 이시배당 시 매각 외 물건에 있어서는 각 공담물건별 공동채권배당기준에 따른 공담 채권배분 및 채무부담분 별 조정, 이시배당에 따른 변제자대위와 차순위자의 물권별 배당직임
배당기준	권리순위					경매비용 : 0 / 몰수·지연이자 : 0		
						배당재단 : 0		인수 당한다.
		소유권				우선배당 : 322,000,000		
						☞ 최우선 : 당해세		
	11.6.1		"병" ⇒ 몰권"A"암자	주거/현황	50,000,000	11.5.10 홍길동(채무자) ⇐ 매매/부임수	1차 ⇒ 조정 후	
11.7.10	11.7.10, 12.3.20			/신고	50,000,000	—	—	
		공담액 배분기준 [▷ 동시배당 시 : 낙찰가 ÷ 경매배당 = 안분+안분액 / ▷ 이시배당 시 : 2점가 ÷ 선순위채권 합계 : 900,000,000 = 100%]				400,000,000(44.4445%)		☞ 각 물건별 감정가액(공시지가) ⇒ 선순위채권
11.8.10	11.8.10		근저당(질권) 농협 ⇒ A·B·C공담		300,000,000	133,333,333	—	☞ 보증인 채무자소유에서 변제받음이 있을 시에 한해 부담하므로
각 물건 소유자(채권자)의 **부담범위별(채무자 ⇔ 보증)의 조정 후**						171,428,571	—	채무자소유의 물건에 먼저 배분한다(채무자선변제).
11.9.10	11.9.10		"김" ⇒ 몰권"A"설정	근저당	100,000,000	—	—	
12.1.10	12.1.10		"방"	강제경매	(50,000,000)	—	—	
						—	—	
			합계		450,000,000	—	—	
■ 색은 말소기준권리보다 선순위입니다.				채권파부족/배당 후 잔액		—	—	

2. 공담물건 중 보증인소유가 먼저 매각되는 경우 이사배당 시의 실제배당표 (단위 : 원)

△사건명 : 중앙지법 2012타경11111　△배당일 : '12. 12. 30(매각일 : '12. 10. 10)

일부매각에 따른 이사배당을 하는 경우에도, 공담물건이 전부 채무자소유인 경우 구상권(변제자대위)은 발생하지 않고 차순위자의 대위만 발생할 수 있으며, 선매각물건이 채무자소유(1개)이고 매각 외 물건이 보증인소유인 경우에는 채무자와 선채무자의 채무자의 구상권(변제자대위)과 차순위권자의 대위문제는 발생하지 않습니다.

소	'11. 8. 10기준	주택 : 75,000/25,000 상가 : 50,000/15,000	'11. 9. 10기준	주택 : 좌동 상가 : 좌동	보증인 "A(상)/B(물) 발리" - 매각		이사배당 으로 인한 배당과부족 [변제자대위는 차순위자에 승수가 됨]	각 물건별 과부족 처리내역 [변제자대위(구상권) 및 차순위자의 대위]			비고
역					감정 : 250,000,000　낙찰 : 200,000,000 경매비용 : 2,000,000　몰수 지연이자 : 0			"B" (42.86%) (채무자)	"C" (57.14%) (채무자)		
배당기준	권리순위	등기, 확정, 배당기일	토 : 토지 건 : 건물 공 : 공동 권리 종류	권리자	청구액 (설정액) 보증금	배당채권 : 198,000,000 우선배당 : 198,000,000 1차 → 조정 후	동시배당 시 정상배당				
등기, 확정 변제기일	등기, 전입 사업자등록		최우선 ☞당해세			1차 → 조정 후					
						11. 1. 10 임의작[보증인] ⇔ 매매/김신자					
	11. 6. 1		소유권 주거/최흥	"병⇒물건'A'임차"	50,000,000	0	50,000,000	50,000,000	–	–	☞주후 농협이 회수할 금액
11.7.10	11.7.10	12.3.20	권리 종류 /신고		50,000,000	0	50,000,000	50,000,000	⑨65,142,857	⑩86,857,143	☞보증인이 구상할 금액
									⑪63,428,571	⑫84,571,429	
			공담물액 배당기준 [☞종시배당 시 : 낙찰가−경매비용−선순위인수액 /▷이사배당 시 : 감정가−선순위채권] 합계 : 900,000,000(총배율=100%)								
11.8.10	11.8.10		그저당[☞병] 농협 ⇔ A,B,C공담		300,000,000	0	148,000,000	148,000,000	–	–	☞위에서 차순위대위할 금액
	각 물건 소유자(차자)의 **부담액(별채무자)** ⇔ 보증의 조정 후					0	148,000,000	148,000,000	⑬-148,000,000	⑭57,142,857	☞위에서 차순위대위할 금액
11.9.10	11.9.10		그저당 강제경매	"강⇒물건'A'설정" "병"	100,000,000 (50,000,000)	0	100,000,000	100,000,000	⑮-42,857,143	⑯-57,142,857	
12.1.10	12.1.10										
					합계	450,000,000	0	198,000,000	198,000,000	48,000,000	20,571,428	27,428,572
					채권과부족/배당 후 잔액		0	198,000,000	198,000,000	150,000,000	–	–

☞ ①, ②: 농협은 여전히 152,000,000을 회수하지 못했으므로 주후 채무자소유 "B"와 "C"에서 이 금액을 이 금액을 비율대로 회수한다(B": 65,142,857+C": 86,857,143)

☞ ③ : 동시배당 시라면 배당받지 못할 금액을 농협이 배당받은 금액(즉, 동시배당 시 정상적인 배당이 있었으면 보증인 "A"물건에서 전혀 변제받지 않아도 될 금액)

☞ ④, ⑤ : 보증인의 주후 채무자소유 "B"와 "C"에서 각 구상할(변제자대위할) 금액[이 금액에서 각 채무자에게 차순위대위(⑥→⑦)⑧로 배당을 재조해야 한다) 참고로 보증인 "A"는 자신의 손해를 주이기 위해 자기 물건의 경매 시 직접 입찰에 참여하여 자기배당을 방지할 수 있으며, 그러는 별도로 앞 변제자대위 의 자신의 물건의 매각대금에 따른 손해액(§1조를 채무자에게 청구할 수 있는 손해액도 있다. 이때 청구할 수 있는 순해배상은(§441조②)도 있다) 된다(대법99다142621).

☞ ⑥ : 저당(배당)에 의한 동시배당 시라면 "강"이 배당 받았어야 할 금액을 이사배당으로 인해 받지 못하는 금액 ⇒ 0 금액(즉 주후 보증인의 변제자대위(④,⑤)에서 회수는다)

☞ ⑦, ⑧ : ⑥⑥의 채무자소유 "B"와 "C" 물건의 각 강정가−선순위채권의 비율로 배분한 금액 ⇒ ⑦은 "B"에서 ④번이 내대로, ⑧은 "C"에서 ⑤번이 내대로, 이 금액은 위 보증인이 갖는 구상권(변제자대위)보다 먼저 변제받아야 한다(보증인이 한다(보증인 시라도 여기 자신의 물건에서 "강"에게 변제받아야 할 금액이 차순위대위보다 변리에 먼저 차순위대위에 배당된다)

■ 세은 말소기준권리보다 선순위입니다.

■ 보증인의 실질구상액(총구상액−후순위대위)=동시배당 시의 배당잔액

Part **02** 배당분석　179

9. 공유물건(집합건물) 중 일부지분이 먼저 매각되는 경우('유사공동저당')

의 이시배당(일반채권자는 민법368조2항에 따른 후순위대위를 받을 수 없는가?)

① 공유지분의 경매진행 내역

(단위 : 원)

구분	김대한 지분 (2/10)	김민국 지분 (3/10)	김한국 지분 (5/10)	비고
경매개시기입등기	2010. 11. 20	매각제외	매각제외	
배당요구종기일	2011. 3. 30	〃	〃	
매각일	2011. 10. 10	〃	〃	
감정가액	200,000,000	300,000,000	500,000,000	
매각가액(낙찰가)	150,000,000	매각제외	매각제외	
경매비용	2,000,000	〃	〃	
몰수, 지연이자 등	0	〃	〃	

② 공유물건 임차인 현황

　　임차인 : 이기자(주택임차인) ⇔ 임대차계약 체결 : 이조선(전

　　　　　소유자)

　　현황조사 - 보증금 : 120,000,000원 전입 : 2000. 4. 30

　　권리신고 - 보증금 : 100,000,000원

　　　　　　전입 : 2000. 5. 10 확정 : 2000. 5. 10

　　배당요구 : 2011. 3. 10

③ 각 지분별 등기권리 내역(각 지분별로 공담채권을 배분하려면 각

　　지분별 선순위채권을 먼저 알아야 한다)

　　▶ 김대한 지분 등기권리내역

　　　2002. 10. 10 소유권(매매) 김대한(2/10), 김민국(3/10),

　　　　　　김한국(5/10) (전소유자 이조선)

2002. 11. 10 근저당권설정(채권자 : 농협) 80,000,000원

(채무자 : 김대한, 김민국, 김한국)

2004. 2. 10 근저당권설정(채권자 : 이대부) 40,000,000원

2010. 4. 1 압류(부천세무서/부가가치세) 20,000,000원

- 성립일(신고일) : 2010. 1. 25

2010. 7. 10 압류(도봉세무서) 5,000,000원

- 성립일 : 2010. 5. 31

2010. 10. 10 가압류(채권자 : 신속히) 40,000,000원

2010. 10. 30 압류(강북구청/재산세) 500,000원 - 당해세

2010. 11. 20 임의경매(경매신청자 : 이대부)

▶ 김민국 지분 등기권리내역

2002. 10. 10 소유권(매매) 김대한(2/10), 김민국(3/10),

김한국(5/10) (전소유자 이조선)

2002. 11. 10 근저당권설정(채권자 : 농협) 80,000,000원

(채무자 : 김대한, 김민국, 김한국)

2010. 12. 10 가압류(채권자 : 신중히) 60,000,000원

▶ 김한국 지분 등기권리내역

2002. 10. 10 소유권(매매) 김대한(2/10), 김민국(3/10),

김한국(5/10) (전소유자 이조선)

2002. 11. 10 근저당권설정(채권지 : 농협) 80,000,000원

(채무자 : 김대한, 김민국, 김한국)

2010. 10. 10 근저당권설정(채권자 : 나중에) 60,000,000원

④ 각 지분별 공담채권 배분기준(감정가액-선순위채권) 산정

이시배당 시 매각외 지분은 낙찰가가 있을 수 없으므로 각 지분 간 비교기준을 일치 시키기 위해서는 감정가를 기준으로 하되, 지분은 다르지만 동일한 물건이므로 매각 지분의 감정가를 기준으로 해서 다른 지분의 감정가를 산출하면 된다.

▶ 김대한 지분 : 200,000,000원-20,000,000원[선순위임차보증금]
=180,000000원(20.0000%)[선순위임차보증금
중 김대한 지분 해당액 ☞ 100,000,000원(총액)×
지분(2/10)]

▶ 김민국 지분 : 300,000,000원-30,000,000원[선순위임차보증금]
=270,000000원(30.0000%)[선순위임차보증금
중 김민국지분 해당액 ☞ 100,000,000원(총액)×
지분(3/10)]

▶ 김한국 지분 : 500,000,000원-50,000,000원[선순위임차보증금]
=450,000000원(50.0000%)[선순위임차보증금
중 김한국지분 해당액 ☞ 100,000,000원(총액)×
지분(5/10)]

⑤ 공담채권배분기준에 따른 각 지분별 부담할 공담채권
(80,000,000원) 배분액

▶ 김대한 지분 : 80,000,000원×180,000,000원/
900,000,000원(20.0000%)=16,000,000원

▶ 김민국 지분 : 80,000,000원×270,000,000원/
900,000,000원(30.0000%)=24,000,000원

▶ 김한국 지분 : 80,000,000원×450,000,000원/

$$900,000,000원(50.0000\%)=40,000,000원$$

⑥ 공유자 간(채무자 ⇔ 보증인 간) 지분별 채무부담범위에 따른 부담금액 조정

채무자선변제의무로 채무자 ⇔ 보증인 간 부담할 채무범위의 조정이 필요하다(다만, 당해 공유자의 경우에는 모두 공동채무자이므로 지분별 부담할 채무범위의 조정이 필요 없다).

⑦ 각 물건(지분)별 배당작업

공담물건 중 김대한 지분만 매각되었으므로 이에 대한 배당분석만 하면 된다.

▶ 전체지분 매각에 의한 동시배당 시를 가정한 김대한 지분의 (정상)배당표

낙찰가 : 150,000,000원 + 몰수, 지연이자 : 0 - 경매비용 : 2,000,000원 = 배당재단 : 148,000,000원

(단위 : 원)

등기, 확정일	전입(사업)	권리종류	권리자	채권액	배당금액	부족액	비고
2010. 10. 30		압류	강북구청	500,000	500,000	0	당해세
2000. 5. 10	2000. 5. 10	임차권	이기자	20,000,000 (100,000,000)	20,000,000	0	김대한 지분 해당액변제
2002. 11. 10		근저당권 (공동담보)	농협	16,000,000 (80,000,000)	16,000,000	0	김대한 지분 해당액변제
2004. 2. 10		근저당권	이대부	40,000,000	40,000,000	0	
2010. 1. 25		압류	부천 세무서	20,000,000	20,000,000	0	
2010. 5. 31		압류	도봉 세무서	5,000,000	5,000,000	0	
2010. 10. 10		가압류	신속히	40,000,000	40,000,000	0	
합계				141,500,000	141,500,000	0	
배당 후 매각대금 잔액					6,500,000		

▶ 일부매각에 의한 이시배당 시 김대한 지분의 실제배당표

낙찰가 : 150,000,000원 + 몰수, 지연이자 : 0 – 경매비용 : 2,000,000원 = 배당재단 : 148,000,000원

(단위 : 원)

등기, 확정일	전입(사업)	권리종류	권리자	채권액	배당금액	부족액	비고
당해세		압류	강북구청	500,000	500,000	0	*임차인에 대한 보증금 중 매각 지분인 김대한의 부담액은 20,000,000이나 임차권은 불가분채무이므로 김대한 지분의 매각대금에서 먼저 전액을 변제
2000. 5. 10	2000. 5. 10	임차권	이기자	100,000,000	100,000,000	0	
2002. 11. 10		근저당권 (공동담보)	농협	80,000,000	47,500,000	32,500,000	
2004. 2. 10		근저당권	이대부	40,000,000	0	40,000,000	
2010. 1. 25		압류	부천 세무서	20,000,000	0	20,000,000	
2010. 5. 31		압류	도봉 세무서	5,000,000	0	5,000,000	
2010. 10. 10		가압류	신속히	40,000,000	0	40,000,000	
합계				285,500,000	148,000,000	137,500,000	
배당 후 매각대금 잔액					0		

▶ 이시배당으로 인한 배당과부족 및 처리(변제자대위/차순위대위)계획

(단위 : 원)

채권자	이시배당 시 실제배당액	동시배당 시 정상배당액	배당과부족	처리계획 (변제자대위/차순위대위)
강북구청	500,000	500,000	0	
이기자	100,000,000	20,000,000	80,000,000 ⇓	이시배당으로 인해 타 지분권자가 변제해야 할 부분까지(불가분채무) 변제한 것으로, 이는 선 순위 채권이므로 농협과는 무관하게 농협보다 먼저 구상권(변제자대위)을 행사할 수 있다.
농협	47,500,000	16,000,000	31,500,000	⇒ 자신으로 말미암아 배당손해를 본 변제자나 후순위자에게 제공한다(변제자대위/차순위대위).
이대부	0	40,000,000	-40,000,000	⇑ 위 김대한이 임차인에게 과다변제한 금액과 농협에 과다변제한 금액에 대해 타 지분권자에 게 갖는 구상권(변제자대위)에 터 잡아 후순 위 대위를 행사하되 매각지분인 김대한보다 먼저 이 순서대로 회수한다(어차피 김대한이 상환할 채무이므로 그래야 순서가 맞다).
부천 세무서	0	20,000,000	-20,000,000	
도봉 세무서	0	5,000,000	-5,000,000	
신속히	0	40,000,000	-40,000,000	
합계	148,000,000	141,500,000	6,500,000	☞ 동시배당 시 김대한 지분의 배당잔액과 같다.

변제의무가 없는 타공유자의 부담액까지 과다배당하는 데 대해 매각지분권자인 김대한은 '배당이의의 소'를 제기할 수 있으며, 그 결과 승소했을 시는 매각지분의 후순위자는 추가로 배당받고, 낙찰자는 잔여액을 인수해 명도하고 타공유자에게 구상권(변제자대위)을 행사하거나, 아니면 임차권자로 하여금 타 공유자를 상대로 임차보증금반환청구소송을 제기하게 해서 추후 경매가 진행될 시 공유자우선매수를 할 수도 있다. 이때 만약 낙찰자가 타 공유지분부담분까지 지급하고 임차인을 명도했을 시 갖는 구상권(변제자대위)은 농협보다 선순위를 대위변제한 것이므로 농협과는 무관하게 농협보다 선순위가 된다.

· **마찬가지로,** 김대한이 임차보증금과 농협에 과다변제한 금액을 타 공유자에 대해 갖는 구상권(변제자대위)은 농협과는 무관해 농협보다는 선순위가 되지만, 자신 지분의 후순위채권자는 자기에 대한 채권자므로 자기보다 먼저 회수한다(이는 어차피 자기에 대한 채권자이므로).

· 일반채권(가압류 등)은 차순위대위가 되지 않는가?

위에서 일반채권자(가압류)인 신속히 씨는 후순위대위를 받을 수 없을까? 받을 수 있다. 그 이유는 10가지나 되는데, 그 자세한 사항은 배당분석이론을 다루는 편에서 자세히 설명했다.

※ 이 배당표를 일목요연하게 한 표로 종합하면 다음과 같다(실제 배당작업은 이 표에 의하는 것이 공담채권배분에도 편리하고 오류도 줄일 수 있다).

1. 공유지분 (유사공동저당) 일부매각 시 (예상)공동시배당표 (단위 : 원)

▷사건명 : 강북구 00동 단독주택 △0시배당일 : '11.12.30매각일: '11.10.10)

일부매각에 따른 이시배당을 하는 경우에도, 공매물건이 전부 채무자소유인 경우 구상권(변제자대위)은 발생하지 않고 차순위자의 대위만 발생할 수 있으며, 선매각물건이 채무자소유(1개)고 매각 외 물건이 모두 보증인소유인 경우에는 채무자의 선변제의무로 인해 변제자의 구상변제대위와 차순위채권자의 대위문제는 발생하지 않습니다.

소 재	2.11. 10기준	'00.00. 00기준	주택: 40,000/16,000 상가: 45,000/13,500	주택: 상가:		김대한 지분(2/10) - 매각 경정 : 200,000,000 낙찰 : 150,000,000 경매비용 : 2,000,000 물수·지연이자 : 0 배당재단 : 148,000,000				김민국 지분(3/10) - 매각 전 경정 : 300,000,000 낙찰 : 0 경매비용 : 0 물수·지연이자 : 0 배당재단 : 0			
배당기준	등기·확정 설정일	등기·전입 사업자등록	토: 토지 건물 공: 공동 권리종류	권리자	청구액 (설정액) 보증금	지위	배당 대상채권	☞최우선 ☞당해세	우선배당 : 147,500,000 1차 ⇒ 매각 조정 후	지위	배당 대상채권	☞최우선 ☞당해세	우선배당 : 1차 ⇒ 매매/이차선 조정 후
00.5.10	00.4.30		주거/현황	이기자	120,000,000 100,000,000	채무자 (승계)	20,000,000	0	20,000,000	채무자 (승계)	20,000,000		30,000,000
02.10.10	00.5.10 11.3.10	11.3.30	/신고										
	02.10.10		소유권	김대한 외 2명									
						공동액 배당기준 [▷홍수(배당 시 : 낙찰가-경매비용-선순위인수액 ▷이시배당 시 : 경정가-선순위채권 합계 : 900,000,000=100%)		김대한(2/10), 김민국(5/10) ⇐ 매매/이조선 180,000,000(20.00%)		김대한(2/10), 김민국(3/10), 김한국(5/10) ⇐ 매매/이조선 270,000,000(30.00%)		
02.11.10	02.11.10		근저당(공동)1,농협⇒A·B·C공담		80,000,000 (100,000,000)	채무자	16,000,000	16,000,000	16,000,000	채무자 (승계)	16,000,000		24,000,000 ☞위배율당 ☞부담액안분
04.2.10	04.2.10	04.2.10	근저당 이대부⇒김대한지분		40,000,000	채무자	40,000,000	0	40,000,000	채무자	—		—
10.4.01	10.1.25	10.4.01	압류 부천세무서(부가세)⇒김대한지분		20,000,000	채무자	20,000,000	0	20,000,000	채무자	—		—
10.7.10	10.5.31	10.7.10	압류 도봉세무서⇒김대한지분		5,000,000	채무자	5,000,000	0	5,000,000	채무자	—		—
10.10.10	10.10.10	10.10.10	가압류 신속히⇒김대한지분		40,000,000	채무자	40,000,000	0	40,000,000	채무자	—		—
당해세	10.10.30		압류 강북구청(재산세)⇒김대한지분		500,000	채무자	500,000	500,000	500,000		0	500,000	0
10.11.20	10.11.20	10.11.20	임의경매 이대부⇒김대한지분		(40,000,000)	—	—	—	—		—	—	—
			합계		285,500,000		141,500,000	500,000	141,000,000		141,000,000		—
			채권과부족/배당 후 잔액				6,500,000	—	6,500,000		6,500,000	—	—

■ 색은 말소기준권리보다 선순위입니다.

소	'02.11.	주택 : 40,000/16,000	'00.00.	주택 :
재	10.7존	상가 : 45,000/13,500	00.7존	상가 :

토 : 토지 간 : 건물 공 : 공통

감정국 지분(5/10) - 매수 전

감정 : 500,000,000
경매비용 : 0
몰수·지연이자 : 0
낙찰 : 0

배당기준	권리순위	권리종류	권리자	청구액(설정액)보증금	지위	배당대상채권	최우선 당해세	우선배당 1차 ⇒ 조정 후		비고
등기·확정	등기,전입									
00.4.30	00.5.10	소유권	이기자	120,000,000	채무자(승계)		50,000,000	-	-	유사공동저당인 경우는 각 공유자의 지분이 다른 별 물건은 동일물건으로 일부지분의 선매각에 의한 이시배당 시 공동담보에의 배당기준은 매각지분의 감정가를 기준으로 지분의 크기에 따라 산정하면 된다.
	11.3.30	주거/현황		100,000,000			-	-	-	
	02.10.10	/신고	김대한 외 2명				-	-	-	

김대한(2/10), 김민국(3/10), 김민국(5/10) ← 매매/이조선

배당재단 450,000,000(50.00%)

공담액 배당기준 [▷총저배당 시 : 낙찰가·경매대금·선순위채권연수액 / ▷이시배당 시 : 감정가·선순위채권 합계 : 900,000,000(=100%)]

각 물건 소유자(지위)의 **부담범위별**(채무자 ⇔ 보증인) 조정 후

배당기준	권리순위	권리종류	권리자	청구액(설정액)보증금	지위	배당대상채권	최우선 당해세	우선배당 1차 ⇒ 조정 후		비고
02.11.10	02.11.10	근저당(을) 농협		80,000,000 (100,000,000)	채무자	40,000,000	-	위배율	-	각 지분별 감정가액(매각지분기준 환산) - 선순위채권
04.2.10	04.2.10	근저당	이대부⇒김대한지분	40,000,000		-	-	**부담범위**	-	
10.1.25	10.4.01	압류	부천세무서(부가세)⇒김대한지분	20,000,000	-	-	-	-	-	
10.5.31	10.7.10	압류	도봉세무서⇒김대한지분	5,000,000	-	-	-	-	-	
10.10.10	10.10.10	가압류	선순동⇒김대한지분	40,000,000	-	-	-	-	-	
당해세 10.10.30	10.10.10	압류	강북구청(재산세)⇒김대한지분	500,000	-	-	-	-	-	
10.11.20	10.11.20	임의경매	이대부⇒김대한지분	(40,000,000)	-	-	-	-	-	
		합계		285,500,000	-	-	-	-	-	
		채권과부족/배당 후 잔액								

※ 동시배당 시라면 분명히 기본두 권자도 근저당권자도 배당을 다 받을 수 있었음에도 불구하고(이미 확정되 채권) 이시배당에 의한 이시매각으로 기본두 권자도 근저당권자도 내 권리를 빼앗긴 선순위근저당권자는(을)가 다른 공유자에게 대위권을 행사할 수 있다(후4는 일반채권자는 물건이 아니어서 물상대위가 인정되지 않는다고 하고 있으나 이는 민법 제342조, 제370조에서 규정하고 있는 물상대위가 아닌 글 그대로 채권자위 대위에 의한 이를 물상대위라 칭하는 자근위의 운동해라 생각하면 된다).

■ 색인 앞소기준권리보다 선우위입니다.

소재	2.11. 10기준	주택 : 40,000/16,000		주택 :	'00. 00.			김대한 지분(2/10) 이시배당 내역					각 지분별 과부족액 처리 내역 [변제대위(구상) 및 차순위자의 대위]	비고
		상가 : 45,000/13,500	토 : 토지 건 : 건물 공 : 공통	상가 :	00.기준			경정 : 200,000,000		낙찰 : 150,000,000				
배당기준	권리순위	등기, 전입 사업자등록	권리 종류	권리자		청구액 (설정액) 보증금		경매비용 : 2,000,000		몰수·지연(이자) : 0				
등기, 확정 변경기일	등기, 전입 사업자등록	배당신 청일자					배당재단 : 148,000,000		우선배당 : 147,500,000		동시배당 시 정상배당	이시배당 으로 인한 배당과부족 [변제대위하는 금액⇒ 차순위자의 몫수⇒금액]	김대한지분 3/10 (채무자)	김민국지분 5/10 (채무자)	
							최우선 당해세	1차⇒	조정 후					
00.4.30			주거/현황			120,000,000								동시배당 시 김장가 부담해야 할 금액(누수·구상권행사) ■후순위 대위권행사)
00.5.10	00.5.10	11.3.10	이기자			100,000,000	0	100,000,000	100,000,000	20,000,000	80,000,000	①90,000,000	②30,000,000	③50,000,000	
02.10.10		소유권	김대한 외 2명												
		공동먼 배당기준 [⊃ 동시배당 시 : 낙찰가−경매비용−선순위+인수액 (△이시배당 시 : 김장가−선순위채권) 합계 : 900,000,000(=100%)]												■주류·농협(의 회수할 금액
02.11.10	02.11.10	근저당(공): 농협 ⇒ A.B.C공유				80,000,000 (100,000,000)			47,500,000	16,000,000	31,500,000	④12,187,500	⑤20,312,500		■김대한이 구상할 금액 ■후순위자 대위권행사
		각 물건 소유자(채무자)의 부담범위별(채무자 ⇔ 보증인) 조정 후											⑥11,812,500	⑦19,687,500	
04.2.10	04.2.10	이대한⇒김대한지분	근저당			40,000,000	0	0	40,000,000		⑧−40,000,000	⑨−15,000,000	⑩−25,000,000	위 김대한의 구성권(에서 각 차 순위자가 회수할 대위액에는
10.1.25	10.4.1	부동세(쉬무개) ⇒김대한지분	압류			20,000,000	0	0	20,000,000		⑫−20,000,000	⑬−7,500,000	⑭−12,500,000	순위가 회수할 대위액에는 동순위로 보증금반환청구소송을 진행케 하며 공유자우선매수를 할 수도 있다.
10.5.31	10.7.10	도봉세무서 ⇒김대한지분	압류			5,000,000	0	0	5,000,000		⑮−5,000,000	⑯−1,875,000	⑰−3,125,000	이후 김대한이 부담해야할 금액 은 구성권에서 당공제제 및 것
10.10.10	10.10.10	선쑥㈜⇒김대한지분	기압류			40,000,000	0	0	40,000,000		⑱−40,000,000		⑲−25,000,000	는 구성권에서 김대한보다 우선배 서 회수한다)
당해세	10.10.30	강북구청(세금) ⇒김대한지분	압류			500,000	500,000		500,000	500,000			0	
10.11.20	10.11.20	이대한⇒김대한지분	임의경매			(40,000,000)								
		합계				285,500,000	500,000	147,500,000	147,500,000	147,500,000		6,500,000	2,437,500	4,062,500	
		채권과부족/배당 후 잔액							147,500,000		0				

■ 배당 말소기준권리보다
선순위입니다.

① 이시배당으로 인해(물기준채권자는 이유로) 김대한이 과(大지분)의 과(大지급된)금액 ⇒ 축후 김민국과 김장가에게 송 금에 ⇒ 축후 김민국과 김장가에게 우선수(채권자에게 먼저 지급된)만 지급(단(②의 구성권을 행사하되 자신지분은 자산지분으로 축후 김민국과 김장가에게 먼저 지급한(①만 지급)만 지급(단(②의 구성권을 행사하되 자산지분은 자산지분으로 축후 김민국과 김장가에게 먼저 지급한다) ②, ③의 구성권을 행사하되 축후 김민국과 김장가에게 먼저 지급한다.
여소송를 사는 이 금액을 낙찰(유여)받아 낙찰자가 인수해(후순위채권자에게)거 바)함가(인수채권에게)때는 농협에서 공유자에게 구성권을 행사하여 매각한다)은 농협과 선순위(채권자 역시 자신의 후순위채권자에게 차순위대위를 행사할 수 있는 한도금액이기도 하다.
⑥(6)111,500,000 : 김대한이 타 지분권자에게 구성권을 행사할 금액인 반면 자신의 후순위채권자의 차순위대위를 행사할 수 있는 한도금액이기도 하다.
■김대한의 실질구성액(총구성−후순위대위) = 동시배당 시의 배당잔액

10. 일부지분에 인수권리가 있는 경우('유사공동저당')의 이시배당

만약 이시배당으로 인해 배당손해를 보는 후순위채권자가 있음에도 불구하고 공담채권자가 이시배당으로 자기채권을 전부 회수했다는 이유로 타 공유자에게 경료된 저당권까지 말소하면 이시배당으로 손해를 본 차순위자로부터 손해배상청구를 당한다(대법원2011다30666).

① 공유지분의 경매진행내역

(단위 : 원)

구분	김대한 지분 (2/10)	김민국 지분 (2/10)	김한국 지분 (6/10)	비고
경매개시기입등기	2010. 11. 20	매각제외	매각제외	
배당요구종기일	2011. 3. 30	〃	〃	
매각일	2011. 10. 10	〃	〃	
감정가액	200,000,000	200,000,000	600,000,000	
매각가액(낙찰가)	150,000,000	매각제외	매각제외	
경매비용	2,000,000	〃	〃	
몰수, 지연이자 등	0	〃	〃	

② 공유물건 임차인 현황(임대차계약을 체결하지 않은 공유자는 임료도 공유하지 않는 것으로 간주함)

임차인 : 이기자 (주택임차인) ⇔

임대차계약체결 : 김한국(지분 : 6/10), 김민국(2/10)

보증금 : 100,000,000원 선입 : 2000. 5. 10

③ 각 지분별 등기권리 내역(각 지분별로 공담채권을 배분하려면 각 지분별 선순위채권을 먼저 알아야 한다)

▶ 김대한 지분 등기권리내역

2000. 5. 1 소유권(매매) 김대한(2/10), 김민국(2/10),

김한국(6/10) (전소유자 이조선)

2002. 11. 10 근저당권설정(채권자 : 농협) 80,000,000원

(채무자 : 김대한, 김민국, 김한국)

2004. 2. 10 근저당권설정(채권자 : 이대부) 40,000,000원

2010. 4. 1 압류(부천세무서/부가가치세) 20,000,000원

- 성립일(신고일) : 2010. 1. 25

2010. 7. 10 압류(도봉세무서) 5,000,000원

- 성립일 : 2010. 5. 31

2010. 10. 10 가압류(채권자 : 신속히) 40,000,000원

2010. 10. 30 압류(강북구청/재산세) 500,000원 - 당해세

2010. 11. 20 임의경매(경매신청자 : 이대부)

▶ 김민국 지분 등기권리내역

2000. 5. 1 소유권(매매) 김대한(2/10), 김민국(2/10),

김한국(6/10) (전소유자 이조선)

2002. 11. 10. 근저당권설정(채권자 : 농협) 80,000,000원

(채무자 : 김대한, 김민국, 김한국)

2010. 12. 10 가압류(채권자 : 신중히) 60,000,000원

▶ 김한국 지분 등기권리내역

2000. 5. 1 소유권(매매) 김대한(2/10), 김민국(2/10),

김한국(6/10) (전소유자 : 이조선)

2002. 11. 10 근저당권설정(채권자 : 농협) 80,000,000원

(채무자 : 김대한, 김민국, 김한국)

2010. 10. 10 근저당권설정(채권자 : 나중에) 60,000,000원

④ 각 지분별 공담채권 배분기준(감정가액-선순위채권) 산정(이시배당 시 매각 외 지분은 낙찰가가 있을 수 없으므로 각 지분 간 비교기준을 일치시키기 위해서는 감정가를 기준으로 하되, 지분은 다르지만 물건은 동일한 물건이므로 매각지분의 감정가를 기준으로 다른 지분의 감정가를 산출하면 된다)

▶ 김대한 지분 : 200,000,000원-0=200,000000원(22.2222%)

▶ 김민국 지분 : 200,000,000원-25,000,000원[선순위임차보증금]=175,000,000원(19.4445%)

(임대차계약체결 : 김민국(2/10), 김한국(6/10)/ 김대한은 계약체결에 반대, 임료 미수취)

▶ 김한국 지분 : 600,000,000원-75,000,000원[선순위임차보증금]=525,000000원(58.3333%)

(임대차계약체결 : 김민국(2/10), 김한국(6/10)/ 김대한은 계약체결에 반대, 임료 미수취)

⑤ 공담채권배분기준에 따른 각 지분별 부담할 공담채권 (80,000,000원) 배분액

▶ 김대한 지분 : 80,000,000원×200,000,000원/ 900,000,000원(22.2222%)=17,777,778원

▶ 김민국 지분 : 80,000,000원×175,000,000원/ 900,000,000원(19.4445%)=15,555,555원

▶ 김한국 지분 : 80,000,000원×525,000,000원/ 900,000,000원(58.3333%)=46,666,667원

⑥ 공유자 간(채무자 ⇔ 보증인 간) 지분별 채무부담범위에 따른
부담금액 조정

채무자선변제의무로 채무자 ⇔ 보증인 간 부담할 채무범위의 조
정이 필요하다. 다만, 당해 공유자의 경우에는 모두 공동채무자이
므로 지분별 부담할 채무범위의 조정이 필요 없다.

⑦ 각 물건별 배당작업

공담물건 중 김대한 지분만 매각되었으므로 이에 대한 배당분
석만 하면 된다.

▶ 전체지분 매각에 의한 동시배당 시를 가정한 김대한 지분의
(정상)배당표

낙찰가 : 150,000,000원 + 몰수, 지연이자 : 0 − 경매비용 : 2,000,000원 = **배당재단 : 148,000,000원**

(단위 : 원)

등기, 확정일	전입(사업)	권리종류	권리자	채권액	배당금액	부족액	비고
2010. 10. 30		압류	강북구청	500,000	500,000	0	당해세
2002. 11. 10		근저당권 (공동담보)	농협	17,777,778 (80,000,000)	17,777,778	0	김대한 지분 해당액변제
2004. 2. 10		근저당권	이대부	40,000,000	40,000,000	0	
2010. 1. 25		압류	부천세무서	20,000,000	20,000,000	0	
2010. 5. 31		압류	도봉세무서	5,000,000	5,000,000	0	
2010. 10. 10		가압류	신속히	40,000,000	40,000,000		
합계				123,277,778	123,277,778	0	
배당 후 매각대금 잔액					24,722,222		

▶ 일부매각에 의한 이시배당 시 김대한 지분의 실제배당표

낙찰가 : 150,000,000원 + 몰수, 지연이자 : 0 − 경매비용 : 2,000,000원 = 배당재단 : 148,000,000원

(단위 : 원)

등기, 확정일	전입(사업)	권리종류	권리자	채권액	배당금액	부족액	비고
2010. 10. 30		압류	강북구청	500,000	500,000	0	당해세
2002. 11. 10		근저당권(공동담보)	농협	80,000,000	80,000,000	0	
2004. 2. 10		근저당권	이대부	40,000,000	40,000,000	0	
2010. 1. 25		압류	부천세무서	20,000,000	20,000,000	0	
2010. 5. 31		압류	도봉세무서	5,000,000	5,000,000		
2010. 10. 10		가압류	신속히	40,000,000	2,500,000	−37,500,000	
합계				185,500,000	148,000,000	−37,500,000	
배당 후 매각대금 잔액					0		

▶ 이시배당으로 인한 배당과부족 및 처리(변제자대위/차순위대위)계획

(단위 : 원)

채권자	이시배당 시 실제배당액	동시배당 시 정상배당액	배당과부족	처리계획 (변제자대위/차순위대위)
강북구청	500,000	500,000	0	
농협	80,000,000	17,777,778	62,222,222	⇒ 자신으로 말미암아 배당손해를 본 변제자나 후순위자에게 제공한다(변제자대위/차순위대위).
이대부	40,000,000	40,000,000	0	
부천세무서	20,000,000	20,000,000	0	
도봉세무서	5,000,000	5,000,000	0	
신속히	2,500,000	40,000,000	−37,500,000	⇑위 김대한이 농협에 과다변제한 금액에 대해 타 지분권자에게 갖는 구상권(변제자대위)에 터 잡아 차순위대위를 행사해서 먼저 회수
합계	148,000,000	123,277,778	24,722,222	☞ 동시배당 시 김대한 지분의 배당잔액과 같다.

※ 이 배당표를 일목요연하게 한 표로 종합하면 다음과 같다(실제 배당작업은 이 표에 의하는 것이 공담채권배분에도 편리하고 오류도 줄일 수 있다).

1. 공유지분 (유사공동저당) 일부매각 시 (예상)동시배당표 (단위 : 원)

△사건명 : 강북구 00동 근독주택 △ 이사배당일 : '11. 12. 30(매각일:'11. 10.10)

일부매각에 따른 이사배당을 하는 경우에도, 공유물건이 전부 채무자소유인 경우 구성권(연재재매)은 발생하지 않고 차순위자의 대위만 발생할 수 있으며, 선매거물건이 채무자소유(1개)고 매각 외 물건이 모두 보증인소유인 경우에는 채무자의 선배에대는 채무자의 선배에대무로 인해 변재자의 구성권(연재재매)와 차순위재권자의 대위문제는 발생하지 않습니다.

소유	02.11.10기준	주택:40,000/16,000	'00.00 00.7기준	주택: 상가:		김대한 지분(2/10) – 매각		김민국 지분(2/10) – 매각 전	
		상가:45,000/13,500				경정:200,000,000 낙찰:150,000,000		경정:200,000,000 낙찰:0
						경매비용:2,000,000 몰수지연이자:0		경매비용:0 몰수지연이자:0

배당기준

배당기준	권리순위	등기·등록 권리종류	토:토지 건:건물 공:공동	청구액(설정액)보증금	지위	배당재단:148,000,000			배당재단:0		
						우선배당:147,500,000 1차 ⇒ 조정 후	배당대상채권	☞최우선 당해세	우선배당: 1차 ⇒ 조정 후	배당대상채권	☞최우선 당해세

등기·촉탁 법정기일	권리순위	등기·등록 신청일	권리종류	관리자	청구액(설정액)보증금	지위	배당대상채권	☞최우선 당해세	지위	배당대상채권	☞최우선 당해세
	00.5.1	11.3.30	소유권	김대한 외 2명			김대한(2/10), 김민국, 김한국/이조선	–		김대한(2/10), 김민국, 김한국/이조선	–
			주거/현황				–	–		–	–
00.5.10		/신고		이기자	100,000,000	채권자(미동의)	–	–		☞공동임 (25,000,000)	☞특별한 경우가 아닌 한 임차인에게에 동의하다는 것은 임대인이다.

공담액 배당기준 [공동1배당자·구할가=경매총-선순위·인수액 / △이사배당 시 : 강정가·선순위채권 합계 : 900,000,000=100%]

200,000,000(22.2222%) | 175,000,000(19.4445%)

| | 채무자(동의자) | | | 채무자 | | |

각 물건 소유자사위의 부담할위할(채무자) ⇔ 보증의 조정 후

등기일	법정기일	권리종류	관리자	청구액	지위						
02.11.10	02.11.10	근저당(공급) 동일		80,000,000 (100,000,000)	채무자	17,777,778	☞위율몰	17,777,778	15,555,555	☞위율몰	–
							☞부담범위할			☞부담범위할	
04.2.10	04.2.10	근저당	이대부⇒김대한지분	40,000,000	채무자	40,000,000	0	40,000,000	–	–	–
10.1.25	10.4.01	압류	부책세무사(부가세)⇒김대한지분	20,000,000	채무자	20,000,000	0	20,000,000	–	–	–
10.5.31	10.7.10	압류	도봉세무사⇒김대한지분	5,000,000	채무자	5,000,000	0	5,000,000	–	–	–
10.10.10	10.10.10	가압류	신속히⇒김대한지분	40,000,000	채무자	40,000,000	0	40,000,000	–	–	–
당해세	10.10.30	압류	강북구청(재산세)⇒김대한지분	500,000	채무자	500,000	500,000	0	–	–	–
10.11.20	10.11.20	임의경매	이대부⇒김대한지분	(40,000,000)	채무자	–	–	–	–	–	–
			합계	285,500,000		123,277,778	500,000	122,777,778	122,777,778	–	–
			채권과부족/배당 후 잔액			24,722,222	–	24,722,222	24,722,222	–	–

■ 색은 말소기준권리보다 선순위입니다.

※ 임대차계약의 동의이 되기 위한 조건: 임대차계약체결에 있어 동의이란 지반는 극히 제한적인 경우에만 성립할 수 있다. 그 이유는 임대차계약을 체결할 시 임차인은 임대인이 자금을 점검하는데 이때 임대인(공유자)의 동의서가 아닌 대리인수·이행한 관계에 있어 동의이라는 것은 있을 수가 없는 것이다. 다만 임대인(공유자) 내부간의 관계에서는 서로 각 특약에 따라 그 책임 한계를 정할 수가 있으므로 계약자가 1년 동의인이라는 지반가 존재할 수 있을 것이다(특히 이 물건과 같이 임대인 혼자 차반인으로 과반이 임차계약을 체결할 수 있으므로 이때에는 공유자 각 지반에 대해 특정지분 이라 서로 약정할 수 있을 것이다). 닷은 본물이 임대차계약에서 동의인이 있을 수 있다고 하는 것은 관리행위를 하려면 과반지분의 동의를 받아야만 한다(민법265조)라는 내부거 결의로건물 잘못 이해하고 있기 때문인 듯하다.

2. 공유지분(유사공동저당) 일부매각에 따른 이시배당 시 (실제배당표)   (단위 : 원)

소 역	02.11. 10기준	주택 : 40,000/16,000 상가 : 45,000/13,500	'00. 00. 00기준	주택 : 상가 :	감정구지분(6/10) – 매각 전 감정 : 600,000,000 경매비용 : 0 낙찰 : 0 몰수 지연이자 : 0			

배당기준	등기, 전입 사업자등록	권리 종류	권리자	청구액 (설정액) 보증금	지위	배당 대상채권	최우선 ☞당해세	우선배당 : 1차 ⇒ 매매/이조선	조정 후	비고
등기, 확정일 변경기일							배당재단 : 0			유사공동저당의 경우는 각 공유자의 지분이 다를 뿐 물건이 동일물건이므로 일부지분에 대한 이시배당 신 공동담보액의 배당기준은 매각지분의 감정가를 기준으로 지분의 크기에 따라 산정하면 된다.
00.5.01		소유권	김매한 외 2명							
00.5.10		주거/현황 /신고	이가자	100,000,000						☞ 임대차계약(체결)시 단독으로 계약을 체결하고 김민국으로부터는 동의(서)만 받았다면 단독으로 인수한다.

공담액 배당기준 [☞ 동시배당 시 : 낙찰가÷경매가×경매채물=선순위+인수액 / ☞ 이시배당 시 : 감정가÷선순위채권 합계 : 900,000,000=100%]

배당기준		권리종류	권리자	청구액	지위	배당대상채권		우선배당	조정 후	비고
02.11.10	02.11.10	근저당(공동) 농협		80,000,000 (100,000,000)	채무자	☞공동0산 (75,000,000)	525,000,000(58.3333%)	–	–	☞ 각 지분별 감정가에(매각지분기준 환산) – 선순위채권
각 물건 소유자(소유자)의 부담범위별(채무자 ⇔ 보증인) 조정 후										
04.2.10	04.2.10	근저당	이대부 ⇒ 감매한지분	40,000,000 (100,000,000)	–	☞위비율별 부담비율 46,666,667	–	–	–	☞ 모두 채무자이므로 부담범위의 조정이 필요 없다.
10.1.25	10.4.01	압류	부천세무서(부가세) ⇒감매한지분	20,000,000	–	–	–	–	–	
10.5.31	10.7.10	압류	도봉세무서 ⇒감매한지분	5,000,000	–	–	–	–	–	
10.10.10	10.10.10	가압류	신속히 ⇒ 감매한지분	40,000,000	–	–	–	–	–	
10.10.30	당해세	압류	강북구청(재산세) ⇒감매한지분	500,000	–	–	–	–	–	
10.11.20	10.11.20	임의경매	이대부 ⇒ 감매한지분	(40,000,000)	–	–	–	–	–	
		합계		285,500,000	–	–	–	–	–	
		채권과부족/배당 후 잔액								

■ 색은 말소기준권리보다 선순위입니다.

소 유	02.11. 10기준	주택:40,000/16,000	주택:			김대한 지분(2/10) 이시배당 내역					각 지분별 과부족에 처리 내역 [변제자대위(구상권) 및 차손위자의 대위]		비고
	00기준	상가:45,000/13,500	상가:	토:토지 건:건물 공:공동		감정:200,000,000 경매비용:2,000,000		낙찰:150,000,000 물수 지역(x):0			김민국지분 2/10 (채무자)	김민국지분 6/10 (채무자)	
배당기준	권리순위	등기,전입 등기신 청일자	배당요구일 사업자등록	권리자	권리 종류	청구액 (설정액) 보증금	최우선 당해세	우선배당:147,500,000 1차 ⇒ 조정후	동시배당 시 정상배당	이시배당 으로 인한 배당과부족	공동인수 (25,000,000)	공동인수 (75,000,000)	
		00.5.01		김대한 외 2명	주거/현황						-	-	임대차계약을 체결한 2명인 공유로 인수하고 미체결자 는 변제자가 없다(인수대상임)
					주거/현황			김대한, 김민국, 김한국 ⇐매매/이전선		-	-	-	
		00.5.10		이기자	/신고	100,000,000	-	-	-	-	-	-	

공유액 배당기준 [▷통시배당기준:낙찰가÷김배당총÷매각지분÷선순위인수액
/△이시배당 시:감정가÷선순위채권 합계÷900,000,000(△총:100%)]

배당기준	권리순위	등기신청	배당요구	권리자	권리종류	청구액	최우선당해세	우선배당 1차⇒조정후	동시배당시 정상배당	이시배당 과부족	김민국2/10	김민국6/10	비고
					근저당(공동) 농협	80,000,000 (100,000,000)	-	80,000,000	17,777,778	①62,222,222	①15,555,555	③46,666,667	
02.11.10	02.11.10												김배당이 과대변제한 금액 (각자 구상권 행사)
04.2.10	04.2.10				근저당 이대우⇒김대한지분	40,000,000	0	40,000,000	40,000,000	0	-	-	각 차손위자의 대위에 : 이 는 당초(강제)배당시 매각지 분이 타 공유지분에 갔는 구성원(변제자대위)
10.1.25	10.4.01				무담보(세무서)⇒김대한지분	20,000,000	0	20,000,000	20,000,000	0	-	-	
10.5.31	10.7.10				도봉세무서⇒김대한지분	5,000,000	0	5,000,000	5,000,000	0	-	-	공유자에게 갓는 구성권 단, 공유자에게 갓는 구성권에 단은 김대한보다 먼저 회 수한다.
10.10.10	10.10.10				신숙희⇒김대한지분	2,500,000	0	2,500,000	40,000,000	⑥-37,500,000	⑧-9,375,000	⑥-28,125,000	
당해세					강북구청(재산세)⇒김대한지분	500,000	500,000	500,000	500,000	0	-	0	
10.11.20	10.11.20				이대우⇒김대한지분	(40,000,000)	-	-	-	-	-	-	

| | | | | | | 합계 | 285,500,000 | 500,000 | 147,500,000 | 147,500,000 | 123,277,778 | 24,722,222 | 6,180,555 | 18,541,667 |
| | | | | | | 채권과부족/배당 후 잔액 | | | | 0 | - | 김대한의 실질구성액(총구성-총손인액) = 동시배당 시의 배당잔액 |

■ 색은 말소기준권리보다
선순위입니다.

①: 공동채무임에도 김대한지분만 먼저 매각되는 바람에 과대변제된 금액 ⇒ 김민국(2/10)에게 과대변제된 금액 ③의 금액을, 김한국(6/10)에게 ③의 금액을

④: 동시배당 시였더라면 김대한으로부터의 매각대금에서 이시배당으로 인해 배당을 받지 못했던 금액 ⇒ 이 금액은 김대한에 대한 저당권이나 타 공유자(김민국)로부터 배당받을 수 있다.

⑥: 에서 김대한으로 선순위로 회수한다. 즉 ⑤의 금액을 ②의 금액에서, (6의 금액을 ③의 금액에서 전액 회수한다(따라서 후순위에는 매번채권자가 갓는 구성권에 더 차이 회수는 것이어서 변제자대위를 남용할 수는 없다.

※ 이 경우에는 이시배당으로 인해 동일이 채권을 전액 회수했다. 하지만 만약 이시배당으로 전부 회수했다는 이유로 타 공유자임에도, 김대한 경매낙찰로부터 손해배상청구를 당한다(대법2011다30666)

11. 상속으로 공유지분이 된 경우('유사공동저당')의 이시배당

① 공유지분의 경매진행내역

(단위 : 원)

구분	홍길동 지분 (1/3)	홍길녀 지분 (2/3)	비고
경매개시기입등기	2020. 1. 10	매각제외	
배당요구종기일	2020. 4. 30	〃	
매각일	2021. 2. 10	〃	
감정가액	200,000,000	400,000,000	
매각가액(낙찰가)	160,000,000	매각제외	
경매비용	3,000,000	〃	
몰수, 지연이자 등	0	〃	

② 공유물건 임차인 현황(임대차계약을 체결하지 않은 공유자는 임
료도 공유하지 않는 것으로 간주)

임차인 : 김삿갓 (상가임차인) ⇔

　　　임대차계약체결 : 홍아빠(피상속인)

현황조사 - 보증금 : 20,000,000원/월차임 : 800,000원

　　　(환산보증금 : 100,000,000원)

사업자등록일 : 2006. 8. 10　확장일자 : 2006. 8. 15

권리신고 - 현황조사 내용과 동일함

임차인 : 김한국 (주택임차인) ⇔

　　　임대차계약체결 : 홍길녀(지분 : 2/3) 단독체결

현황조사 - 보증금 : 80,000,000원　전입 : 2018. 8. 8

권리신고 - 보증금 : 80,000,000원

　　　전입 : 2018. 10. 10　확정 : 2018. 10. 12

배당요구 : 2020. 4. 10

③ 각 지분별 등기권리 내역(각 지분별로 공담채권을 배분하려면 각
지분별 선순위채권을 먼저 알아야 한다)

▶ 홍길동 지분 등기권리내역

2000. 10. 20 소유권(매매) 홍아빠(전소유자 매도인)

2008. 4. 20 근저당권설정(채권자 : 농협) 80,000,000원

(채무자 : 홍아빠)

2017. 7. 02 소유권(상속) 홍길동(1/3), 홍길녀(2/3)

2020. 1. 10 강제경매(경매신청자 : 김삿갓)

▶ 홍길녀 지분 등기권리내역

2000. 10. 20 소유권(매매) 홍아빠(전소유자 매도인)

2008. 4. 20 근저당권설정(채권자 : 농협) 80,000,000원

(채무자 : 홍아빠)

2017. 7. 2 소유권(상속) 홍길동(1/3), 홍길녀(2/3)

2018. 10. 20 가압류(채권자 : 샤일록) 40,000,000원

2019. 9. 25 가압류(채권자 : 고이자) 30,000,000원

④ 각 지분별 공담채권 배분기준(감정가액-선순위채권) 산정

이시배당 시 매각외 지분은 낙찰가가 있을 수 없으므로 각 지분
간 비교기준을 일치시키기 위해서는 감정가를 기준으로 하되, 지
분은 다르지만 물건은 동일한 물건이므로 매각지분의 감정가를 기
준으로 다른 지분의 감정가를 산출하면 된다.

▶ 홍길동 지분 : 200,000,000원-6,666,667원[선순위임차보증금]
=193,333,333원(33.3333%)

[선순위임차보증금 ☞ 20,000,000원×1/3(상속지분)]

　▶ 홍길녀 지분 : 400,000,000원-13,333,333원[선순위임차보증금]

　　= 386,666,667원(66.6667%)[선순위임차보증금

　　☞ 20,000,000원×2/3(상속지분)]

⑤ 공담채권배분기준에 따른 각 지분별 부담할 공담채권

(80,000,000원) 배분액

　▶ 홍길동 지분 : 60,000,000원×193,333,333원/

　　580,000,000원(33.3333%)=20,000,000원

　▶ 홍길녀 지분 : 60,000,000원×386,666,667원/

　　580,000,000원(66.6667%)=40,000,000원

⑥ 공유자 간(채무자 ⇔ 보증인 간) 지분별 채무부담범위에 따른 부담금액 조정

채무자선변제의무로 채무자 ⇔ 보증인 간 부담할 채무범위의 조정이 필요하다. 다만, 당해 공유자의 경우에는 농협에 대한 채무자인 피상속인의 채무를 상속받은 공동채무자가 되고 그 채무를 지분별로 배분했으므로 더 이상의 조정이 필요 없다.

⑦ 각 물건별 배당작업

공담물건 중 홍길동 지분만 매각되었으므로 이에 대한 배당분석만 하면 된다.

▶ 전체지분 매각에 의한 동시배당 시를 가정한 홍길동 지분의 (정상)배당표

낙찰가 : 160,000,000원 + 몰수, 지연이자 : 0 − 경매비용 : 3,000,000원 = **배당재단 : 157,000,000원**

(단위 : 원)

등기, 확정일	전입(사업)	권리종류	권리자	채권액	배당금액	부족액	비고
2006. 8. 15	2006. 8. 10	임차권	김삿갓	6,666,667 (20,000,000)	6,666,667	0	상가임차인
2008. 4. 20		근저당권 (공동담보)	농협	20,000,000 (60,000,000)	20,000,000	0	홍길동 지분 해당액
2018. 10. 12	2018. 10. 10	임차권	김한국	0 (80,000,000)	0	0	주택임차인
합계				26,666,667	26,666,667	0	
배당 후 매각대금 잔액					130,333,333		

▶ 일부지분 매각에 의한 이시배당 시 홍길동 지분의 실제배당표

낙찰가 : 160,000,000원 + 몰수, 지연이자 : 0 − 경매비용 : 3,000,000원 = **배당재단 : 157,000,000원**

(단위 : 원)

등기, 확정일	전입(사업)	권리종류	권리자	채권액	배당금액	부족액	비고
2006. 8. 15	2006. 8. 10	임차권	김삿갓	20,000,000	20,000,000	0	불가분채무로 전액배당
2008. 4. 20		근저당권 (공동담보)	농협	60,000,000	60,000,000	0	홍길동 지분 에서 전액배당
2018. 10. 12	2018. 10. 10	임차권	김한국	80,000,000	77,000,000	3,000,000	
합계				160,000,000	157,000,000	3,000,000	
배당 후 매각대금 잔액					0		

▶ 이시배당으로 인한 배당과부족 및 처리(변제자대위/차순위 대위)계획

(단위 : 원)

채권자	이시배당 시 실제배당액	동시배당 시 정상배당액	배당과부족	처리계획 (변제자대위/차순위대위)
	20,000,000	6,666,667	13,333,333	⇃
김삿갓	* 불가분채무라는 이유로 홍길동 지분의 매각대금에서 먼저 전액 배당을 했으므로 이 금액을 홍길녀에게 구상권(변제자대위)을 행사한다. 그런데 이는 농협과 무관하게 농협보다 선순위를 변제한 것이 되어 회수 역시 농협보다 선순위가 된다. 다만 그럼에도 불구하고 자신에 대한 후순위채권자의 후순위대위보다는 후에 회수한다(어차피 자신이 변제할 채권자이므로).			
농협	60,000,000	20,000,000	40,000,000	⇒ 자신으로 말미암아 배당손해를 본 변제자나 후순위자에게 제공한다(변제자대위/차순위대위).
김한국	77,000,000	0	77,000,000	⇒ 자신으로 말미암아 배당손해를 본 변제자나 후순위자에게 제공한다(변제자대위/차순위대위).
합계	157,000,000	26,666,667	130,333,333	☞ 동시배당 시 김대한 지분의 배당잔액과 같다.

※ 이 배당표를 일목요연하게 한 표로 종합하면 다음과 같다(실제 배당작업은 이 표에 의하는 것이 공담채권배분에도 편리하고 오류도 줄일 수 있다).

1. 상속으로 공유지분이 된 경우 (유사공동저당) 일부지분 매각시 (예상)동시배당표 (단위 : 원)

▷사건명 : 2020-0000 △ 이시배당일 : '21. 4. 25매각일: '21. 2. 10

일부매각에 따른 이시배당을 하는 경우에도, 공담물건이 전부 채무자소유인 경우 구성권(변제자대위)은 발생하지 않고 차순위자의 대위만 발생할 수 있으며, 선매각물건이 채무자소유(1개)고 물건이 모두 보증인소유인 경우에는 채무자의 선변제이후로 인해 변제자의 구상권(변제자대위)과 차순위채권자의 대위문제는 발생하지 않습니다.

소 유	'08. 4. 20기준	주택: 40,000/16,000			주택 :		홍길동 지분(1/3) – 매각지분				홍길녀 지분(2/3) – 매각 전			
		상가: 45,000/13,500			상가 :		감정 : 200,000,000		낙찰 : 160,000,000		감정 : 400,000,000		낙찰 : 0	
				'00. 00. 00.7기준			경매비용 : 3,000,000		몰수 지연이자 : 0		경매비용 : 0		몰수 지연이자 : 0	
배당기준	권리순위	배당종기 20. 4. 30	토 : 토지 건 : 건물 공 : 공동		청구액 (설정액) 보증금		배당재단 : 157,000,000				배당재단 :		우선배당 :	
등기, 확정 법정기일	등기, 전입 사업자등록	배당신 청일자	권리 종류	권리자		배당 대상채권	☞최우선 ☞당해세	지분		배당 대상채권	☞최우선 ☞당해세	지분	
						1차 ⇒ 조정후			1차 ⇒ 조정후			1차 ⇒ 조정후		
	00. 10. 20		소유권	홍길뺘		홍이뺘 ⇐ 매매/매도인				홍이뺘 ⇐ 매매/매도인				
	(17. 7. 02)		소유권	홍길동/홍길녀		홍길동(1/3), 홍길녀(2/3) ⇐ 상속/홍이뺘				홍길동(1/3), 홍길녀(2/3) ⇐ 상속/홍이뺘				
06. 8. 15	06. 8. 10	20. 4. 20	상가/현황 /신고	25시편의점 대표 김삿갓 2,000만 원 /월 : 80만 원	(100,000,000) 20,000,000	6,666,667	4,500,000	채무자 (상속)	2,166,667	13,333,333	9,000,000	채무자 (상속)	4,333,333	4,333,333
공담액 배당기준 (☞통합배당 시=낙찰가-경매비용=선순위인수액 /△이시배당 시 : 감정가-선순위채권 합계 : 580,000,000=100%)						193,333,333(33.3333%)				386,666,667(66.6667%)			
08. 4. 20		20. 4. 20	근저당(을)=농협	60,000,000 (80,000,000)	20,000,000	☞ 이비용별	채무자 (상속)	20,000,000	40,000,000	☞ 이비용별	채무자 (상속)			
각 물건 소유자(채무자)의 부담위별(채무자) ⇔ 보증인 조정 후						☞ 부담위별				☞ 부담위별			
18. 8. 08		주가/현황	김등국 (홍길녀와 계약)	80,000,000	80,000,000	–			–	80,000,000	–	채무자 (계약자)			
18. 10. 12	18. 10. 10	20. 4. 10	/신고	80,000,000		–	–		–	–	–			
20. 1. 10	20. 1. 10	강제경매	김삿갓⇒홍길동지분	(20,000,000)		–	–		–	–	–			
			–			–	–		–	–	–			
■ 세운 암소기존권리보다 선순위입니다.			합계	80,000,000	26,666,667	4,500,000			22,166,667	130,333,333	9,000,000		22,166,667	4,333,333
			채권과부족/배당 후 잔액		130,333,333	130,333,333				130,333,333	130,333,333			

※ 상속인의 기독배당이 피상속인의 순위로 순서에 상응한 이유 : 상속이 되면 상속포기를 하지 않는 이상 피상속인의 일신전속적이 아닌 채권 채무는 그대로 포괄승계되기 때문인데, 이는 부동산등기에 있어 부기등기의 경우 주등기의 순위를 따르며 이를 표시하는 관계로 그 주등기 바로 일에 기록(등기)하는 것과 똑 같은 이치다.

2. 상속으로 공유지분이 된 경우 (유사공동저당) 일부지분매각 시 이사배당표 (단위 : 원)

소액	배당기준	권리종류 (권리자)	청구액 (설정액) 보증금	홍이빠 ⇐ 매매/매도인	동시배당 시 정상배당	이사배당으로 인한 배당부족 (변제자대위)	홍길녀지분 2/3 (채무자)	각 지분별 과부족의 처리 내역 [변제자대위(구상권) 및 차순위자의 대위]
'08. 4. 20기준 / 00. 00. 00기준	주택: 40,000/16,000 상가: 45,000/13,500	토: 토지 건: 건물 공: 공통		**매각 – 홍길동 지분(1/3) 이사배당 내역** 감정: 200,000,000 낙찰: 160,000,000 경매비용: 3,000,000 몰수·지연이자: 0 배당재단: 157,000,000 최우선 당해세 / 우선배당: 143,500,000 1차 ⇒ 조정 후				유사공동저당인 경우는 각공유자의 지분만 다룰 뿐 물건은 동일물건임으로 일부 지분의 선 매각에 의한 이사배당 시 공동 담보에 배당기준은 매각지분의 경장가를 기준으로 지분크기에 따라 산정한다.
권리순위 등기, 확정, 전입 법정기일 사람등록 청산일	06. 4. 30 배당종기 배당신 청산자							
00.10.20		소유권		홍이빠	–	–	–	
(17.7.2)		소유권		홍길동, 홍길녀	–	–	–	
06.8.15 / 06.8.10 20.4.20 신고		상가/현황 25시편의점 대표 김산자 2,000만/월 80만	(100,000,000) 20,000,000	홍길동(1/3), 홍길녀(2/3) ⇐ 상속(홍이빠) 13,500,000	6,666,667	13,333,333	13,333,333	☞ 이사배당으로 과다변제한 금액 ⇒ 구상(변제자대위)을 행사한다.
공담액 배당기준 [▷동시배당 시 : 낙찰가 - 경매비용 = 선순위+인수액 / ▷이사배당 시 : 감정가 - 선순위채권 합계 : 580,000,000 - 이사배당 = 100%]								
08.4.20 04.4.20		근저당(농협) 근저당(홍)	60,000,000 (80,000,000)	근저당(농협)	60,000,000	–	60,000,000	☞ 홍길동이 구상(변제자대위)할 금액
각 물건 소유자(채무자)의 부담범위별 조정 후 ⇔ 보증의 조정 후								
18.8.8		주거/현황 강현구 (홍길녀와 계약)	80,000,000	강현구	0	77,000,000	77,000,000	☞ 이사배당으로 과다변제한 금액 ⇒ 구상(변제자대위)을 행사한다.
18.10.12 18.10.10 20.4.10 신고		김산잣 ⇒홍길동지분	80,000,000		77,000,000	77,000,000	77,000,000	
20.1.10		강제경매 김산잣 ⇒홍길동지분	(20,000,000)	강제경매	–	–	–	
합계			160,000,000	13,500,000 143,500,000	143,500,000	130,333,333	130,333,333	☞ 구상(변제자대위)의 총액 = 甲 동시배당 시 매각지분 금액 후 잔여와 같다.
채권과부족/배당 후 잔액			0	–	26,666,667	0		

■ 색은 앞소기준권리보다 선순위입니다.

※ 입차인 김산자의 보증금은 상속으로 승계된 것이 아니어서 어떤 수 없듯이, 양차인 강현구의 보증금은 과반지분인 홍길녀 단독으로 체결한 것이어서 바로 임차인이 배당신청을 했다 하더라도 홍길동을 매각대금에서 배당받지 못하고 홍길녀에게 청구해야 한다. 그럴 공유자의 선순위신청을 행사하여 취득할 수 있을 것이다...

12. 토지·건물의 권리가 다른 경우('유사공동저당')의 이시배당

토지·건물의 권리가 다른 경우에는 권리분석은 물론 배당분석도
토지는 토지대로 건물은 건물대로 분석해야 한다. 이는 공담물건
이 아닌 경우에도 그렇다.

① 토지·건물 공유지분("갑"지분)의 경매진행내역

(단위 : 원)

구분		'갑'지분 (1/6)	'을'지분 (3/6)	'병'지분 (1/6)	'정'지분 (1/6)	비고
경매개시기입등기		2011. 8. 30	매각제외	매각제외	매각제외	
배당요구종기일		2011. 11. 30	〃	〃	〃	
매각일		2012. 7. 20	〃	〃	〃	
감정 가액	총액	260,000,000	780,000,000	260,000,000	260,000,000	매각지분을 기준으로 환산
	토지분(75%)	195,000,000	585,000,000	195,000,000	195,000,000	
	건물분(25%)	65,000,000	195,000,000	65,000,000	65,000,000	
매각 가액 (낙찰가)	총액	182,000,000	매각제외	매각제외	매각제외	
	토지분(75%)	136,500,000	〃	〃	〃	
	건물분(25%)	45,500,000	〃	〃	〃	
경매 비용	총액	2,000,000	〃	〃	〃	
	토지분(75%)	1,500,000	〃	〃	〃	
	건물분(25%)	500,000	〃	〃	〃	
몰수, 지연이자 등		0	〃	〃	〃	

② 공유물건 임차인 현황(임대차계약을 체결하지 않은 공유자는 임
료도 공유하지 않는 것으로 간주)

　　임차인 : 김임차 (주택임차인) ⇔

　　　　임대차계약체결 : 이매도(전소유자)

　　현황조사 – 보증금 : 60,000,000원 전입 : 2007. 1. 1

권리신고 - 보증금 : 60,000,000원   전입 : 2007. 1. 10

　　　　확정일 : 2007. 1. 10

배당요구 : 2011. 11. 15

임차인 : 나임차(주택임차인) ⇔

　　　임대차계약체결 : "갑"(1/6), "을"(3/6) 공동체결

현황조사 - 보증금 : 50,000,000원   전입 : 2008. 3. 30

권리신고 - 보증금 : 50,000,000원

　　　전입 : 2008. 3. 30   확정 : 2008. 3. 30

배당요구 : 2011. 11. 20

임차인 : 한심해(주택임차인) ⇔

　　　임대차계약체결 : "갑"(1/6), "을"(3/6) 공동체결

현황조사 - 보증금 : 30,000,000원   전입 : 2009. 7. 30

권리신고 - 보증금 : 30,000,000원   전입 : 2009. 7. 30

　　　확정 : 2009. 7. 30

배당요구 : 2011. 11. 10

③ 토지 각 지분별 등기권리 내역(각 지분별로 공담채권을 배분하려면 각 지분별 선순위채권을 먼저 알아야 한다)

　▶ 토지/"갑"지분 등기권리내역

　　2007. 12. 25 소유권(매매) "갑"(1/6), "을"(3/6), "병"(1/6), "정"(1/6) (전소유자 이매도)

　　2007. 12. 25 근저당권설정(채권자 : 농협)100,000,000원

　　　　(채무자 : "갑", "을", "병", "정")

　　　　(공동담보 : "갑", "을", "병", "정" 각 건물지분)

2008. 2. 10 가압류(채권자 : 김대부) 30,000,000원

2010. 7. 10 압류(동작구청 : 재산세) 500,000원

2011. 8. 30 강제경매(경매신청자 : 김대부)

▶ 토지/"을"지분 등기권리내역

2007. 12. 25 소유권(매매) "갑"(1/6), "을"(3/6), "병"(1/6), "정"(1/6) (전소유자 이매도)

2007. 12. 25 근저당권설정(채권자 : 농협) 100,000,000원

(채무자 : "갑", "을", "병", "정")

(공동담보 : "갑", "을", "병", "정" 각 건물지분)

▶ 토지/"병"지분 등기권리내역

2007. 12. 25 소유권(매매) "갑"(1/6), "을"(3/6), "병"(1/6), "정"(1/6) (전소유자 이매도)

2007. 12. 25 근저당권설정(채권자 : 농협) 100,000,000원

(채무자 : "갑", "을", "병", "정")

(공동담보 : "갑", "을", "병", "정" 각 건물지분)

2008. 03. 10 가압류(채권자:이대부) 25,000,000원

▶ 토지/"정"지분 등기권리내역

2007. 12. 25 소유권(매매) "갑"(1/6), "을"(3/6), "병"(1/6), "정"(1/6) (전소유자 이매도)

2007. 12. 25 근저당권설정(채권자 : 농협) 100,000,000원

(채무자 : "갑", "을", "병", "정")

(공동담보 : "갑", "을", "병", "정" 각 건물지분)

④ 토지 각 지분별 공담채권 배분기준(감정가액-선순위채권) 산정

이시배당 시 매각외 지분은 낙찰가가 있을 수 없으므로 각 지분 간 비교기준을 일치시키기 위해서는 감정가를 기준으로 하되, 지분은 다르지만 물건은 동일한 물건이므로 매각지분의 감정가를 기준으로 다른 지분의 감정가를 산출하면 된다.

- ▶ "갑"지분 : 195,000,000-7,500,000[선순위임차보증금]

  =187,500,000(16.6667%)[선순위임차보증금 ☞

  60,000,000×75%(토지비율)×1/6(공유지분비율)]

- ▶ "을"지분 : 585,000,000-22,500,000[선순위임차보증금]

  =562,500,000(50.0000%)[선순위임차보증금 ☞

  60,000,000×75%(토지비율)×3/6(공유지분비율)]

- ▶ "병"지분 : 195,000,000-7,500,000[선순위임차보증금]

  =187,500,000(16.6667%)[선순위임차보증금 ☞

  60,000,000×75%(토지비율)×1/6(공유지분비율)]

- ▶ "정"지분 : 195,000,000-7,500,000[선순위임차보증금]

  =187,500,000(16.6666%)[선순위임차보증금 ☞

  60,000,000×75%(토지비율)×1/6(공유지분비율)]

⑤ 공담채권배분기준에 따른 각 토지지분별 부담할 공담채권 (100,000,000) 배분액

- ▶ "갑"지분 : 100,000,000×75%(토지비율)×187,500,000/1,1 25,000,000(16.6667%)=12,500,000

- ▶ "을"지분 : 100,000,000×75%(토지비율)×562,500,000/1,1 25,000,000(50.0000%)=37,500,000

- ▶ "병"지분 : 100,000,000×75%(토지비율)×187,500,000/1,1

$$25,000,000(16.6667\%)=12,500,000$$

▶ "정"지분 : $100,000,000 \times 75\%(토지비율) \times 187,500,000/1,1$

$$25,000,000(16.6667\%)=12,500,000$$

⑥ 토지/공유자 간(채무자 ⇔ 보증인 간) 지분별 채무부담범위에
　　따른 부담금액 조정

　　채무자선변제의무로 채무자⇔보증인 간 부담할 채무범위의 조
정이 필요하다. 다만, 당해 공유자의 경우에는 공유자 전부가 농협
에 대한 공동채무자이고 그 채무를 각 공유자의 지분별로 배분했
으므로 채무자 ⇔ 보증인 간의 조정은 필요 없다.

　　⑦ 토지/각 물건별 배당작업

　　공담물건(지분) 중 "갑"지분만 매각되었으므로 이에 대한 배당
분석만 하면 된다.

▶ 전체 토지지분 매각에 의한 동시배당 시를 가정한 "갑"지분의 (정상)배당표

> **낙찰가(토지분) : 136,500,000원[182,000,000원(총액)×75%]** + 몰수, 지연이자 : 0
> − 경매비용 : 1,500,000원[2,000,000원×75%] = **배당재단 : 135,000,000원**

(단위 : 원)

등기, 확정일	전입(사업)	권리종류	권리자	채권액	배당금액	부족액	비고
2009. 9. 30	최우선변제	임차권	한심해	3,000,000 (12,000,000)	3,000,000	0	총액×토지분× "갑"지분(1/4)
	* ① 임차인 한심해는 2007. 12. 25 근저당권 기준(40,000,000/16,000,000) 소액임차인에 해당함 ② 16,000,000×토지비율(75%) = 12,000,000이나 임대차계약을 "갑"(1/6)과 "을"(3/6)이 체결했으므로 매각대상인 "갑" 해당액[12,000,000×1/4("갑"+"을" 중 "갑"의 비율) = 3,000,000]을 산정한 것임 – 따라서 "갑", "을" 외 타 공유자는 당 임차인에 대해서는 보증금반환채무가 없음						
2010. 7. 10	당해세	압류(재산세)	동작구청	375,000	375,000	0	총액×토지분
2007. 1. 10	2007. 1. 10	임차권	김임차	7,500,000 (45,000,000)	7,500,000	0	총액×토지분× "갑"지분(1/6)
2007. 12. 25		근저당권 (공동담보)	농협	12,500,000 (75,000,000)	12,500,000	0	총액×토지분× "갑"지분(1/6)
2008. 3. 30	최우선변제	임차권	나임차	4,687,500 (18,750,000)	4,687,500	0	⇓
	* ① 2007. 12. 25 근저당권을 기준으로는 소액임차인이 아니나 이를 상환하고 나면 배당기일을 기준 (75,000,000/25,000,000)으로 소액임차인에 해당되며, 이에 "갑" 부담부분(1/4)을 산정함 ② 25,000,000×토지비율(75%) = 18,750,000이나 임대차계약을 "갑"(1/6)과 "을"(3/6)이 체결했으므로 매각대상인 "갑" 해당액은 4,687,500[18,750,000×1/4("갑"+"을" 중 "갑"의 비율)]임 – 따라서 "갑", "을" 외 타 공유자(계약 미체결자)는 당 임차인에 대해서는 보증금반환채무가 없음						
2009. 9. 30	최우선변제 (증액분)	임차권	한심해	1,687,500 (6,750,000)	1,687,500	0	⇓
	* 근저당권이 상환된 후 배당일기준(75,000,000/25,000,000)으로 증액된 기준액 추가 ① 9,000,000[최우선변제액 증액분(25,000,000-16,000,000)]×토지비율(75%) = 6,750,000 ② 매각대상인 "갑" 해당액은 1,687,500[6,750,000×1/4("갑"+"을" 중 "갑"의 비율)] – 임대차계약을 "갑"(1/6)과 "을"(3/6)이 체결했으므로 "갑", "을" 외 타 공유자는 당 임차인에 대해서는 보증금 반환채무가 없음						
2008. 2. 10		가압류	김대부	22,500,000	22,500,000	0	*전체 채권이 만족해서 안분 필요 없음
2008. 3. 30		임차권	나임차	4,687,500	4,687,500	0	
	* ① 총액 : 50,000,000×토지비율(75%)×1/4("갑"+"을" 중 "갑"의 비율) = 9,375,000 ② 9,375,000 − 최우선변제액 : 4,687,500 = 우선배당 : 4,687,500						
2009. 7. 30		임차권	한심해	937,500	937,500	0	⇓
	* ① 총액 : 30,000,000×토지비율(75%)×1/4("갑"+"을" 중 "갑"의 비율) = 5,625,000 ② 5,625,000 − 최우선변제액 : 4,687,500(1차 : 3,000,000+ 2차 : 1,687,500) = 우선배당 : 937,500						
	합계				57,875,000	57,875,000	0
	배당 후 매각대금 잔액					77,125,000	

▶ 토지 일부지분 매각에 의한 이시배당 시 "갑"토지지분의 실제배당표

낙찰가(토지분) : 136,500,000원[182,000,000원(총액)×75%] + 몰수, 지연이자 : 0
　- 경매비용 : 1,500,000원[2,000,000원×75%] = 배당재단 : 135,000,000원

(단위 : 원)

등기, 확정일	전입(사업)	권리종류	권리자	채권액	배당금액	부족액	비고
2009. 9. 30	최우선변제	임차권	한심해	12,000,000 (12,000,000)	12,000,000	0	총액×토지분
	* ① 임차인 한심해는 2007. 12. 25 근저당권 기준(40,000,000/16,000,000) 소액임차인에 해당함 　② 16,000,000×토지비율(75%) = 12,000,000인데 임대차계약을 "갑"(1/6)과 "을"(3/6)이 체결했으므로 　매각대상인 "갑" 해당액 : 3,000,000[12,000,000×1/4("갑"+"을" 중 "갑"의 비율)]만 배당해야겠으나 　임차보증금은 불가분채무이므로 "갑"지분의 매각대금이 있는 한 전액 배당함 　- 따라서 이시배당으로 과다변제한 금액은 타 계약체결자에게 구상권(변제자대위)을 행사함						
2010. 7. 10	당해세	압류(재산세)	동작구청	375,000	375,000	0	총액×토지분
2007. 1. 10	2007. 1. 10	임차권	김임차	45,000,000 (45,000,000)	45,000,000	0	총액×토지분
	* 총 보증금 : 60,000,000×토지비율(75%) = 45,000,000인데 임대차계약을 "갑"(1/6)과 "을"(3/6)이 체결했으므로 매각대상인 "갑" 해당액 : 11,250,000[45,000,000×1/4("갑"+"을" 중 "갑"의 비율)]만 배당 해야겠으나 임차보증금은 불가분채무이므로 "갑"지분의 매각대금이 있는 한 전액 배당함 　- 따라서 이시배당으로 과다변제한 금액은 타 계약체결자("을")에게 구상권(변제자대위)을 행사함						
2007. 12. 25		근저당권 (공동담보)	농협	75,000,000	75,000,000	0	총액×토지분
2008. 3. 30	최우선변제	임차권	나임차	2,050,781	2,050,781	0	⇓
	* ① 2007. 12. 25 근저당권을 기준으로는 소액임차인이 아니나 이를 상환하고 나면 배당기일을 기준 (75,000,000/25,000,000)으로 소액임차인에 해당됨 　② 근저당권자에게 변제하고 난 잔여배당재원이 2,625,000이나 아래 한심해도 증액된 최우선변제금을 배분 받아야 하므로 나임차의 임차보증금(토지분)과 한심해의 미회수잔액의 비율대로 배분함. 즉, 2,625,000×37,500,000÷(37,500,000+10,500,000 : 한심해 미회수잔액) = 2,050,781						
2009. 9. 30	최우선변제 (증액분)	임차권	한심해	574,219	574,219	0	⇓
	* 근저당권이 상환된 후 배당일기준(75,000,000/25,000,000)으로 증액된 기준액 추가. 근저당권이 변제되고 나면 나임차도 소액임차인에 해당하므로 배당잔여액을 안분해야 함. 즉, 2,625,000×10,500,000÷(37,500,000+10,500,000 : 미회수잔액) = 574,219 또는 잔여배당재원 : 2,625,000 - 나임차 해당액 : 2,050,781 = 574,219						
	합계				135,000,000	135,000,000	(0)
	배당 후 매각대금 잔액					0	

▶ 토지지분 이시배당으로 인한 배당과부족 및 처리(변제자대위/차순위대위)계획

(단위 : 원)

채권자	이시배당 시 실제배당액	동시배당 시 정상배당액	배당과부족	처리계획 (변제자대위/차순위대위)
한심해	12,574,219	5,625,000	6,949,219 ⇓	
	"갑"은 이시배당으로 자신 부담분을 초과하는 배당에 대해 이의를 할 수 있고, 이로 인해 배당손해를 보는 후순위채권자도 배당이의를 제기할 수 있다. 그럼에도 불구하고 불가분채무라는 이유로 배당을 할 시 "갑"은 공동으로 임대차계약을 체결한 "을"에게 구상권(변제자대위)을 청구할 수 있고(이 금액은 이시배당으로 배당손해를 본 자신의 후순위채권자에게 먼저 제공해야 한다) 이시배당으로 배당손해를 본 후순위채권자는 위 금액에 대해 대위권을 행사한다(후순위대위).			
동작구청	375,000	375,000	0	
김임차	45,000,000	7,500,000	37,500,000	위 한심해의 경우와 같다.
농협	75,000,000	12,500,000	62,500,000	위 한심해의 경우와 같다.
김대부	0	22,500,000	-22,500,000	이시배당으로 농협 등이 과다배당 받는 바람에 동시배당에 비해 손해를 본 것이므로 농협 등이 타 공유자에게 갖는 채권 중 이 금액을 우선변제 받아야 한다.
나임차	2,050,781	9,375,000	-7,324,219	위 김대부의 경우와 같다.
합계	135,000,000	57,875,000	77,125,000	☜ 동시배당 시 "갑"토지지분의 배당 잔액과 같다.

※ 이 배당표를 일목요연하게 한 표로 종합하면 다음과 같다(실제 배당작업은 이 표에 의하는 것이 공담채권배분에도 편리하고 오류도 줄일 수 있다).

1. 토지 공유지분 (유사공동저당) 일부매각 시 (예상)동시배당표 (단위 : 원)

△사건명 : 중앙지법2011타경1111 △이사배당일 : '12. 9. 30(배각기일 : '12. 9. 30(배당기일 : '12. 7. 20)

※ 편의상 토지에 설정된 채권은 앞에 "토-"를 붙여 구분했고, 토지·건물 공담인 경우(을·공)가 감정가비율로 구분해서 표시했다.

소 역	최초기준 : 2007. 12. 25 근저당권 ⇒ 상환후 : 2012. 9. 30(배각기일)		"갑" 전체		"갑 / 토지" 지분(1/6) — 매각 감정(75%) : 195,000,000 낙찰 : 136,500,000 경매비용 : 1,500,000/2,000,000 배당재단 : 135,000,000						"을 / 토지" 지분(3/6) — 매각 전 감정 : 585,000,000 낙찰 : 0 경매비용 : 0 배당재단 : 0			
배당기준	권리순위 11.11.30	배당금 11.11.30	토 : 토지 건 : 건물 공 : 공통 권리자	청구액 (설정액) 보증금	배당 대상채권	우선 당해세	우선배당=125,250,000 1차 ⇒ 조정후		지위	배당 대상채권	최우선 당해세	우선배당: 1차 ⇒ 조정후	
배당기준	등기, 확정 배정기일	등기, 전입 사업자등록	배당신 청일자	권리 종류										
07. 1. 10	07. 1. 1	07. 1. 10	11.11.15	감임자(채권자)	주거/현황 /신고	토 : 45,000,000 건 : 15,000,000 공 : 60,000,000	채무자 (승계)	7,500,000	0	7,500,000	7,500,000	채무자 (승계)	22,500,000	
07. 1. 10	07. 12. 25			"갑"·"을"·"병"·"정"	소유권	"갑"·"을"·"병"·"정"								
	공담액 배당기준 [☞총1배당당자 : 낙찰가—경매배당=선순위연수액 / △이사배당 시 : 감정가—선순귀채권 합계 : 1,125,000,000=100%]					"갑(1/6)", "을(3/6)", "병(1/6)", "정(1/6)" ← 매매/이매도 187,500,000(16.6667%)					"갑(1/6)", "을(3/6)", "병(1/6)", "정(1/6)" ← 매매/이매도 562,500,000(50.0000%)		
07. 12. 25	07. 12. 25			근저당(토 농협)		토 : 75,000,000 건 : 25,000,000 공 : 100,000,000	채무자	12,500,000	12,500,000	12,500,000	채무자	37,500,000	위비율별	
	각 물건 소유자(채무자)의 부담임위별(채무자) ⇔ 보증의 조정 후						위비율별 ☞부담임위별				위비율별 ☞부담임위별		
08. 2. 10	08. 2. 10			갑대부 ⇒ "갑"지분 (토지·건물)	기압류	토 : 22,500,000 건 : 7,500,000 공 : 30,000,000	채무자	22,500,000	0	22,500,000	22,500,000	채무자	—	☞매각지분 "건"지분에 대한 후순위채권은 모두 배당이 되므로 인분을 필요 없이 배당한다.
08. 3. 10	08. 3. 10			이대부 ⇒ "병"(토지)	기압류	토 : 25,000,000	—	—	—	—	—	—	—	
08. 3. 30	08. 3. 30	11.11.20		나임자 /소액 ⇒ 계약자 : "갑"·"을"	주거/현황 /신고	토 : 37,500,000 건 : 12,500,000 공 : 50,000,000	채무자 (계약자)	9,375,000	4,687,500 [18,750,000 (25,000,000 ×토지 : 75%)]	4,687,500	채무자 (계약자)	28,125,000		
09. 7. 30	09. 7. 30	11.11.10		한성해 /소액 ⇒ 계약자 : "갑"·"을"	주거/현황 /신고	토 : 22,500,000 건 : 7,500,000 공 : 30,000,000	채무자 (계약자)	5,625,000	4,687,500 [18,750,000 (25,000,000 ×토지 : 75%)]	937,500	채무자 (계약자)	16,875,000		
당해세	10. 7. 10			동구청 ⇒ "갑"지분 ("갑"재산세)	당해	토 : 375,000 건 : 125,000 공 : 500,000	채권자	375,000	375,000	0	0	채무자	—		
11. 8. 10	11. 8. 10			고려대 ⇒ "갑"(건물)	기압류	건 : 20,000,000	채무자	—	—	—	—	—	—		
11. 8. 30	11. 8. 30			김대경매 ⇒ "갑"지분	강제경매	(30,000,000)	—	—	—	—	—	—	—	
				합계			57,875,000	9,750,000	48,125,000	48,125,000		77,125,000		
				채권과부족/배당 후 잔액			77,125,000		48,125,000			77,125,000		

■ 색은 말소기준권리보다 선순위입니다.

부동산 경매 배당 완전 정복 관련 표 (배당 분석표)

소역	최초기준 : 2007. 12. 25 근저당권 ⇒ 상환후 : 2012. 9. 30(배당기일)	"갑" 전체	감정 : 260,000,000 낙찰 : 182,000,000			"병/토지" 지분(1/6) – 매각 전 감정(75%) : 195,000,000 경매비용 : 0 낙찰 : 0 / 몰수 지연이자 : 0				"정/토지" 지분(1/6) – 매각 전 감정 : 195,000,000 경매비용 : 0 낙찰 : 0 / 몰수 지연이자 : 0			
배당기준	등기, 확정, 전입 법정기일 사업자등록	토:토지 건:건물 공:공통 권리종류	권리자	청구액 (설정액) 보증금	지위	배당대상채권	☞최우선 당해세	우선배당 : 125,250,000 1차 ⇒ 조정 후	배당재단 : 0	배당대상채권	☞최우선 당해세	우선배당 : 1차 ⇒ 조정 후	배당재단 : 0
07.1.10 / 07.1.1	주거/현황	소유권	김○○(채○인) "갑" → "병", "정"	토:45,000,000 건:15,000,000 공:60,000,000	채무자 (승계)	7,500,000				7,500,000			
07.1.10 / 07.1.10 11.11.15	/신고	전입 사업자등록											
07.12.25													
공담액 배당기준 [☞공시배당시·낙찰가주의배당액⇒선순위연수액 / △이시배당시: 2청구=선순위채권 합계 : 1,125,000,000=100%]						"갑(1/6)·을3(3/6)·병(1/6)·정(1/6)" ⇐ 매매/이매도 187,500,000(16.6667%)				"갑(1/6)·을3(3/6)·병(1/6)·정(1/6)" ⇐ 매매/이매도 187,500,000(16.6666%)		
07.12.25 / 07.12.25	근저당(공동)농협	기압류		토:75,000,000 건:25,000,000 공:100,000,000	채무자	12,500,000	☞위圖용물			12,500,000	☞위圖용물		
각 물건 소유자(채)의 부담범위(채무자 ⇔ 보증인) 조정 후						☞부담안빨				☞부담안빨			
08.2.10 / 08.2.10	갑매류 → "갑"지분	기압류		토:22,500,000 건:7,500,000 공:30,000,000									
08.3.10 / 08.3.10	이매류 → "병"(토지)	기압류		토:25,000,000 건:12,500,000 공:37,500,000	채무자	25,000,000							
08.3.30 / 08.3.30 11.11.20	나음자/소액 → 계약자·"갑"·"을"	주거/현황		토:50,000,000 공:50,000,000									
08.3.30 / 08.3.30	/신고												
09.7.30 / 09.7.30 11.11.10	하△해/소액 → 계약자·"갑"·"을"	주거/현황		토:22,500,000 건:7,500,000 공:30,000,000									
09.7.30 / 09.7.30	/신고												
당해세	동자구청 → "갑"지분 ("갑"·재산세)	압류		토:375,000 건:125,000 공:500,000									
11.8.10 / 11.8.10	고대류 → "갑"(건물)	기압류		건:20,000,000									
11.8.30 / 11.8.30	강제경매 → "갑"지분	강제경매		(30,000,000)									
		합계											
		채권과부족/배당 후 잔액				합계							

■ 색은 말소기준권리보다
선순위입니다.

2. 토지 공유지분 (유사공동저당) 일부매각 시 (실제)이사배당표 (단위 : 원)

소역 최초기준 : 2007. 12. 25 근저당권 ⇒ 상환후 : 2012. 9. 30(배당기일)
감정 : 260,000,000 **낙찰** : 182,000,000

"갑" 전체
"갑 / 토지" 지분(1/6) 이사배당내역
감정(75%) : 195,000,000/2,000,000 낙찰 : 136,500,000 경매비용 : 1,500,000/2,000,000
배당재단 : 135,000,000 우선배당 : 120,000,000 동시배당이자 : 0 몫수 지연이자 : 0

배당기준 (등기,확정 설정기일) / 권리순위 (등기,전입 사업자등록)	배당종기 11.11.30 / 배당신청 청구일자(배당신청 철회일)	권리종류	권리자	청구액(설정액) 보증금	최우선 당해세	우선배당 120,000,000 1차⇒ / 조정후	동시배당시 정상배당	이사배당으로 인한 배당과부족	"을"지분 3/6	"병"지분 1/6	"정"지분 1/6	비고
07.1.1		주거/현황	김임차(임차인)	토:45,000,000 건:15,000,000 공:60,000,000	0	(물기본채무)45,000,000 / 45,000,000	7,500,000	37,500,000	22,500,000 ("갑"구성원)	7,500,000 ("갑"구성원)	7,500,000 ("갑"구성원)	물기본채무로 전체 선변제 후 구성원 행사 사례(채권자대위)
07.1.10 / 07.1.10 11.11.15		/신고	소유권	토:15,000,000 건:15,000,000 공:60,000,000								민법368조1항
07.12.25		소유권	"갑""을""병""정"									"갑""을""병""정" ⇐ 매매/이매도
07.12.25 / 07.12.25		근저당(금)	동협	토:75,000,000 건:25,000,000 공:100,000,000		75,000,000 / 75,000,000	12,500,000	62,500,000	37,500,000	12,500,000	12,500,000	
07.12.25 07.12.25		각 물건 소유자(채무자)에의 부담범위(채무자 ⇔ 보증인) 조정 후							-13,500,000	-4,500,000	-4,500,000	대위에는 "갑"이 각 구성원을 행사한 금액
08.2.10 / 08.2.10		기압류	김대부 ⇒ "갑"지분 (토지,건물)	토:22,500,000 건:7,500,000 공:30,000,000		22,500,000 / 0	22,500,000	-22,500,000				공유지분 "갑"의 구성원(변제자대위)에서 자순위대위로 "갑"보다 먼저 회수
08.3.10 / 08.3.10 11.11.11		기압류 /신고	이대부 ⇒ "병"지분 (토지)	토:25,000,000								
08.3.30 / 08.3.30 11.11.20		주거/현황 /신고	낙원차/소역 ⇒ 계약자: "갑"="을"	토:37,500,000 건:12,500,000 공:50,000,000	2,050,781 [근저변제 소액행]	(배당잔액) / 9,375,000		-7,324,219	-4,394,531	-1,464,844	-1,464,844	공유지분 "갑"의 구성원(변제자대위)에서 자순위대위로 "갑"보다 먼저 회수
09.7.30 / 09.7.30 11.11.10		주거/현황 /신고	한심해/소역 ⇒ 계약자: "갑"="을"	토:22,500,000 건:7,500,000 공:30,000,000	12,000,000 [16,000,000 ×토지(75%) +574,219]	2,625,000× (2,625,000 이내) 한심해에 인한 [10,500,000+37 ,500,000+0.5 00,000)]		6,949,219	6,949,219	0	0	계약을 저길 한"을"에게 구성원상사
당해세 10.7.10		압류	동자청 ⇒ "갑"지분 ("갑"재산세)	토:375,000 건:125,000 공:500,000	375,000	0	375,000	0	375,000			
11.8.10		기압류	고대부 ⇒ "갑"지분 (건물)	건:125,000								
11.8.30		강제경매	김대부 ⇒ "갑"지분	공:20,000,000 (30,000,000)								
합계				15,000,000		120,000,000 / 120,000,000	57,875,000	77,125,000	49,054,688	14,035,156	14,035,156	각 공유자별 배당잔액
채권과부족/배당 후 잔액						0						동시배당 시의 배당순위액

■ 색은 말소기준권리보다 선순위입니다.

'갑'의 실질적구성액(총구소유액) = 동시배당 시의 배당순위액

③ 건물 각 지분별 등기권리 내역(각 지분별로 공담채권을 배분하려면 각 지분별 선순위채권을 먼저 알아야 한다)

▶ 건물/"갑"지분 등기권리내역

2007. 12. 25 소유권(매매) "갑"(1/6), "을"(3/6), "병"(1/6), "정"(1/6) (전소유자 이매도)

2007. 12. 25 근저당권설정(채권자 : 농협) 100,000,000원

(채무자 : "갑", "을", "병", "정")

[공동담보 : "갑", "을", "병", "정" 각 토지지분]

2008. 2. 10 가압류(채권자 : 김대부) 30,000,000원

2010. 7. 10 압류(동작구청 : 재산세) 500,000원

2011. 8. 10 가압류(채권자 : 고리대) 20,000,000원

2011. 8. 30 강제경매(경매신청자 : 김대부)

▶ 건물/"을"지분 등기권리내역

2007. 12. 25 소유권(매매) "갑"(1/6), "을"(3/6), "병"(1/6), "정"(1/6) (전소유자 이매도)

2007. 12. 25 근저당권설정(채권자 : 농협) 100,000,000원

(채무자 : "갑", "을", "병", "정")

[공동담보 : "갑", "을", "병", "정" 각 토지지분]

▶ 건물/"병"지분 등기권리내역

2007. 12. 25 소유권(매매) "갑"(1/6), "을"(3/6), "병"(1/6), "정"(1/6) (전소유자 이매도)

2007. 12. 25 근저당권설정(채권자 : 농협) 100,000,000원

(채무자 : "갑", "을", "병", "정")

[공동담보 : "갑", "을", "병", "정" 각 토지지분]

2011. 7. 30 가압류(채권자 : 주대부) 25,000,000원

▶ 건물/"정"지분 등기권리내역

2007. 12. 25 소유권(매매) "갑"(1/6), "을"(3/6), "병"(1/6),
 "정"(1/6) (전소유자 이매도)

2007. 12. 25 근저당권설정(채권자 : 농협) 100,000,000원

(채무자 : "갑", "을", "병", "정")

[공동담보 : "갑", "을", "병", "정" 각 토지지분]

④ 건물 각 지분별 공담채권 배분기준(감정가액-선순위채권 산정
이시배당 시 매각외 지분은 낙찰가가 있을 수 없으므로 각 지분
간 비교기준을 일치시키기 위해서는 감정가를 기준으로 하되, 지
분은 다르지만 동일한 물건이므로 매각지분의 감정가를 기준으로
다른 지분의 감정가를 산출하면 된다.

▶ "갑"지분 : 65,000,000-2,500,000[선순위임차보증금]
=62,500,000(16.6667%)[선순위임차보증금 ☞
60,000,000×25%(건물비율)×1/6(공유지분비율)]

▶ "을"지분 : 195,000,000-7,500,000[선순위임차보증금]
=187,500,000(50.0000%)[선순위임차보증금 ☞
60,000,000×25%(건물비율)×3/6(공유지분비율)]

▶ "병"지분 : 65,000,000-2,500,000[선순위임차보증금]
=62,500,000(16.6667%)[선순위임차보증금 ☞
60,000,000×25%(건물비율)×1/6(공유지분비율)]

▶ "정"지분 : 65,000,000-2,500,000[선순위임차보증금]

$$=62,500,000(16.6667\%)[선순위임차보증금 ☞$$

$$60,000,000 \times 25\%(건물비율) \times 1/6(공유지분비율)]$$

⑤ 공담채권배분기준에 따른 각 건물지분별 부담할 공담채권
(100,000,000) 배분액

▶ "갑"지분 : $100,000,000 \times 25\%(건물비율) \times 62,500,000/$
$375,000,000(16.6667\%)=4,166,667$

▶ "을"지분 : $100,000,000 \times 25\%(건물비율) \times 187,500,000/$
$375,000,000(50.0000\%)=12,500,000$

▶ "병"지분 : $100,000,000 \times 25\%(건물비율) \times 62,500,000/$
$375,000,000(16.6667\%)=4,166,667$

▶ "정"지분 : $100,000,000 \times 25\%(건물비율) \times 62,500,000/$
$375,000,000(16.6667\%)=4,166,666$

⑥ 건물/공유자 간(채무자 ⇔ 보증인 간) 지분별 채무부담범위에
따른 부담금액 조정

채무자선변제의무로 채무자 ⇔ 보증인 간 부담할 채무범위의 조
정이 필요하다. 다만, 당해 공유자의 경우에는 공유자 전부가 농협
에 대한 공동채무자이고 그 채무를 각 공유자의 지분별로 배분했
으므로 채무자⇔보증인 간의 조정은 필요 없다.

⑦ 건물/각 물건별 배당작업

공담물건 중 "갑"지분만 매각되었으므로 이에 대한 배당분석만
하면 된다.

▶ 전체 건물지분 매각에 의한 동시배당 시를 가정한 "갑"지분의 (정상)배당표

낙찰가(건물분) : 45,500,000원[182,000,000원(총액)×25%] + 몰수, 지연이자 : 0
- 경매비용 : 500,000원[2,000,000원×25%] = 배당재단 : 45,000,000원

(단위 : 원)

등기, 확정일	전입(사업)	권리종류	권리자	채권액	배당금액	부족액	비고
		최우선변제	임차권	한심해	1,000,000 (4,000,000)	1,000,000	0	총액×건물분×"갑"지분(1/4)
2009. 7. 30	* ① 임차인 한심해는 2007. 12. 25 근저당권 기준(40,000,000/16,000,000) 소액임차인에 해당함 ② 16,000,000×건물비율(25%) = 4,000,000이나 임대차계약을 "갑"(1/6)과 "을"(3/6)이 체결했으므로 매각대상인 "갑" 해당액[4,000,000×1/4("갑"+"을" 중 "갑"의 비율) = 1,000,000]을 산정한 것임 - 따라서 "갑", "을" 외 타 공유자는 당 임차인에 대해서는 보증금반환채무가 없음						
2010. 7. 10	당해세	압류(재산세)	동작구청	125,000	125,000	0	총액×건물분
2007. 1. 10	2007. 1. 10	임차권	김임차	2,500,000 (15,000,000)	2,500,000	0	총액×건물분×"갑"지분(1/6)
2007. 12. 25		근저당권 (공동담보)	농협	4,166,667 (25,000,000)	4,166,667	0	총액×건물분×"갑"지분(1/6)
		최우선변제	임차권	나임차	1,562,500 (6,250,000)	1,562,500	0	⇓
2008. 3. 30	* ① 2007. 12. 25 근저당권을 기준으로는 소액임차인이 아니나 이를 상환하고 나면 배당기일을 기준(75,000,000/25,000,000)으로 소액임차인에 해당되며, 이에 "갑" 부담부분(1/4)을 산정함 ② 25,000,000×건물비율(25%) = 6,250,000이나 임대차계약을 "갑"(1/6)과 "을"(3/6)이 체결했으므로 매각대상인 "갑" 해당액은 1,562,500[6,250,000×1/4("갑"+"을" 중 "갑"의 비율)]임 - 따라서 "갑", "을" 외 타 공유자(계약 미체결자)는 당 임차인에 대해서는 보증금반환채무가 없음						
		최우선변제 (증액분)	임차권	한심해	562,500 (2,250,000)	562,500	0	⇓
2009. 7. 30	* 근저당권이 상환된 후 배당일기준(75,000,000/25,000,000)으로 증액된 기준액 추가 ① 9,000,000[최우선변제 증액분(25,000,000-16,000,000)]×건물비율(25%) = 2,250,000 ② 매각대상인 "갑" 해당액은 562,500[2,250,000×1/4("갑"+"을" 중 "갑"의 비율)]-임대차계약을 "갑"(1/6)과 "을"(3/6)이 체결했으므로 "갑", "을" 외 타 공유자는 당 임차인에 대해서는 보증금반환채무가 없음						
2008. 2. 10		가압류	김대부	7,500,000	7,500,000	0	*전체 채권이 만족해서 안분 필요 없음
		임차권	나임차	1,562,500	1,562,500	0	⇓
2008. 3. 30	* ① 총액 : 50,000,000×건물비율(25%)×1/4("갑"+"을" 중 "갑"의 비율) = 3,125,000 ② 3,125,000 - 최우선변제액 : 1,562,500 = 우선배당 : 1,562,500						
		임차권	한심해	312,500	312,500	0	⇓
2009. 7. 30	* ① 총액 : 30,000,000×건물비율(25%)×1/4("갑"+"을" 중 "갑"의 비율) = 1,875,000 ② 1,875,000 - 최우선변제액 : 1,562,500(1차 : 1,000,000+2차 : 562,500) = 우선배당 : 312,500						
2011. 8. 10		가압류	고리대	20,000,000	20,000,000	0	
합계				39,291,667	39,291,667	0	
배당 후 매각대금 잔액					5,708,333		

▶ 건물 일부지분 매각에 의한 이시배당 시 "갑"지분의 실제 배당표

> **낙찰가(건물분) : 45,500,000원[182,000,000원(총액)×25%]** + 몰수, 지연이자 : 0
> – 경매비용 : 500,000원[2,000,000원×25%] = 배당재단 : 45,000,000원

(단위 : 원)

등기, 확정일	전입(사업)	권리종류	권리자	채권액	배당금액	부족액	비고
	최우선변제	임차권	한심해	4,000,000 (4,000,000)	4,000,000	0	총액×건물분
2009. 7. 30	* ① 임차인 한심해는 2007. 12. 25 근저당권 기준(40,000,000/16,000,000) 소액임차인에 해당함 ② 16,000,000×건물비율(25%) = 4,000,000인데 임대차계약을 "갑"(1/6)과 "을"(3/6)이 체결했으므로 매각대상인 "갑" 해당액 : 1,000,000[4,000,000×1/4("갑"+"을" 중 "갑"의 비율)]만 배당해야겠으나 임차보증금은 불가분채무이므로 "갑"지분의 매각대금이 있는 한 전액 배당함 – 따라서 이시배당으로 과다변제한 금액은 타 계약체결자에게 구상권(변제자대위)을 행사함						
2010. 7. 10	당해세	압류(재산세)	동작구청	125,000	125,000	0	총액×건물분
	2007. 1. 10	임차권	김임차	15,000,000 (15,000,000)	15,000,000	0	총액×건물분
2007. 1. 10	* 총 보증금 : 60,000,000×건물비율(25%) = 15,000,000인데 임대차계약을 "갑"(1/6)과 "을"(3/6)이 체결했으므로 매각대상인 "갑" 해당액 : 3,750,000[15,000,000×1/4("갑"+"을" 중 "갑"의 비율)]만 배당해야겠으나 임차보증금은 불가분채무이므로 "갑"지분의 매각대금이 있는 한 전액 배당함 – 따라서 이시배당으로 과다변제한 금액은 타 계약체결자("을")에게 구상권(변제자대위)을 행사함						
2007. 12. 25		근저당권 (공동담보)	농협	25,000,000	25,000,000	0	총액×건물분
	최우선변제	임차권	나임차	683,594	683,594	0	⇓
2008. 3. 30	* ① 2007. 12. 25 근저당권을 기준으로는 소액임차인이 아니나 이를 상환하고 나면 배당기일을 기준 (75,000,000/25,000,000)으로 소액임차인에 해당됨 ② 근저당권자에게 변제하고 난 잔여배당재원이 875,000이나 아래 한심해도 증액된 최우선변제금을 배분받아야 하므로 나임차의 임차보증금(건물분)과 한심해의 미회수잔액(건물분)의 비율대로 배분함. 즉, 875,000,000×12,500,000÷(12,500,000+3,500,000 : 한심해 미회수잔액) = 683,594						
	최우선변제 (증액분)	임차권	한심해	191,406	191,406	0	⇓
2009. 7. 30	* 근저당권이 상환된 후 배당일기준(75,000,000/25,000,000)으로 증액된 기준액 추가 근저당권이 변제되고 나면 나임차도 소액임차인에 해당하므로 배당잔여액을 안분해야 함 즉, 875,000,000×3,500,000÷(12,500,000+3,500,000 : 한심해 미회수잔액) = 191,406 또는 잔여배당재원 : 875,000– 나임차 해당액 : 683,594 = 191,406						
합계				45,000,000	45,000,000	0	
배당 후 매각대금 잔액					0		

▶ 건물지분 이시배당으로 인한 배당과부족 및 처리(변제자대위/차순위대위)계획

(단위 : 원)

채권자	이시배당 시 실제배당액	동시배당 시 정상배당액	배당과부족	처리계획 (변제자대위/차순위대위)
	4,191,406	1,875,000	2,316,406	⇩
한심해				"갑"은 이시배당으로 자신 부담분을 초과하는 배당에 대해 이의를 할 수 있고, 이로 인해 배당손해를 보는 후순위채권자도 배당이의를 제기할 수 있다. 그럼에도 불구하고 불가분채무라는 이유로 배당을 할 시 "갑"은 공동으로 임대차계약을 체결한 "을"에게 구상권(변제자대위)을 청구할 수 있고(이 금액은 이시배당으로 배당손해를 본 자신의 후순위채권자에게 먼저 제공해야 한다), 이시배당으로 배당손해를 본 후순위채권자는 위 금액에 대해 대위권을 행사한다(후순위대위).
동작구청	125,000	125,000	0	
김임차	15,000,000	2,500,000	12,500,000	위 한심해의 경우와 같다.
농협	25,000,000	4,166,667	20,833,333	위 한심해의 경우와 같다.
김대부	0	7,500,000	-7,500,000	이시배당으로 농협 등이 과다배당 받는 바람에 손해를 본 것이므로 농협 등이 타 공유자에게 갖는 채권 중 이 금액을 우선변제 받아야 한다(후순위대위).
나임차	683,594	3,125,000	-2,441,406	위 김대부의 경우와 같다.
고리대	0	20,000,000	-20,000,000	위 김대부의 경우와 같다.
합계	45,000,000	39,291,667	5,708,333	☞ 동시배당 시 "갑"건물지분의 배당잔액과 같다.

※ 이것을 일목요연하게 한 표로 종합하면 다음과 같다(실제 배당작업은 이 표에 의하는 것이 공담채권배분에도 편리하고 오류도 줄일 수 있다).

3. 건물 공유지분 (유사공동저당) 일부매각 시 (예상)동시배당표 (단위 : 원)

△사건명 : 중앙지법2011타경1111 △ 이사배당일 : '12. 9. 30(배당7일)
△상환후 : 2012. 9. 30(배당7일)

※ 편의상 토지에 설정된 채권은 앞에 "토.", 건물 경우에 설정된 채권은 "건."을 붙여 구분했고, 토지·건물 공담인 경우(공.) 각 감정가비율로 구분해서 표시했다.

소 역	배당기준	권리순위	권리 종류	관리자	청구액 (설정액) 보증금	"갑/건물 지분(1/6) - 매가" 감정(25%) : 65,000,000 낙찰 : 45,500,000 경매비용 : 500,000/2,000,000 물수 지연이자 : 0				"을/건물 지분(3/6) - 매가 전" 감정 : 195,000,000 낙찰 : 0 경매비용 : 0 물수 지연이자 : 0			
	최초기준 : 2007. 12. 25 근저당권 ⇒ 상환후 : 2012. 9. 30(배당7일)		토 : 토지 건 : 건물 공 : 공통			배당재단 : 45,000,000				배당재단 :			
						지안	배당 대상채권	우선배당 : 45,000,000 우선배당 : 41,750,000 1차 ⇒ 조정 후		지안	배당 대상채권	우선배당 : 1차 ⇒ 조정 후	
배당기준	등기, 확정 법정기일	등기, 전입 배당신 사업자등록	권리 증류		토 : 45,000,000 건 : 15,000,000 공 : 60,000,000								
07. 1. 1			주거/현황	김임차인(현안)									
07. 1. 10	07. 1. 10 11.11.15	11.11.30	/신고			재무자 (승계)	2,500,000	2,500,000	2,500,000	재무자 (승계)	7,500,000		
07. 12. 25			소유권	"갑" "을" "병" "정"						"갑(1/6)", "을(3/6)", "병(1/6)", "정(1/6)" ⇐ 매매/0매도			
공담액 배당기준[▷동시배당 시 : 낙찰가−경매배당=선순위=안수액 /▷이시배당 시 : 강정가−선순위채권 합계] = 375,000,000(□배당 시 : 100%)							62,500,000(16.6667%)			187,500,000(50.0000%)			
07. 12. 25	07. 12. 25		근저당(을)농협	근저당(보증인) 조정 후	토 : 75,000,000 건 : 25,000,000 공 : 100,000,000	재무자	4,166,667	4,166,667	4,166,667	재무자	12,500,000		
각물건 소유자(채(위)의 부담범위별(채무자 ⇔ 보증인) 조정 후							☞위비율 부담방법				☞위비율 부담방법		
08. 2. 10	08. 2. 10		기압류	검대부⇒"갑"지분 (토지/건물)	토 : 22,500,000 건 :7,500,000 공 : 30,000,000	재무자	7,500,000	–	7,500,000	재무자	7,500,000	–	–
08. 3. 10	08. 3. 10		기압류	이대부⇒"병"(토지)	건 : 25,000,000	–	–	–	–	–	–	–	–
08. 3. 30	08. 3. 30		주거/현황	나양자/소액 ⇒ 계약자: "갑"·"을"	토 : 37,500,000 건 :12,500,000 공 : 50,000,000	재무자 (계약자)	3,125,000 1,562,500 (6,250,000 (25,000,000 ×건물·25%)	1,562,500	1,562,500	재무자 (계약자)	9,375,000	–	–
08. 3. 30	08. 3. 30 11.11.20		/신고										
09. 7. 30	09. 7. 30		주거/현황	한선해/소액 ⇒ 계약자: "갑"·"을"	토 : 22,500,000 건 :7,500,000 공 : 30,000,000	재무자 (계약자)	1,875,000 1,562,500 (6,250,000 (25,000,000 ×건물·25%)	312,500	312,500	재무자 (계약자)	5,625,000	–	–
09. 7. 30	09. 7. 30 11.11.10		/신고										
당해세	10. 7. 10		압류	동구청⇒"갑"지분 (갑)재산세	토 : 375,000 건 :125,000 공 : 500,000	재무자	125,000	125,000	0	재무자	0	–	–
11. 8. 10	11. 8. 10		기압류	고대부⇒"갑"(건물)	건 : 20,000,000	재무자	20,000,000	0	20,000,000	재무자	20,000,000	–	–
11. 8. 30	11. 8. 30		강제경매	검대부⇒"갑"지분	(30,000,000)	–	–	–	–	–	–	–	–
			합계				39,291,667	3,250,000	36,041,667		36,041,667	–	–
			채권과부족/배당 후 잔여				5,708,333		5,708,333		5,708,333		–

☞ 매각지분이"갑"건물에 대한 후순위채권은 모두 배당이 되므로 인별할 필 요 없이 배당한다.

■ 배당 말소기준권리보다 선순위이다.

소유/명의	최초기준 : 2007. 12. 25 근저당권 ⇒ 상환후 : 2012. 9. 3(배당기일)	"갑" 전체	감정 : 260,000,000 낙찰 : 182,000,000	"병 / 건물" 지분(1/6) - 매각 전 감정(25%) : 65,000,000 낙찰 : 0 경매비용 : 0 몰수-지연이자 : 0	"정 / 건물" 지분(1/6) - 매각 전 감정 : 65,000,000 낙찰 : 0 경매비용 : 0 몰수-지연이자 : 0

배당기준 11.11.30	권리종류	토 : 토지 건 : 건물 공 : 공통 권리자	청구액 (설정액) 보전금	배당 대상채권	배당재단 최우선 당해세	우선배당 : 125,250,000 우선 1차 ⇒	지위	배당 대상채권	배당재단 최우선 당해세	우선배당 : 0 우선 1차 ⇒	지위
등기,확정 설정기일	배당신 청장자	권리 종류									

공담액 배당기준 [⇒총(배당시 - 낙찰가-경매비용-선순위권리)연 / (△ 0)A:배당 시 : 감정가-선수위채권 합계 : 375,000,000(100%)]

07.1.1		주거/현황	토 : 45,000,000 건 : 15,000,000 공 : 60,000,000	채무자 (승계)	2,500,000			채무자 (승계)	2,500,000		
07.1.10	07.1.10	11.11.15	/신고									
07.12.25		소유권	"갑" "을" "병" "정"	"갑(1/6)", "을(3/6)", "병(1/6)", "정(1/6)" ⇐ 매매/이매도							
				62,500,000(16.666%)				62,500,000(16.6666%)			
07.12.25	07.12.25	근저당(공담) 농협	토 : 75,000,000 건 : 25,000,000 공 : 100,000,000	채무자	4,166,667	☞ 안분율별	4,166,667	채무자	4,166,666	☞ 안분율별	4,166,666

각 물건 소유자(지위)의 **부담범우 별(채무자) ⇔ 보증)의 조정 후**

08.2.10	08.2.10	가압류	토 : 22,500,000 건 : 7,500,000 공 : 30,000,000	김대부 ⇒ "갑"지분 (토지,건물)	–	☞ 부담범위별	–	–	–	☞ 부담범위별	–
08.3.10	08.3.10	가압류	토 : 25,000,000	이대부 ⇒ "병"(토지)	–	–	–	–	–	–	–
08.3.30	08.3.30	주거/현황	토 : 37,500,000 건 : 12,500,000	나영자 /소액 ⇒ 계약자 : "갑"·"을"	–	–	–	–	–	–	–
	08.3.30	11.11.20	/신고		–	–	–	–	–	–	–
08.3.30	08.3.30	주거/현황	토 : 22,500,000 건 : 7,500,000	한상해 /소액 ⇒ 계약자 : "갑"·"을"	–	–	–	–	–	–	–
	09.7.30	11.11.10	/신고		–	–	–	–	–	–	–
09.7.30	09.7.30		토 : 30,000,000		–	–	–	–	–	–	–
당해세	10.7.10	압류	토 : 375,000 건 : 125,000 공 : 500,000	동작구청 ⇒ "갑"지분 (당해재산세)	–	–	–	–	–	–	–
11.8.10	11.8.10	가압류	건 : 20,000,000	고리대 ⇒ "갑"(건물)	–	–	–	–	–	–	–
11.8.30	11.8.30	강제경매		김대부 ⇒ "갑"지분	–	–	–	–	–	–	–
		합계	(30,000,000)		–	–	–	–	–	–	–
		채권다부족/배당 후 잔여									

■ 색은 말소기준권리보다
선순위입니다.

4. 건물 공유지분 (유사공동저당) 일부매각 시 이자(실제)배당표 (단위 : 원)

△사건명 : 중앙지법2011타경1111 △ 이사배당일 : '12. 9. 30(매각일 : '12. 7. 20)

※ 편의상 토지에 설정된 채권은 있에 "토 · 을" 건물에 설정된 채권은 "건 · 을"을 붙여 구분했고, 토지 · 건물 공담인 경우("공")는 각 감정가비율로 구분해서 표시했다.

소요	배당기준	등기, 확정 분망기일	권리순위 등기 · 전입 사본등록	배당종기 11.11.30	배당신 청임신 청당자	"갑" 전체 토 : 토지 건 : 건물 공 : 공통	권리자	권리종류	청구액 (설정액) 보증금	"갑 · 건물" 지분(1/6) 이사배당내역 배당채단 : 45,000,000 우선배당 : 40,000,000 최우선 당해세	1차 ⇒ 조정 후	동시배당 시 정상배당 배당채단 : 45,500,000 몰수 지연이자 : 0	이사배당 으로 인한 배당과부족	각 지분별 과부족액 처리내역 "을"지분 3/6	"을"지분 1/6	"병"지분 1/6	"정"지분 1/6	비고
	최초기준 : 2007. 12. 25 근저당권 ⇒ 상환후 : 2012. 9. 30(배당기일)					감정 : 260,000,000 낙찰 : 182,000,000 감정(25%) : 65,000,000/2,000,000 경매비용 : 500,000/당해세 : 0												
07.1.1		07.1.1	주거/현황			토 : 45,000,000	김영숙(임차인)			0	(몰기권무) 15,000,000	2,500,000	12,500,000	7,500,000	2,500,000	2,500,000	
07.1.10	07.1.10	11.11.15	/신고	11.11.30		건 : 15,000,000 공 : 60,000,000				15,000,000								
07.12.25		07.12.25	소유권					"갑" "을" "병" "정"		"갑" "을" "병" "정" ⇐매매/이매도				–	–	–	–	
			공담액 배당기준 [▷동시배당 시 : 낙찰가 - 경매비용 - 선순위채권액 ▷이사배당 시 : 감정가 - 선순위채권] 합계 : 375,000,000(지분별 합계 = 100%)														
07.12.25	07.12.25		근저당(공동) 토등			토 : 75,000,000 건 : 25,000,000 공 : 100,000,000			–	25,000,000	25,000,000	4,166,667	20,833,333	12,500,000	4,166,667	4,166,667	4,166,666	
			각 물건 소유자(채무자)의 부담범위별[채무자 ⇔ 보증인] 조정 후														
08.2.10	08.2.10		가압류			토 : 22,500,000 건 : 7,500,000 공 : 30,000,000	김대부 ⇒ "갑"지분 (토지 · 건물)		0	0	0	7,500,000	-7,500,000	-4,500,000	-1,500,000	-1,500,000	–	
08.3.10	08.3.10	11.11.20	/신고			건 : 25,000,000	이대부 ⇒"갑"지분 (토지)		–	–	–	–	–	–	–	–	–	
08.3.30	08.3.30		주거/현황			토 : 37,500,000 건 : 12,500,000 공 : 50,000,000	나윤아 /소액 ⇒ 계약자 : "갑" · "을"		683,594 [근저권제 소액배당]	–	–	3,125,000	-2,441,406	-1,464,844	–	2,316,406	-488,281	-488,281	
08.3.30	08.3.30	11.11.10	/신고			토 : 22,500,000 건 : 7,500,000 공 : 30,000,000	한성해 /소액 ⇒ 계약자 : "갑" · "을"		4,000,000 [16,000,000 ×2(불×25%) +191,406]	875,000×3,500,000+12,500,000 0-3,500,000	배당잔액 (875,000 이하) 한성해에 의분	1,875,000	2,316,406	2,316,406	0	0	–	☞계약을 체결 한 "을"에게 구상권행사
당해세	10.7.10		압류			토 : 375,000 건 : 125,000 공 : 500,000	동자구청 ⇒"갑"지분 ("갑"재산제)		125,000		–	125,000	0	–	125,000	–	–	
11.8.10	11.8.10		가압류			건 : 20,000,000	고대부 ⇒"갑"(건물)		0	–	0	20,000,000	-20,000,000	-12,000,000	-4,000,000	-4,000,000	–	☞"갑"의 실질적구성액(총구성·후순위대비 = 동시배당 시의 배당진액
11.8.30	11.8.30		강제경매			건 : (30,000,000)	김대부 ⇒"갑"지분		–	–	–	–	–	–	–	–	–	
			합계						5,000,000	40,000,000	40,000,000	39,291,667	5,708,333	4,351,562	678,386	678,386	678,385	
			채권과부족/배당 후 잔액						–	–	0							

■ 세은 압소기준권리보다 선순위입니다.

☞"갑"의 실질적구성액(총구성·후순위대비 = 동시배당 시의 배당진액

공동담보물건이 있는 경우 배당분석의 중요성

여러 개의 공동담보물건이 있는 경우 앞서 본 이시배당의 문제 이외 설혹 동시배당을 실시한다고 하더라도 매우 주의가 필요하다. 그 이유는 각 담보물건마다 배당대상 권리가 동일하고 그 순위도 동일하다면 모르겠지만 대부분의 경우 그렇지 않고 각 담보물건마다 배당대상권리도 다르고 순위 또한 다르기 때문이다. 특히 NPL 투자가 대세를 이루고 있는 요즘은 바로 이런 경우 후순위저당권자가 이러한 고급지식을 몰라 스스로 예상배당액(회수예상액)을 과소평가해서 저가에 채권(NPL)을 매각할 수도 있다. 그런데 그럴 경우 예상 외의 저가로 NPL을 구입한 후 훌륭한 수익을 실현할 수도 있다. 바로 이런 것이 일반 경매참여자들이 다소 등한시하는 배당을 잘 알아야 하는 이유이기도 하다. 특히, 뒤에 나오는 NPL 투자를 하고자 할 경우에는 배당분석이라는 과목이 필히 알아야 하는 필수과목 중 하나이다.

그런데 앞서 45페이지에서 예시한 것처럼 현재 경매법원에서 사용하고 있는 배당분석표는 하나의 물건에 대한 배당은 별문제 없이 해결되겠으나 여러 개의 공담물건이 있고 각 물건마다 서로 배당대상권리도 다르고, 그에다 배당순위마저 서로 다른 경우에는 쉬 해결되지 않는다는 것을 알 수 있다.

이때에는 현재 경매계에서 사용하고 있는 이런 배당표가 아닌 전체물건을 한 표에 나열해서 각 권리 순위별로 배당을 하다가 공담채권 순위의 배당에 있어서는 1차적으로 먼저 공담물건 전체에 대한 비율배당을 한 후, 어떤 공담물건에서는 배당이 부족한 반면 어떤 공담물건에서는 배당 여유가 있거나 어떤 물건은 채무자소유이고, 어떤 물건은 보증인소유일 경우 부담범위에 대한 조정을 해서 공담채권에 대한 배당을 종료한 후 그다음 순위에 대한 배당을 실시해야 한다. 그리하여 경매법원의 배당계산에 오류가 있을 시는 배당이의를 제기해 권리를 찾아야 할 것이다(물론 필자가 개발한 공담물건에 대한 배당분석표가 있지만 지면관계상 게재할 수 없는 점 양해바란다).

Part

03

공유지분^{지분경매} 입찰 시 유의사항

경매가 대중화·보편화되어 경매를 이용해 수익을 실현하기가 어렵다 보니 이젠 특수물건이라 해서 공유지분에 대한 투자를 고수익을 실현할 수 있는 더없이 좋은 물건이라고 선전하고 있고, 이를 배우는 분들 또한 그런 줄로 알고 맹신해서 뛰어들고 있는 실정이다. 그런데 이는 공유지분에 대한 이해 부족에서 기인한 것으로 매우 위험한 행위이기도 하다.

하지만 공유지분에 대한 이해를 완벽히 해서 그 어떤 경우에도 대처할 수 있는 지식을 쌓은 경우라면 분명 고수익을 실현할 수 있는 특수물건임에는 틀림없다. 그야말로 우리가 잘 아는 속담처럼 '아는 것이 힘이다'라는 말이 꼭 들어맞다. 그래서 필자는 이를 '별들의 전쟁'이라 칭하고자 하는데, 말하자면 공유지분에 대해 과도한 기피도, 막연한 자신감도 버리고 냉철한 분석을 하라는 것이다.

우선, 공유지분에는 어떤 형태가 있는지부터 먼저 알아본 후 공유지분 취득을 위한 분석절차에서부터 수익실현 절차까지 순서대로 알아보기로 하자.

구분소유적 공유관계가 되기 위한 요건

일반 공유지분은 자기지분에 대한 배타적지배권이 없지만 구분소유적 공유일 경우에는 자기지분에 대한 배타적지배권이 있다. 따라서 대외적으로 자기지분에 대해 배타적지배권을 행사하기 위한 구분소유적 공유관계가 되기 위해서는 최소한 ▶ 토지의 경우는 필지분할이 가능해야 하고, ▶ 건물의 경우는 구분등기가 가능해야 한다(만약 설계가 구분되어 있지 않은 경우는 설계변경을 통해서라도 구분할 수 있어야 한다).

그 이유는, 만약 토지의 경우 분필이 불가능하고 건물의 경우 구분등기가 불가능하다면 당사자 간에는 약정(채권적약정)으로 유효하게 배타적으로 지배하며 사용·수익을 할 수 있겠지만 공시의 수단인 등기상으로는 일반적인 공유지분과 구분할 수 없고, 그에 따라 법률규정(민법264조 : 공유물의 처분, 변경)상 다른 공유자의 동의 없이는 공유물을 처분하거나 변경할 수 없어 재산권행사에 막대한 지장을 초래할 수 있기 때문이다. 따라서 이런 경우 공유관계를 해소해서 완전한 재산권을 행사하기 위해 소를 제기하려면 이미 배타적지배권을 행사하고 있으므로 '공유물분할청구의 소'가 불가하고, '명의신탁해지를 원인으로 한 지분이전등기이행의 소'

를 제기해야 한다.

일반적인 공유지분과 구분소유적 공유지분의 특징

근거법률	일반적인 공유지분		민법262조~민법270조, 민사집행법140조(공유자우선매수권)
	구분 소유적 공유지분		위 민법규정을 기초로 각종 판례에서 명시(단, 건물에만 관해는 민법215조에서 규정) * 대법원96다56139 : 공유자 간 공유물을 분할하기로 약정하고, 그때부터 자신의 소유로 분할된 각 부분을 특정해서 점유·사용해온 경우, 공유자들의 소유형태는 구분소유적 공유관계라 할 것이므로, 그중 1인이 특정해 소유하고 있는 부분에 관한 타 공유자 명의의 지분소유권이전등기는 명의신탁등기이다.
공유형태	일반적인 공유지분		각 지분권자의 점유부분이 특정되어 있지 않다.
	구분 소유적 공유지분	내부적	내부적으로 점유부분이 특정되어 있고 배타적지배권을 갖고 있다.
		외부적	외부적(공부상)으로는 일반적인 형태의 순수공유지분과 같다.
성 질	일반적인 공유지분		순수한 고유의 형태의 공유지분(지분 미등기 시는 균등추정)
	구분소유적 공유지분		자신의 지분과 타인의 지분이 상호명의신탁의 관계에 있다.
관리행위 (나대지에 건물을 신축하는 등 공유물의 모습에 본질적 변화를 일으키는 것은 관리행위가 아니다 : 대법원2000 다33638)	일반적인 공유지분	과반지분	과반지분권자가 특정부분을 배타적으로 사용수익할 것을 정하는 것은 공유물의 관리방법으로 적법하고(대법원88다카33855), 특약은 특정승계인에게도 승계되지만, 사용·수익권의 포기등 본질적인 부분을 침해하는 것이라면 알고도 취득한 경우등 특별한 사정이 없는 한 당연히 승계되지 않는다(대법원2005다1827, 2009다54294). 특약 후 공유자가 변경되고 특약을 변경코자할 경우 과반으로 변경할 수 있고(대법원2005다1827), 불법점유자에게는 인도명령신청이 가능하며, 점유자가 과반미만지분 시는 명도소송이 가능하다(대법원81다653).
		과반미만	불법점유자에게는 인도명령신청이 가능하고(이는 보존행위이므로), 점유자가 과반지분권자일 경우에는 '부당이득'을 청구할 수 있다.
	구분소유적 공유지분		자기지분(자기가 점유하고 있는 부분)에 대해서는 배타적지배권을 갖고 있으므로 과반미만지분권자라 하더라도 자기지분상의 점유자가 대항력이 없는 제3자라면 누구에게도 인도명령신청이 가능하다.
보존행위	일반적인 공유지분		지분의 과소여부는 물론 배타적 자신지분 및 타인지분을 불문하고 보존행위는 가능하다. *단, 보존행위라 해도 공유자가 보존권을 행사하는 것이 다른 공유자의 이해와 충돌될 때에는 그 행사는 보존행위가 될 수 없다(대법원93다54736). ⇒ 배타적점유자가 소수지분이라도 소수지분이 보존행위로서의 인도청구는 할 수 없고, 자신지분에 대한 물권적청구권인 방해배제청구권만 가능하다(2018다287522전원합의제).
	구분소유적 공유지분		배타적지배권이 있으므로 점유자가 대항력이 없다면 인도명령가능

공유물의 처분	일반적인 공유지분	전체공유자의 동의가 필요	
	구분소유적 공유지분	배타적이므로 처분이 자유롭다. * 하지만 그럼에도 불구하고 실무에서는 대개 매수인이 완전한 지번 분할을 해줄 것을 요구한다.	
공유지분의 처분	일반적인 공유지분	공히 공유지분의 처분이 자유롭다.	
	구분소유적 공유지분		
공유물분할 청구의 소	일반적인 공유지분	공유물분할청구의 소가 가능(원칙 : 현물분할 ⇒ 불가시 : 가액분할)	
	구분소유적 공유지분	공유물분할청구는 불가하고, '명의신탁해지를 원인으로 한 지분이전 등기절차이행청구의 소'로써 토지를 분할(*아래 각종판례 참고)	
공유자우선 매수신청 (지분매각 시)	일반적인 공유지분	공유자우선매수신청권 행사 가능	
	구분소유적 공유지분	외부적(공부상)으로는 순수공유지분이므로 경매법원이 제한하지 않 는 한 행사가능(*향후 이에 대한 논란의 여지가 있을 수 있다)	
공유물 분할 시 취득세	일반적인 공유지분	2.3%	지방세법11조 (부동산 취득의 세율) 1항5호
	구분소유적 공유지분	▷본인지분 : 2.3% ▷타인지분 : 일반과세	
※ 공유물분할을 위한 경매에서 공유자가 낙찰을 받았을 시		▷채권상계신청 : 자신의 지분에 대한 상계신청이 가능하다. ▷취득세 : 타인과 꼭 같은 경우이므로 전체에 대한 취득세 를 납부	

02 | 지분경매 시 필히 각 공유지분의 합이 1이 되는지를 먼저 확인하라

　모든 물건은 공유지분의 합이 1이 되어야 함에도 불구하고 복잡한 지분정리의 과정을 거치다 보면 등기의 착오로 지분의 합이 1이 아닌 경우가 있는데(예 : 부천7계2007타경4375) 이런 경우 사후에 그 원인을 찾아 바로잡기가 쉽지 않다. 설령 그런 경우라 하더라도 전체 지분이 매각대상이라면 문제가 없겠으나(예 : 인천2계

2014타경5533) 일부 지분만 매각대상이라면 문제가 심각해진다.

이런 경우라 하더라도 각 공유자의 지분의 합이 1이 안 되는 경우라면 잔여지분을 각 공유자가 자신의 지분비율대로 나누어 가지면 되겠지만, 만약 지분의 합이 1을 초과하는 상태에서 전부가 아닌 일부 지분이 매각대상이라면 문제가 달라진다. 즉, 분명히 과반의 지분인줄 알고 낙찰을 받은 후 법률규정(민법265조)에 따라 단독으로 관리행위(임대차계약의 체결 등)를 하려고 했더니 과반이 되지 않고 심지어 다른 지분권자도 자신이 과반이라고 주장하는 경우가 있을 수 있기 때문이다. 이와 같이 사전에 지분의 합에 대한 검증을 하지 않았다면 한참이 지난 나중에야 이를 알게 되고, 또한 이런 실수는 과거의 등기오류를 완벽히 파악한 후 그 지분권자를 대위해서 등기관을 상대로 경정등기를 하는 외 그 누구를 상대로도 이의를 제기할 수 없기 때문이다.

03 | 공유지분^{지분 투자}의
취득목적별 특징^{처리방법} 요약표

※ 공통 (주의) 사항	공히 공유물분할소송은 가능하나 부당이득반환청구와 병행 시는 유익한 시기를 선택하는 것이 좋다. ▷ 구분소유적 공유지분일 경우는 이미 배타적지배권이 있으므로 공유물분할청구는 불가하다. ▷ 타 공유자가 자신의 지분비율만 사용 시도 부당이득청구 가능 : 대법원2000다13948, 2000 　다17803
	인수대상 임차인이 있는 경우는 임대인(임대차계약체결자) 현황을 파악해야 한다 : 그 이유는 일부 공 유자만 임대차계약을 체결했고, 매각대상지분이 계약을 체결한 공유자일 경우 추후 계약을 체결 하지 않은 사람(지분)에 해당하는 임대보증금 반환채무를 계약체결자가 부담해야 하기 때문이다.
	임차인보증금 중 타 공유자부담분까지 지급한 경우(과반지분 낙찰 ⇒ 만기도래/임차인요청 ⇒ 명도) : 대 위변제액 구상권행사[대위변제액반환청구(가처분/가압류) ⇒ 승소 ⇒ 강제경매신청 ⇒ 입찰/낙찰]
	추후 타 지분에 대한 경매신청(부당이득반환)은 자신 외 임차인을 활용(보증금반환청구)할 수도 있다.
	추후 타 지분 경매 시 공유자우선매수신청을 활용해라. 공유자우선매수신청이 불가한 경우 : ▷ 공유물분할을 위한 경매 시 ▷ 매각지분이 집합건물의 대 지권인 경우 ▷ 구분소유적 공유관계인 경우(경매법원이 명시한 경우에 한함) ▷ 일괄매각인 경우 ▷ 자 신의 지분이 여러 필지(토지·건물) 중 일부의 공유지분인 경우 ▷ 〃 매각대상지분의 상속지분인 경우 ▷ 〃 말소기준권리 후 분할된 경우 ▷ 〃 도 매각대상인 경우 ▷ 일괄매각(지분전체)사건에서 경매개 시등기 후 일부지분을 취득해 당해부분의 경매를 취하한 자(당해사건 취하·취소로 신건일 경우는 유효)
	인도명령신청이 가능할 경우 집행은 추후(10년 내) 택일 하더라도 인도명령결정은 받아둬야 한다.

취득목적(용도)별				특징, 처리방법, 기타(취득 후 업무수행 방법)
직접 사용(자가용)				▷ 구분소유적 공유관계가 아닌 한 적합하지 않다.
협의매도 또는 협의매수 수익실현	내 지분을 고가로 매각 ⇒ 수익실현			▷ 타 공유자가 유대관계가 강한 소수일 경우에 적합
	상대 지분을 저가로 취득 ⇒ 수익실현			▷ 타 공유자가 유대관계가 약할 경우에 적합 (공유자가 소수일 경우에는 전체지분의 취득도 가능하지만, 다수일 경우에는 일부지분만 취득이 가능하다)
임대 수익을 실현 하고자 하는 경우	매각 지분이 소수 지분	점유자의 명도가 필요한 경우	임차인	▷ 특별한 경우(하자 있는 계약 등)가 아닌 한 명도 곤란 ▷ 임료를 수익하고 있는 공유자를 상대로 부당이득반환청구 가 가능하나 추후 공실 시(특히 상권이 불량할 시)는 이도 불 가함
			공유자	▷ 명도 곤란(단, 전유 공유자가 채무자일 경우는 명도 가능) ▷ 점유하고 있는 공유자를 상대로 부당이득반환청구(가압류)
		명도가 필요 없는 경우	공실인 경우	▷ 자신이 단독으로 임대할 수도 없고 오로지 공유물분할청 구만 할 수 있음(추후 타 공유자가 임대 시는☞아래와 같이 처리)
			현 임차인의 임차가 계속	▷ 특별한 경우가 아닌 한 명도는 불가하나 임료를 수익하고 있는 공유자를 상대로 부당이득반환청구(추후 공실 시 불가)

임대 수익을 실현 하고자 하는 경우	매각 지분이 과반 지분	점유자 명도가 필요한 경우	임차인	▷ 특별한 경우(대항력 있는 임차인)가 아닌 한 명도 가능 ▷ 자신이 주도적으로 임대관리(적정임대료 조사로 수익률분석)
			공유자	
		명도가 필요 없는 경우	공실인 경우	▷ 자신이 주도적으로 임대관리가 가능함(적정임대료 조사)
			현 임차인의 임차가 계속	▷ 명도는 필요 없으므로 임료를 수익하고 있는 공유자를 상대로 부당이득반환청구 ▷ 임대만기 종료 후 자신이 주도적으로 임대관리가 가능함
추후 상대지분 또는 공유물 전체를 경매로 취득하려 하는 경우	매각 지분이 소수 지분	점유자가 있는 경우	임차인인 경우	▷ 임료를 수익하고 있는 공유자를 상대로 부당이득반환청구 (당해지분 가처분/가압류) ▷ 승소 후 강제경매신청 ⇒ 입찰
			공유자인 경우	▷ 점유하고 있는 공유자를 상대로 부당이득반환청구(당해지분 가처분/가압류) ▷ 승소 후 강제경매신청 ⇒ 입찰
		점유자가 없는 경우		▷ 전체 공유자를 상대로 공유물분할청구(가처분) : 점유자가 없으므로 이 방법밖에 없다. ▷ 승소 후 경매신청 ⇒ 입찰
	매각 지분이 과반 지분	점유자가 있는 경우	임차인인 경우	▷ 임료를 수익하고 있는 공유자를 상대로 부당이득반환청구 (당해지분 가처분/가압류) ▷ 승소 후 강제경매신청 ⇒ 입찰(※ 임대만기 종료 후 자신이 주도적으로 임대관리 가능)
			공유자인 경우	▷ 점유하고 있는 공유자를 상대로 부당이득반환청구 (당해지분 가처분/가압류) ▷ 승소 후 강제경매신청 ⇒ 입찰 ▷ 명도 가능(다만, 시기는 유익한 시기를 선택)
		점유자가 없는 경우		▷ 임대 또는 ▷ 공유물분할청구(가처분) ⇒ 승소 ⇒ 경매신청 ⇒ 입찰

** 추후 공유물전부나 타 지분 취득목적 시는 타 지분에 대한 인수권리를 파악해야 한다. – 추후 전사되기 때문

04 일반 공유지분의 배타적 사용은 불가 공유물분할이 불가한 경우

대상물건을 지분대로 분할해서 배타적으로 사용하고자 하는 경우는 구분소유적 공유관계가 아닌 일반 공유지분은 적합하지 않은데, 그 이유는 공유물의 분할은 규정상 또는 물리적으로 분할이 불가한 경우도 있고 공유자 간의 이해가 상충되어 분할이 불가한 경우도 있기 때문이다. 그러면 공유물의 분할이 불가한 경우를 알아보자.

등기부상 불분할특약이 경료되어 있는 경우(민법268조)

비록 현물분할이 가능한 경우라 하더라도 만약 불분할특약이 등기되어 있으면 5년(기본)~10년(기본 5년+1회연장 5년) 동안에는 분할신청을 할 수가 없기 때문이다.

피상속인이 유언으로 분할을 금지한 경우(민법1012조) : 상속 이후 5년간

피상속인은 유언으로 상속재산의 분할방법을 정하거나 이를 정할 것을 제3자에게 위탁할 수 있고 상속개시일로부터 5년간 분할을 금지할 수 있기 때문이다(하지만 이는 주로 상속인 간의 문제일 뿐아니라, 제3취득자와의 관계에 있어서도 비록 유언으로 분할을 금지했다하더라도 적법한 상속절차를 거친 상속재산이고, 상속인이 이를 고지하지 않고 분할한 것을 취득한 선의의 제3취득자는 유효한 취득이 된다).

집합건물의 사용에 필요한 대지인 경우(집합건물법8조)

건축법상 적법한 요건(건축허가,신고)을 갖추지 않은 미등기건물(대법2011다69190)

비록 미등기건물이라 하더라도 건축법상 적법한 요건(건축허가, 신고)을 갖춘 건물이라면 민사집행법81조(첨부서류) 및 82조(집행관의 권한)에 의한 신청자의 신청에 따라 집행관의 직권으로 등기가 되고 분할(또는 경매)도 되겠지만 아예 건축법상 적법한 요건을 갖추지 못했다면 이는 적법한 등기가 될 수 없고 분할도 될 수 없다. 그 이유는, 만약 그렇지 않다면 오히려 건축법상 적법한 요건(건축허가, 신고)을 갖추지 않은 건축물을 양성화해서 불법건축을 촉진하는 결과가 되기 때문이다.

건축물이 있는 토지

: 건축법57조(건축물이 있는 경우의 분할제한면적)의 적용

1. 건축물이 있는 대지는 대통령령(건축법시행령80조)으로 정하는 범위에서 해당 지방자치단체의 조례로 정하는 면적에 못미치게 분할할 수 없다(과소필지제한).

☞ **건축법시행령 제80조(건축물이 있는 대지의 분할제한) – 토지분할 최소면적(과소필지)**
법 제57조1항에서 "대통령령으로 정하는 범위"란 다음 각 호에 해당하는 규모 이상을 말한다.
▷ 주거지역 : 60㎡   ▷ 상업지역 : 150㎡   ▷ 공업지역 : 150㎡
▷ 녹지지역 : 200㎡   ▷그 외 지역 : 60㎡

* 지방조례는 인터넷(지방자치법규정보시스템 > '계획조례')에서 확인할 수 있다.

2. 건축물이 있는 대지는 44조(대지와 도로의 관계), 55조(건축물의 건폐율), 56조(건축물의 용적률), 58조(대지 안의 공지), 60조(건축물의 높이 제한) 및 61조(일조 등의 확보를 위한 건축물의 높이 제한)에 따른 기준에 못 미치게 분할할 수 없다.

3. 1과 2의 경우에도 불구하고 제77조의6(건축협정의 인가)에 따라 건축협정이 인가된 경우 그 건축협정의 대상이 되는 대지는 분할할 수 있다.

건축물이 없는 토지 중 다음의 경우

: 이때는 개발행위허가가 없이는 분할이 불가하다.

[국계법56조1항4호, 국계법시행령51조1항5호]

1. 녹지지역·관리지역·농림지역 및 자연환경보전지역 안에서 관계법령에 따른 허가·인가 등을 받지 아니하고 행하는 토지의 분할
2. 건축법57조1항에 따른 분할제한면적(위 건축법시행령) 미만으로의 토지의 분할(즉, 건축물이 없는 경우에도 위 건축물이 있는 경우의 분할제한면적 미만으로 분할하려면 개발행위허가를 받아야 하므로 결론적으로 개발행위허가를 받지 않고 토지를 분할하려면 위 건축물이 있는 경우의 분할제한면적과 같게 되는 것이다)
3. 관계법령에 의한 인·허가 등을 받지 않고 행하는 너비 5m 이하로의 토지분할

농지정리가 된 농지의 분할(농지법22조)

: 2,000㎡(605평) 이하로 분할 불가

단, ▶ 국계법상의 도시지역 내 주거지역·상업지역·공업지역이나 도시·군계획시설부지에 포함되어 있는 농지를 분할하는 경우 ▶ 농지전용허가를 받아 농지를 분할하는 경우 ▶ 농지의 개량, 농지의 교환·분합 등으로 분할하는 경우는 제외(즉, 이런 경우에는 2,000㎡ 이하라도 분할이 가능)

개발제한구역 내 토지분할

: 200㎡(대(垈)를 건축하기 위해 분할하는 경우 330㎡) 미만(개발제한구역의 지정 및 관리에 관한 특별조치법12조1항6호, 시행령16조)

단, ▶ 공익사업보상법4조1호(국방·군사에 관한 사업)와 2호(주차장·공영차고지·화물터미널 등)에 따른 공익사업을 위한 경우 ▶ 인접 토지와 합병하기 위한 경우 ▶ 사도, 농로, 임도, 그밖에 건축물부지의 진입로를 설치하기 위한 경우 ▶ 토지의 형질변경을 위한 경우(단, 분할 후 형질변경을 하지 않은 다른 필지의 면적이 60㎡ 미만인 경우는 제외)는 제외 – 즉, 이와 같은 경우는 소필지로도 분할이 가능하다.

법령을 간과하고 판결을 받은 경우라 하더라도 과소필지일 경우 분할 불가

(국민권익위원회 경북행심2014-230, 2014. 6. 30, 대법원2008두3920, 2013두1621)

현실적으로 현물분할이 불가한 경우(민법268조3항)

이는 토지가 아닌 아파트나 건물 등에서 발생하는 경우로, 이런 물건은 특별한 경우가 아닌 한 기능적(현실적)으로 현물분할이 불가해서 설령 분할청구를 한다고 해도 현물분할이 아닌 매각에 의한 대금분할을 할 수밖에 없기 때문이다(하지만 구분건물 또는 층별로 분할소유가 가능한 경우 등 특별한 경우에는 현물분할도 가능하다).

상속재산에 대한 분할협의가 이루어지지 않은 상태에서 단순히 상속인들의 공유로 소유권이전등기만 경료된 상속재산(대법원2006다37908)

05 | 지분 투자 수익을 실현하려는 경우 유의사항

공유지분의 형태(일반 공유지분·구분소유적 공유지분) 파악하기

공유의 형태가 상호명의신탁 성격의 공유지분(구분소유적 공유지분)이라면 추후 공유물의 분할을 하려 할 경우에도 공유물분할의 소가 아니라 자기가 점유하고 있는 위치에 대해 상호 명의신탁해지를 원인으로 한 지분이전등기절차이행청구의 소를 제기해야 하기 때문이다. 즉, 이런 경우에는 자기위치의 분할만 가능할 뿐 내 지분의 고가매각이나 타 공유지분의 저가취득에 의한 수익실현이 불가하다는 것이다.

승계되는 특약(불분할특약 등)이 있는지와 공유지분의 역사 파악하기

불분할특약이 등기되어 있을 경우 5년(1회에 걸쳐 5년 연장 가능) 동안 분할신청을 할 수 없기 때문이고(이를 반대로 해석하면 불분할 특약을 등기하지 않은 경우는 승계되지 않는다는 것이다 : 대법원75다 82), 기타의 특약도 이를 알고 취득한 경우에는 특정승계인에게 유효하게 승계되기 때문이다(하지만 지분권자로서의 사용·수익권을 사실상 포기하는 등 공유지분권의 본질적 부분을 침해하는 경우는 알고 취득했음이 명백하지 않는 한 특정승계인에게 승계되지 않는다 : 대법원 2011다58701).

판례를 통해 현물분할의 가능성과 대금분할(경매)의 가능성을 점검하기

공유물의 분할은 공유자간의 합의에 의하되 합의가 되지 않을 시는 법원판결에 의하는데, 법원의 판결에 의한 경우에도 현물분할판결이 원칙이며, 다음 판례에서 보듯이 형상 등이 현물로 분할할 수 없거나, 관련 법률(국계법56조1항4호, 국계법시행령51조1항5호)에 따라 분할이 제한되는 경우, 과소필지가 되는 경우(건축법57조), 현물로 분할하면 그 가액이 현저히 감손될 염려가 있는 때에 비로소 경매에 의한 대금분할을 명하게 되기 때문이다.

또한 공유물분할청구의 소를 제기할 경우에도 다른 모든 공유자가 분할신청인의 요구를 수용하고 여전히 공유로 남고자 하는 경우에는 다른 법률에 의한 제한[과소필지로의 분할제한 : 국계법56조1항4호 및 동 시행령51조1항5호, 건축법57조(대지의 분할제한)1항 및 동 시행령80조]이 없는 한 분할신청인의 지분만 분할하는 판결을 하게 되므로(대법원2014다88888, 2014다233428) 공유물분할청구소송을 통한 지분 투자 수익을 실현하고자 하는 경우에는 필히 이러한 가능성도 고려해야 한다.

인수권리가 선순위임차인인 경우 임대차계약 체결내용 파악하기

만약 당해 공유물에 선순위임차인이 있고 그 임차인이 적법한 배당요구를 하지 않았거나 배당요구를 했다고 하더라도 확정일자가 없어 인수권리가 되는 경우가 있는데, 이때는 당해 임대차계약서상 임대인(계약체결자)이 누군지 파악하는 것이 좋다.

그 이유는 임대차계약을 체결하는 행위는 관리행위에 해당되어 과반의 지분으로도 유효한 법률행위가 되어, 이때 임대차계약을 체결한 자는 임차인에 대해 채무자가 되지만, 임대차계약에 반대하거나 관여하지 않은 자는 제3자의 위치에 있게 되어 임차인에 대한 보증금반환채무도 없기 때문인데, 이런 권리나 특약은 사용·수익권을 사실상 포기하는 등 공유지분권의 본질적 부분을 침해하는 경우가 아니어서 승계되기 때문이다[다만 임대차계약체결 시 동의하지 않았다 하더라도 추후 임차보증금과 임료를 공유했다면 이는 임대차계약을 추인한 것으로 보아 역시 공동임대인의 지위에 있다고 볼 수 있겠지만, 이런 이유로 임대차계약체결 시 가능하면 공유자 전원의 날인을 받거나 미참여자의 위임장(대리권수여)을 받으려는 이유가 여기에 있는 것이다].

따라서 이런 공유지분이 경매가 진행되는 경우 당해 지분권자가 임대차계약을 체결한 자인지 아니면 임대차계약에 반대하거나 관여하지 않은 자인지에 따라 낙찰 후 임대보증금에 대한 인수범위가 달라지기 때문이다.

하지만 문제는, 배당신청을 한 경우야 낙찰 직후 문서열람을 통해 확인할 수 있겠지만 배당신청을 하지 않은 경우는 낙찰을 받아 새로운 소유자가 되기 전에는 문건열람으로도 확인할 수 없고, 임장으로도 확인할 수 없다는 데 있다. 혹자는 쉽게 이를 확인할 수 있다고 자랑하지만, 임장 시 이에 대한 성실한 답변을 할 사람은 없을 것이므로 오로지 이런저런 방법으로 접근해 심증을 얻을 수밖에 없을 것이다. 이런 경우의 채무부담범위 및 그에 따른 구상권 등 더 자세한 사항은 앞서 공동담보의 동시배당과 이시배당 중 유사공동저당의 배당 편에서 자세히 설명했으므로 생략하기로 한다.

특별한 경우가 아닌 한 공유자의 숫자가 과도하게 많은 물건은 피하기

1. 그 이유는 추후 협상은 물론 공유물분할청구 및 그에 따른 경매진행 시 공유자 전원을 상대로 하는 '필수적공동소송'을 수행해야 하는 관계로 많은 시간과 노력과 송달비용[당사자수×@4,800(@4,500에서 2019. 5. 1부터 인상)×15회분]과 인지대가 소비되기 때문이다[소송비용(인지대+송달료), 소송관할 등에 관해서는 이어지는 '명도 실무' 편에서 알아보기로 하자].

> ☞ '공유물분할 청구의 소'에 적용하는 소가산정액(민사소송 등 인지규칙12조7호)
> 소가산정액 = 목적물건가액×원고의 공유지분비율×1/3
> 목적물건가액(민사소송 등 인지규칙9조1, 2항) = [토지 : 개별공시지가 / 건물 : 시가표준액]×1/2

☞ 인지대(인지세법3조1항,2조2항) = 소가산정액 구간에 해당하는 금액

1심소가	인지대	항소	상고	항고·재항고시	*단수계산
1,000만 원 미만	소가×50/10,000(0.5%)	1심 가액 ×1.5	1심 가액 ×2	해당신청서에 붙이는 인지액 ×2(민사소송 등 인지법11조)	1,000원 미만은 900원으로 하고, 100원 미만은 절사
1,000만 원 이상~ 1억 원 미만	소가×(0.45%)+5,000				
1억 원 이상~ 10억 원 미만	소가×(0.4%)+55,000				
10억 원 이상	소가×(0.35%)+555,000				

2. 추후 다른 자의 공유지분을 저가에 취득해 수익을 실현하려하는 경우 다른 공유자의 우선매수신청권의 행사로 낙찰받기 어렵기 때문이다.

추후 다른 공유자의 지분이 경·공매가 진행되는 경우, 공유자 간의 관계가 일반적인 경우에도 그렇지만, 만약 공유자 간 특별한 유대관계가 있는 경우(친·인척, 지분 투자그룹 등)에는 낙찰받기가 거의 불가능에 가깝기 때문이다.

즉, 매 기일마다 한 사람씩 그것도 입찰장에서 공유자우선매수신청을 하지 않고 미리 우선매수신청서를 제출, 매각공고에 우선매수신청이 있다는 사실을 고지해서 일반 입찰자를 배제시킨 후 우선매수신청인은 보증금을 납부하지 않고(이 자에게는 공유자우선매수신청권 소멸) 다음 매각기일에는 다른 공유지가 또 사선에 우선매수신청을 한 후 보증금을 미납하는 방식(돌려막기방식)으로 함으로써 무한정 저감된 가격으로 다른 공유자(실질적으로는 같은 공유자들)가 다시 취득하기 때문이다. 이와 같이 입찰장에서 공유자우

선매수신청을 하지 않고 사전에 신청하는 이유는 입찰장에서 우선매수신청권을 행사하려 할 경우 만약 일반 입찰자가 예상치 않았던 고가로 낙찰을 받았을 시 이를 물리치기 위해서는 입찰보증금을 내고 공유자우선매수신청을 해야 하기 때문이며, 또 그것으로 해당사건의 경매는 종결되기 때문이다.

점유자가 있는 공유물의 지분 취득 후 소제기 시 능률적인 수행방법

현재 점유자(타 공유자 또는 임차인)가 있어 부당이득반환청구가 가능한 물건인 경우 수익실현을 위한 소제기 시 청구항으로 단순히 공유물분할만 청구하지 않고 임료(사용료, 지료) 중 자신의 지분에 상당하는 부분에 대한 부당이득반환도 함께 청구한다.

> ▶ 부당이득반환청구에 있어 점유자가 타 공유자인 경우에는 설령 타 공유자가 사용하고 있는 범위가 자기 지분비율 내라고 하더라도 부당이득반환청구가 가능한데, 그 이유는 공유물의 구체적인 사용·수익 방법에 관해 공유자들 사이에 지분 과반수의 합의가 없는 이상 1인이 특정 부분을 배타적으로 점유·사용할 수 없는 것이므로 공유자 중의 일부가 특정 부분을 배타적으로 점유·사용하고 있다면 비록 그 특정 부분의 면적이 자신들의 지분비율에 상당하는 면적 범위 내라고 할지라도 다른 공유자들 중 지분은 있으나 사용·수익은 하지 않고 있는 자에 대해서는 그자의 지분에 상응하는 부당이득을 하고 있다고 봐야 할 것이기 때문이다(대법원 2000다13948, 2000다17803).
>
> ▶ 그리고 점유자가 임차인일 경우 부당이득의 범위는 '임료+보증금×1년 만기 정기예금이자율'이 되는데, 여기서 임대보증금을 포함하지 않는 이유는 임대보증금은 장차 임차인에게 반환할 금액이어서 부당이득이라고 할 수가 없기 때문이다 (대법원91다23639, 94다15318).

▶ 그런데 이때 많은 경우 공유물분할과 부당이득반환청구를 하나의 사건으로 해서 동시에 진행하는데, 더 능률적인 결과를 위해서는 부당이득반환청구를 먼저 진행(승소)해서 이를 집행권원으로 상대지분에 대한 강제경매를 진행한 후(이런 경우 상대 공유자가 사용료를 내는 경우는 거의 없기 때문에 경매가 진행될 수밖에 없다) 다른 공유자가 없는 경우에는 당해지분을 저가에 낙찰받아 수익을 실현하고, 만약 이를 제3자가 낙찰받았을 시 그때 비로소 공유물분할소송을 진행하는 것이 능률적인 방법이다. 그 이유는 통상적으로는 먼저 진행되는 상대지분에 대한 강제경매의 경우 공유자우선매수권의 행사로 인해 매각가가 많이 저감되고 다른 공유자가 없는 경우 대부분 자신이 낙찰받게 되기 때문이다. 하지만 만약 공유자가 여러 명인 경우에는 다른 공유자도 우선매수를 신청할 수 있고, 또 1명이라 하더라도 의외의 경우 제3자가 고가로 낙찰을 받을 수도 있는데, 이 경우에는 무리하게 공유자우선매수권을 행사하지 말고 낙찰자를 상대로 공유물분할소송을 진행하면 될 것이다.

다만, 이때에도 자신의 지분이 너무 적어 청구할 사용료(임료, 지료)가 극소액일 경우에는 상대가 이를 변제할 수도 있어 이 방법이 비능률적일 수도 있으므로 상황에 따라 신축적으로 판단해야 한다.

추후 공유물분할소송을 진행할 경우

▶ '주위적청구'로는 '공유물분할'을 청구하고, 공유물의 분할이 불가하니 추후 매각 시를 대비해 ▶ '예비적청구'로는 '공유물매각'을 청구하되(만약 청구항에 예비적청구가 누락되었다면 소 진행 도중 청구취지변경을 해 추가하면 된다), 이때에는 필히 상대방의 공유지분에는 '처분금지가처분'을 경료해야 한다. 왜냐하면 소 신행 중 다른 지분에 인수권리가 경료되었을 경우 추후공유물 전체를 낙찰받을 시 다른 지분에 경료된 인수권리를 인수해야 되기 때문이다.

☞ 참고로, 이를 역이용하기 위해 소송 중 자신의 지분에 말소기준권리 이전에 '소유권이전청구권보전가등기' 또는 '매매계약을 원인으로 한 처분금지가처분'을 경료하는 경우가 있는데, 그래야 추후 현물분할 시 나의 지분에 경료된 권리가 상대 지분에 전사되고, 특히 대금분할을 위한 매각 시 내가 취득할 때는 상대방지분을 인수권리 없이 깨끗이 취득할 수 있는 반면, 만약의 경우 제3자에 의한 낙찰 시에는 나의 지분에 경료된 하자가 인수되기 때문이다. 반대로 만약 상대공유자가 분할신청을 제기해올 경우에는 추후 제3자에 대한 인수권리를 만들기 위해 필히 신속하게(내용증명을 받자마자) 나의 지분에 말소기준권리 이전에 인수권리(가등기 또는 가처분)를 경료해야 한다. 따라서 이때 이미 말소기준권리가 될 수 있는 권리가 등기되어 있는 상태라면 능동적으로 바꿔놓아야 한다. 다만 이에 대한 장단점(위험부담)이 있으므로 이는 뒤에 다시 설명하기로 한다.

이러한 이유로 공유지분 입찰 시는 상대지분에 대한 권리분석을 철저히 해야 하고, 심지어 입찰 직전에 다시 한번 등기부를 발급해서 말소기준권리 이전의 인수할 권리(가등기·가처분·환매특약등기 등)가 경료되어 있는지 확인해야 한다. 만약 등기부를 발급해본 결과 상대 공유지분에 말소기준권리 전에 가등기 등의 인수권리가 경료되어 있다면 이는 상대 공유자 또한 나와 같은 계획을 실행하고 있다는 것이 된다.

☞ 경매절차에서 선순위의 담보권이나 가압류가 없는 소유권이전등기청구권의 순위보전을 위한 가등기가 담보가등기인지 순위보전의 가등기인지 밝혀질 때까지 경매절차를 중지해야 하는 것인지 여부(소극) : 대법원2003마1438, 가담·법16조(강제경매 등에 관한 특칙), 민사집행법105조, 130조

☞ 공유물분할을 위한 형식적경매 시 소멸주의 적용 여부 : 대법2009. 10. 29 선고 2006다37908판결

☞ 다른 공유자의 공유지분에 대한 처분금지가처분을 할 수 있는지 여부(적극) : 대법원2013마396결정, 대법원2000마6135결정, 대법원92다29801판결

☞ 분할 전 물건에 경료된 저당권의 분할 후 물건에로의 전사 : 대법원2011다74932, 대구고법70나30

☞ 분할된 물건에 대한 가압류·가처분의 전사 : 민법270조, 제주지법98나611, 대법원88다카24868, 92다21784(2011다74932), 대구고법70나30

☞ 가등기의 목적이 된 부동산의 매수인이 그 뒤 가등기에 기한 본등기가 경료됨으로써 소유권을 상실하게 된 경우에는 어떻게 해결해야 하는가? : 민법576조의 담보책임(대법원92다21784)

☞ 통정허위표시에 의한 법률행위는 무효가 되어 채권자취소권의 대상이 된다 : 대법원97다50985

공유지분경매 시 자금계획 잘 세우기

특별한 경우가 아닌 한 공유지분일 경우에는 대출 실행 시 다른 공유자의 연대보증을 요구해 대출이 불가능하거나 가능하더라도 극히 소액이 되기 때문이다.

추후 공유물분할소송에 의한 수익 달성을 위해 장기투자계획 세우기

공유지분 투자가 고수익 물건이라고 선전하지만, 공유지분 투자 시 상대공유자도 나와 같은 목적을 가질 수 있음을 예상하자(일명 '별들의 전쟁'). 결론적으로 공유지분 투자에 있어서는 의외의 선량한 공유자를 만나 공유자 간의 원만한 협의가 이루어지는 특수한 경우가 아닌 한 소기의 수익을 창출하기 위해서는 필히 많은 시간과 노력과 소송과정을 거쳐야 한다는 생각을 가져야 한다. 나아가 '별들의 전쟁'을 해야 한다는 각오까지 가져야 한다.

점유자가 있는 공유지분 취득 시 점유자에 대한 일반적인 처리절차

점유자와의 원만한 협의가 있을 시는 그에 따르도록 하고, 원만한 협의가 되지 않을 시는 특별한 경우가 아닌 한 다음의 절차에 따라 업무를 진행한다. 그런데 상대공유자에 대한 소제기 시는 자신의 지분에 대한 예상임료를 판단해서 부당이득반환청구와 공유물분할을 진행하되 가급적이면 분리해서 진행하는 것이 더 능률적일 수 있다.

낙찰 이후~잔금 납부 사이 : 점유자 접촉(속칭 '간을 본다')

낙찰 이후 매각허가결정 및 이의제기(즉시항고)기간이 경과하면 경락잔금 납부 시까지의 사이에 현지를 방문, 점유자를 접촉해 점유자의 권원파악과 향후 명도계획을 구상한다. 이때 점유자가 다른 공유자가 아닌 임차인일 경우, 입찰 전에는 다른 공유자에 대한 정보를 수집하기 위해 최대한 점유자와의 관계를 호의적으로 유지하지만 낙찰 후에는 공격적으로 전환해야 하는데, 그렇게 함으로써 임차인은 다른 공유자에게 압박을 하게 될 것이고, 그로 말미암아 다른 공유자와의 원만한 해결을 위한 간접압박으로 작용할 수 있기 때문이다.

경락잔금 납부 이후

그 어떤 경우에도 일단 점유자(공유자)와 협의를 먼저 진행하는 것은 기본이다. 왜냐하면 때로는 의외로 협의가 잘되어 좋은 결과를 도출할 수도 있기 때문이다. 그런데 협의를 할 때도 임대수익이 주목적인지 점유자(공유자)의 명도가 주목적인지에 따라 방향설정이 다른데, 임료가 높아 임대수익이 주목적이라면 점유자(공유자)와의 새로운 임대차계약체결에 더 노력해야 할 것이고, 명도가 주목적이라면 신속히 강제집행을 준비해야 할 것이다. 그러면 협의에서부터 강제집행을 하기까지, 또 강제집행을 할 때는 어떤 법리에 따라 어떻게 하는 것이 능률적일지 살펴보자.

1. 매각대상(취득한) 공유지분이 과반(1/2초과)인 경우

점유자가 공유자 중 1인인 경우

민법265조에 따라 보존행위는 물론 과반지분일 경우 단독으로 관리행위가 가능하므로 구분소유적 공유지분이 아닌 한 공유자가 자신의 지분비율을 넘어 사용·수익하는 경우는 물론(대법원93다9392, 9408) 공유자가 자신의 지분비율만을 사용·수익하고 있는 경우에도 공유자를 상대로 **인도명령신청**을 할 수 있고, **부당이득을 청구**할 수도 있다(대법원81다653, 2006다49307, 2000다13948, 2000다17803). 이때 만약 인도명령이 기각될 시는 즉시항고 → 재항고로 다투거나 '건물명도 및 부당이득반환청구의 소'를 제기하되(대법원93다9392) 소제기 시는 한 사건으로 진행할 것인지, 따로 진행할 것인지, 따로 할 때는 무엇부터 진행할 것인지 상황에 따라 신축적으로 판단해서 진행하도록 한다.

☞ **매각대상(취득한) 공유지분이 과반(1/2초과)인 경우 ⇒ 점유자가 공유자 중 1인 인 경우**

▶ 경락잔금과 동시에 앞의 내용에 근거해 '인도명령신청'을 한다.

설령 협의를 하는 경우에도 실제 집행여부와는 상관없이 일단 인도명령은 받아 두어야 하는데, 그 이유는 만약의 경우 협의가 길어지고 잔금일로부터 6개월이 경과하고 나면 그때는 지난한 명도소송으로 하는 수밖에 없기 때문이다. 이때 만약 점유자가 점유이전의 개연성이 많은 악의의 점유자라면 점유가 이전될 구 체적인 정황, 점유부분을 특정한 도면, 사진 등을 첨부해서 점유이전금지가처분 을 신청하되 필히 인도명령신청 이전에 신청해야 하는데, 이때 신인도명령신청 이 아닌 본안소송 제기에 앞서 신청한다는 이유로 신청해야 한다. 그 이유는 인 도명령대상자에 대한 점유이전금지가처분신청에 대해서는 추후 인도명령이 결 정(인용)될 경우 인도명령에는 이미 압류의 효력이 있다는 이유로 그 이후에 신 청하는 점유이전금지가처분은 예외 없이 기각결정을 하기 때문이다.

▶ 다시 한번 협의를 진행하고, 협의가 되지 않을 시는 강제집행의 단계로 들어가 되 그 첫 단계로 인도명령신청과는 별도로 조속히 건물을 인도해줄 것과 그렇 지 않을 시 부당이득 및 손해배상을 청구하겠다는 내용증명을 발송한다.

▶ 인도명령신청 기각 시에는 즉시항고(⇒ 재항고) 또는 명도소송을 진행한다. 이 때 필히 점유이전금지가처분신청을 병행해야 한다.

▶ '부당이득반환청구소송'을 진행한다.

▶ 승소 후 집행문으로 당해지분에 대한 강제경매를 신청한다.

▶ 공유자우선매수신청으로 당해지분을 취득한다(이때 다른 공유자도 우선매수에 참 여할 시는 비율 배분이 된다).

▶ 물론 이와는 별도로 전체 공유자를 상대로 '공유물분할청구소송'을 제기할 수 있으며, 그 우선순위는 상황에 따라 신축적으로 판단하도록 한다.

점유자가 대항력이 있는 선순위임차인인 경우

☞ **매각(취득) 공유지분이 과반(1/2초과)인 경우 ⇒ 점유자가 대항력이 있는 선순위임차인인 경우**

▶ 선순위임차인이 배당신청을 하고 그것이 임대인에게 통지된 경우(임대차종료의 의사표시)

대항력 있는 선순위임차인이라 하더라도 배당신청을 하고, 그 사실이 경매법원을 통해 임대인에게 통지된 때에는 임대차관계가 종료된다고 볼 수 있기 때문에(대법원97다28407, 94다37646, 민소법606조1항, 민집법89조) 이때에는 배당이 완결되는 경우는 물론 배당이 부족하면 부족액을 지급하거나 공탁을 하고 인도명령신청이 가능하며, 인수(또는 지급)한 금액 중 임대차계약을 체결한 다른 공유자지분 해당액은 그 공유자들을 상대로 구상권(민법481조, 482조에 의한 변제자대위)을 행사할 수 있다. 이때 매각대금이 '임차보증금×매각지분÷임대차계약체결지분 합계'에도 미치지 않는 경우가 아닌 한 공유자 내부적 관계에 있어서는 매각으로 인해 매각지분에 대한 낙찰자의 임차보증금반환채무는 소멸되지만, 임차인으로서는 자신의 보증금 회수가 부족할 시 여전히 임대차 계약을 체결한 공유자 모두를 상대로 불가분채무인 임차보증금의 상환을 주장할 수 있으므로 임차인으로 하여금 임대차계약을 체결한 다른 임대인(공유자)에 대해 임차보증금반환청구소송을 하도록 해서 해당 공유지분에 대한 경매를 진행하도록 할 수도 있다. 그러한 경우 공유자 우선매수신청권을 행사할 수 있으며, 다른 공유자가 참여할 시 비율배분이 된다. 기존의 임대차계약에 따라 임료를 수취한 공유자를 상대로는 부당이득반환청구소송 진행(상대가 반환할 시 소는 무효가 된다.) ⇒ 승소 후 집행문으로 당해지분에 대한 강제경매 신청 ⇒ 공유자 우선매수신청으로 당해지분을 취득하도록 한다. 이때 다른 공유자도 우선매수신청을 했을 시는 비율배분이 된다.

물론 이와는 별도로 전체 공유자를 상대로 '공유물분할청구소송'을 제기할 수 있으며 그 우선순위는 상황에 따라 신축적으로 판단하도록 한다.

▶ 선순위임차인이 배당신청을 하지 않은 경우(대항력을 행사하는 경우)

이때에는 특별법(주임법, 상임법)에 따라 대항력이 있는 적법한 임차인이어서 매각 지분에 대한 임차인의 권리도 소제되지 않으므로 설령 과반의 지분을 취득한 낙찰자라 해도 계약을 인수해서 당초의 계약 내용대로 이행하는 수밖에 없다. 즉, 계약갱신청구권을 보유하고 있는 임차인은 계약갱신청구권도 행사할 수 있다.

물론 이때에도 인수한 금액 중 낙찰자가 지급한 금액이 있을 시 임대차계약을 체결한 다른 공유자 지분 해당액은 그 공유자들을 상대로 구상권(민법481조,482조에 의한 변제자대위)을 행사할 수 있으며, 반대로 낙찰자가 임차인으로부터 수취한 임료가 있을 시 이는 다른 공유자와 공유해야 한다.

이 경우 낙찰(잔금지급) 후부터 발생하는 매각지분에 대한 임료는 낙찰자가 수취해야 하는 것이 원칙이지만 현실적으로 그렇지 않은 경우가 대부분이다. 따라서 이런 경우 임차인을 상대로는 "경매로 인해 ○○년 ○○월 ○○일부로 당해 공유물의 소유자(공유지분)가 변경되었으므로 동일부터 발생하는 임료 중 본인의 지분(0/00)에 상당하는 임료는 본인의 계좌(00은행 000-00-0000-00, 홍길동)로 입금시켜주시기 바랍니다. 만약 그러지 않고 본인의 지분에 해당하는 임료를 타인에게 지급할 경우 귀하는 2중으로 부담할 수도 있음을 알려드립니다"라는 내용증명을 발송한다. 이렇게 하는 이유는 임차인은 물론 임료를 수령하는 공유자에게도 압박수단이 되어 해결의 실마리가 될 수도 있기 때문이다.

기존의 임대차계약으로 임료를 수취한 공유자를 상대로는 부당이득반환청구소송 진행(소송 도중이라 하더라도 임료를 반환하면 소제기의 이유가 소멸되지만 대부분 그렇지 않다) ⇒ 승소 후 집행문으로 당해지분에 대한 강제경매 신청 ⇒ 공유자우선매수신청으로 당해지분을 취득하도록 한다(이때 다른 공유자도 우선매수에 참여할 시는 비율배분이 된다).

물론 이와는 별도로 전체 공유자를 상대로 '공유물분할청구소송'을 제기할 수 있으며 그 우선순위는 상황에 따라 신축적으로 판단하도록 한다. 그리고 낙찰지분이 과반지분이므로 최소한 기존 임대차계약의 계약기간 종료 시부터(협의가 원만할 시는 잔금 후부터)는 낙찰자가 주도적으로 임대차를 관리한다.

점유자가 대항력이 없는 후순위임차인인 경우

☞ 매각(취득) 공유지분이 과반(1/2초과)인 경우 ⇒ 점유자가 대항력이 없는 후순위임차인인 경우

▶ 후순위임차인이 대항요건을 갖추고 배당신청을 한 경우

매각지분상 대항력이 없는 후순위권리이므로 배당신청여부와 관계없이 당연히 매각으로 인해 매각지분에 대한 임차인의 권리는 소제되고, 매각지분이 과반지분이고 점유자가 대항력이 없는 후순위임차인이므로 인도명령신청 또한 배당신청여부와 관계없이 가능해서 명도할 수 있다. 하지만 대항요건을 갖추고 배당신청까지 한 경우에는 추후 실제 배당여부와는 관계없이 배당대상의 적법한 임차인이므로 인도명령결정 및 인도집행은 배당이 완결되는 배당기일 후에 가능하다.

이때 임차인에게는 미회수한 보증금이 있을 시 계약을 체결한 공유자 중 금번 매각지분이 아닌 다른 공유자로부터 회수할 수 있음을 안내한다(그 이유는 임차인이 다른 공유지분에 대해 경매를 진행하면 우선매수를 할 수 있기 때문인데 이때 다른 공유자도 참여하면 비율배분이 된다).

기존의 임대차계약으로 임료를 수취한 공유자를 상대로는 부당이득반환청구소송 진행(상대가 반환 시는 소가 무효가 된다) ⇒ 승소 후 집행문으로 당해지분에 대한 강제경매 신청 ⇒ 공유자우선매수신청으로 당해지분을 취득하도록 한다(이때 다른 공유자도 우선매수에 참여할 시는 비율배분이 된다).

물론 이와는 별도로 전체 공유자를 상대로 '공유물분할청구소송'을 제기할 수 있으며 그 우선순위는 상황에 따라 신축적으로 판단하도록 한다.

▶ 후순위임차인이 배당신청을 하지 않은 경우

대항력이 없는 후순위임차인이 배당신청도 하지 않는 경우는 거의 없겠지만 어떻든 이런 경우에는 매각지분상 대항력이 없는 후순위권리이므로 배당신청여부와 관계없이 당연히 매각으로 인해 매각지분에 대한 임차인의 권리는 소제되고, 매각지분이 과반이고 점유자가 대항력이 없는 후순위임차인이므로 인도명령신청 또한 배당신청여부와 관계없이 가능해서 명도할 수 있다. 그리고 이때에는 설령 대항요건을 갖췄다 하더라도 소제대상이고 배당신청을 하지 않아 배당대상도 아니어서 굳이 배당기일까지 기다릴 필요가 없음에도 불구하고 해당 경매계가 이 법리를 몰라 인도명령 결정(사법보좌관에 대한 결재신청)을 지연시킬 시 그 사유를 소명해 경락잔금과 동시에 인도명령신청으로 인도집행(명도)을 할 수 있다.

그런데 만약 이때 점유자가 자신은 과반지분과 체결한 적법한 임차인임을 주장하며 명도를 거절할 경우 어떻게 될까? 이때도 역시 과반지분을 낙찰받은 경우에는 명도를 할 수 있는데, 그 이유는 공유물이 아닌 단독소유를 낙찰받은 경우 소제주의(민집법91조, 주임법3조의5, 상임법8조)에 따라 대항력이 없는 후순위임차인을 명도할 수 있듯이 임대차계약을 체결하는 행위는 관리행위에 속하고, 또 그 관리행위는 과반지분으로 할 수 있기 때문이다.

따라서 이런 경우 임차인에게는 미회수한 보증금이 있을 시 임대차계약을 체결한 공유자 중 금번 매각지분이 아닌 다른 공유자로부터 회수할 수 있음을 안내한다(그이유는 임차인이 다른 공유지분에 대해 경매를 진행하면 우선매수를 할 수 있기 때문이다. 이때 다른 공유자도 우선매수에 참여하면 비율배분이 된다).

기존의 임대차계약으로 임료를 수취한 공유자를 상대로는 부당이득반환청구소송 진행(상대가 반환 시는 소가 무효가 된다) ⇒ 승소 후 집행문으로 당해지분에 대한 강제경매 신청 ⇒ 공유자우선매수신청으로 당해지분을 취득하도록 한다(이때 다른 공유자도 우선매수에 참여할 시는 비율배분이 된다).

물론 이와는 별도로 전체 공유자를 상대로 '공유물분할청구소송'을 제기할 수 있으며 그 우선순위는 상황에 따라 신축적으로 판단하도록 한다.

부적법한 점유자(점유권원이 없거나 1/2 이하 지분과 체결한 임차인)인 경우

☞ **매각(취득) 공유지분이 과반(1/2 초과)인 경우 ⇒ 부적법한 점유자(점유권원이 없거나 1/2 이하 지분과 체결한 임차인)인 경우**

▶ 점유자(불법점유자)에 대해

• 경락잔금과 동시에 보존·관리행위(민법265조)에 근거해 인도명령을 신청한다. 이때 만약 점유자가 점유이전의 개연성이 많은 악의의 점유자라면 위에서와 같이 점유이전금지가처분을 신청한다.

- 인도명령신청과는 별도로 조속히 건물을 인도해줄 것과 그렇지 않을 시 부당이득 및 손해배상청구와 함께 형사고소(주거침입 : 형법319조)를 하겠다는 내용증명을 발송한다(버틸 시는 추후 실제로 형사고소를 한다).

- 인도명령신청 기각 시에는 즉시항고(⇒ 재항고) 또는 명도소송을 진행한다. 이때는 필히 점유이전금지가처분신청을 병행해야 한다.

▶ 부적법한 임대차계약을 체결한 공유자에 대해

과반의 권원 없이 체결한 공유자에게는 민법265조 및 741조에 따라 부당이득반환청구를 하고, 경우에 따라서는 업무상 횡령과 배임죄(형법356조)를 묻는다(하지만 다음 판례에서 보듯이 배임죄의 구성은 특별한 경우에 한해 가능하다).

즉, 부당이득반환청구소송 진행(상대가 반환 시는 소가 무효가 된다) ⇒ 승소 후 집행문으로 당해지분에 대한 강제경매신청 ⇒ 공유자우선매수신청으로 당해지분을 취득하도록 한다(이때 다른 공유자도 우선매수에 참여할 시는 비율배분이 된다).

물론 이와는 별도로 전체 공유자를 상대로 '공유물분할청구소송'을 제기할 수 있으며 그 우선순위는 상황에 따라 신축적으로 판단하도록 한다.

☞ 서울형사지방법원1994. 2. 24 선고 93고합2117판결 – 배임죄 불성립

(공유자가 다른 공유자에 대한 관계에서 "타인의 사무를 처리하는 자"의 지위에 있지 않다.)

공유의 경우에는 목적물에 대한 각 공유자의 지배권능은 서로 완전히 자유 독립적이며 다만 목적물이 동일하기 때문에 그 행사에 제약을 받고 있는 데 지나지 아니하여 각 공유자는 그 지분을 다른 공유자의 의사에 관계없이 자유로이 처분할 수 있고 또 언제든지 분할을 청구해서 공유관계를 종료시킬 수 있는 바, 앞서와 같은 공유관계의 본질에 비추어 볼 때 민법 제265조 본문(과반지분에 의한 공유물의 관리)과 같은 공유물의 관리규정만을 들어 공유자 상호 긴에 배임죄에 있이시의 신임관계를 인정하기에 족한 재산관리의무가 있다고 보기 어려우므로 공유자들이 배임죄에 있어서의 "타인의 사무를 처리하는 자"의 지위에 있다고 할 수 없다.

☞ **대법원92도387, 89도17, 81도2777 – 동업관계에서 임의처분할 경우에는 횡령죄를 구성한다.**

동업체에 속하는 재산을 다른 동업자들의 동의 없이 임의로 처분하거나 반출하는 행위는 이를 다른 동업자들에게 통지했다 하더라도 횡령죄를 구성한다.

☞ **대법원80도1161 – 공유물매각대금을 공유자 1인이 임의로 소비한 경우 횡령죄가 성립한다.**

공유물의 매각대금도 정산하기까지는 각 공유자의 공유에 귀속한다고 할 것이므로 공유자 1인이 그 매각대금을 임의로 소비했다면 횡령죄가 성립된다.

☞ **서울고등법원1987. 8. 18 선고 87노1605 판결**

[공유자의 승낙 없이 타에 담보로 제공한 경우 : 타인의 지분에 대해만 횡령죄를 구성한다.]

공소외인들과 1/2씩의 지분비율로 공유하는 부동산에 관해 공소외인들의 승낙 없이 임의로 타에 담보로 제공해 채권최고액 금 6억 원으로 한 근저당권을 설정하고, 금 4억 원을 대출받아 자신의 채무변제 등에 전액 소비한 경우, 위 부동산에 관한 근저당권설정행위는 공소외인의 각 지분권에 대해서만 횡령죄를 구성하게 되고, 그 경우 위 횡령범죄행위로 인해 취득한 이익액은 위 공소외인들의 지분에 상당하는 금 2억 원이 된다고 보아야 할 것이다.

2. 매각대상 공유지분이 과반에 미달하는 경우

다음에서 보듯이 매각대상지분이 1/2 이하의 지분인 경우에는 낙찰자가 할 수 있는 행위가 매우 제한적이다.

점유자가 공유자 중 1인인 경우

☞ **매각대상(취득) 공유지분이 과반에 미달하는 경우 ⇒ 점유자가 공유자 중 1인인 경우**

▶ 점유자가 과반지분권자인 경우

민법265조에 따라 관리행위는 과반의 지분으로 결정할 수 있으므로 이때에는 점유하고 있는 공유자가 자신의 지분범위를 넘어 지배하거나 보존에 반하는 행위를 하지 않는 한 부득이 인도명령신청은 불가하고, 점유자(과반지분권자)를 상대로 '부당이득반환청구'를 할 수밖에 없다. 다만 점유하고 있는 공유자가 매각대상채무자인 경우에는 낙찰지분이 소수지분이라도 보존행위로 인도명령신청이 가능하다.

하지만 비록 소수지분이라고 하더라도 점유하고 있는 과반지분권자를 상대로 부당이득반환청구소송진행(상대가 반환 시 소가 무효가 된다) ⇒ 승소 후 집행문으로 당해 지분에 대한 강제경매 신청 ⇒ 공유자우선매수신청으로 당해지분을 취득하도록 한다(이때 다른 공유자도 우선매수에 참여할 시는 비율배분이 된다).

물론 이와는 별도로 전체 공유자를 상대로 '공유물분할청구소송'을 제기할 수 있으며, 그 우선순위는 상황에 따라 신축적으로 판단하도록 한다.

▶ 점유자가 과반미만지분권자인 경우

공유자가 자신의 지분범위를 초과하여 공유물의 전부 또는 일부를 배타적으로 점유하고 있는 경우에는 다른 소수지분권자가 공유물의 보존행위로서 공유물의 인도나 명도를 구할 수 있다고 하고 있으나(대법원93다9392, 93다9408전원합의체), 개정판례(대법원2018다287522전원합의체판결)에서는 "공유물의 소수지분권자가 다른 공유자와 협의 없이 공유물의 전부 또는 일부를 독점적으로 점유·사용하고 있는 경우 다른 소수지분권자는 공유물의 보존행위로서 그 인도를 청구할 수 없고, 다만 자신의 지분권에 기초해 공유물에 대해 방해 상태를 제거하거나 공동점유를 방해하는 행위의 금지(즉, 방해제거청구권) 등을 청구할 수 있다"라고 하고 있다.

이 이야기는 취득지분이 소수지분일 경우 점유하고 있는 공유자를 무조건 배척할 수 없고, 소수지분권자도 역시 자신의 지분만큼 사용할 수가 있으므로 소수지분권자가 자신의 지분만큼 사용하려는 데 방해가 되는 경우 점유하고 있는 공유자를 상대로 소유권(공유지분)에 기초한 방해제거를 청구할 수 있다는 것이다. 결국

점유하고 있는 공유자의 점유가 불법적이거나 매각대상채무자가 아닌 한 소수지분이 관리·보존행위를 이유로 무조건 명도를 구할 수는 없다는 것이다.

따라서 이 경우에는 점유하고 있는 공유자를 상대로 부당이득 반환청구소송 진행 (상대가 반환 시는 소가 무효가 된다) ⇒ 승소 후 집행문으로 당해지분에 대한 강제경매 신청 ⇒ 공유자우선매수 신청으로 당해지분을 취득하도록 한다(이때 다른 공유자도 우선매수에 참여할 시 비율배분이 된다).

물론 이와는 별도로 전체 공유자를 상대로 '공유물분할청구소송'을 제기할 수 있으며, 그 우선순위는 상황에 따라 신축적으로 판단하도록 한다.

점유자가 과반지분과 체결한 임차인인 경우

☞ 대법원 2002. 5. 14 선고 2002다9738판결 : 건물 등 철거 등

점유자가 과반의 지분과 임대차계약을 체결한 선순위임차인이라면 대항력이 있으므로 임차인이 배당신청을 하지 않았다면 인수권리가 되고, 따라서 이때 소수지분을 취득한 자는 다수(과반)의 공유지분권자와 (적법한)임대차계약을 체결한 임차인에게는 부당이득청구도 할 수가 없고, 과반지분권자에게 부당이득을 청구할 수 있을 뿐이다.

☞ 매각대상(취득) 공유지분이 과반에 미달하는 경우 ⇒ 점유자가 과반지분과 체결한 임차인인 경우

점유자가 대항력이 있는 선순위임차인인 경우

▶ 선순위임차인이 배당신청을 한 경우(임대차종료의 의사표시)

대항력 있는 선순위임차인이라 하더라도 배당신청을 하고 그 사실이 경매법원을 통해 임대인에게 통지된 때는 임대차관계가 종료된다고 볼 수 있기 때문에(대법원 97다28407, 94다37646, 민소법606조1항, 민집법89조) 비록 소수지분이라 하더라도 굳이 명도를 하고자 하는 경우에는 배당이 완결되는 경우는 물론 배당이 부족하면 부족액을 지급하거나 공탁을 하고 인도명령신청이 가능하며, 인수(지급)한 금액 중 다른 공유자지분 해당액은 그 공유자를 상대로 구상권(민법481조, 482조에 의한 변제자대위)을 행사할 수 있다. 하지만 매각으로 인해 공유자 내부적 관계에 있어 매각지분에 대한 임차권이 소멸되는 소수지분을 취득한 낙찰자가 굳이 다른 공유자가 지급해야 할 선순위임차인의 보증금을 지급하면서까지 애써 명도를 하는 경우는 드물다.

이때 매각대금이 '임차보증금×매각지분÷임대차계약체결지분 합계'에도 미치지 않는 경우가 아닌 한 공유자 내부적 관계에 있어서는 매각으로 인해 매각지분에 대한 낙찰자의 임차보증금반환 채무는 소멸되지만 임차인으로서는 자신의 보증금 회수가 부족할 시 여전히 임대차계약을 체결한 공유자 모두를 상대로 불가분 채무인 임차보증금의 상환을 주장할 수 있으므로 임차인으로 하여금 임대차계약을 체결한 다른 임대인(공유자)에 대해 임차보증금반환청구소송을 하도록 해서 해당 공유지분에 대한 경매를 진행하도록 할 수도 있으며(그럴 경우 공유자 우선매수신청권을 행사할 수 있으며 다른 공유자가 참여할 시는 비율배분이 된다), 기존의 임대차계약으로 임료를 수취한 공유자를 상대로는 부당이득반환청구소송을 진행하여(임료수익이 양호한 경우 반환하고 소를 회피할 수 있다) ⇒ 승소 후 집행문으로 당해지분에 대한 강제경매신청 ⇒ 공유자우선매수신청으로 당해지분을 취득한다(이때 다른 공유자도 우선매수에 참여할 시 비율배분이 된다).

물론 낙찰자는 이와는 별도로 전체 공유자를 상대로 공유물분할청구소송을 제기할 수 있으며 그 우선순위는 상황에 따라 신축적으로 판단하도록 한다.

▶ 선순위임차인이 배당신청을 하지 않은 경우(대항력을 행사하는 경우)

이때에는 특별법(주임법, 상임법)에 따라 대항력이 있는 적법한 임차인이어서 매각지분에 대한 임차인의 권리도 소제되지 않으므로 설령 과반의 지분을 취득한 낙찰자라 해도 계약 인수해서 당초의 계약내용대로 이행하는 수밖에 없다(즉, 계약갱신청구권을 보유하고 있는 임차인은 계약 갱신청구권도 행사할 수 있다).

물론 매각지분이 소수지분이라 그럴 일은 없겠지만 만약 인수한 금액 중 낙찰자가 지급한 금액이 있을 시 임대차계약을 체결한 다른 공유자지분 해당액은 그 공유자들을 상대로 구상권(민법 481조, 482조에 의한 변제자대위)을 행사할 수 있으며, 반대로 낙찰자가 임차인으로부터 수취한 임대료가 있을 시 이는 다른 공유자와 공유해야 한다.

이 경우 낙찰(잔금납부) 후부터 매각지분에 대한 임료는 낙찰자가 수취해야 하는 것이 원칙이지만 현실적으로 그렇지 않은 경우가 대부분이고 또 그런다고 하더라도 공유물의 관리행위는 과반이 할 수 있으므로 위법하다고 항변할 수도 없다. 따라서 이런 경우 소수지분을 취득한 사람으로서는 임차인을 상대로 달리 어떤 행위를 강요할 수는 없지만 필요시 임차인에게 "경매로 인해 ○○년○○월○○일부로 당해 공유물의 소유자(공유지분)가 변경되었으므로 동일부터 발생하는 임료 중 본인의 지분(○/○)에 상당하는 임료는 본인의 계좌(○○은행 ○○○-○○-○○○○-○○, 홍길동)로 입금시켜주시기 바랍니다. 만약 그러지 않고 본인의 지분에 해당하는 임료를 타인에게 지급할 경우 귀하는 2중으로 부담할 수밖에 없음을 알려드립니다"라는 내용증명을 발송해서 임차인과 임료를 수령하고 있는 임대인(공유자)을 압박할 수는 있다(하지만 이는 실효성이 없으므로 꼭 필요할 경우에만 한다).

이와 같이 선순위임차인이 대항력을 행사하는 물건의 소수지분을 취득한 경우 낙찰자는 기존의 임대차계약으로 임료를 수취한 공유자를 상대로 부당이득반환청구소송 진행(임료수익이 양호한 경우 반환하고 소를 회피할 수 있다) ⇒ 승소 후 집행문으로 당해지분에 대한 강제경매 신청 ⇒ 공유자우선매수신청으로 당해지분을 취득한다(이때 다른 공유자도 우선매수에 참여할 시는 비율 배분이 된다).

물론 낙찰자는 이와는 별도로 전체 공유자를 상대로 공유물분할청구소송을 제기할 수 있으며 그 우선순위는 상황에 따라 신축적으로 판단하도록 한다.

▶ 과반지분과 체결했으나 매각지분에 대해 대항력이 없는 후순위임차인인 경우
◎ 후순위임차인이 배당신청을 한 경우

매각지분상 대항력이 없는 후순위권리므로 배당신청여부와 관계없이 당연히 매각으로 인해 매각지분에 대한 임차인의 권리는 소제되고, 매각지분에 대해서는 대항력이 없지만 임차인으로서는 과반지분과 체결한 적법한 임차인이고 대항요건까지 갖췄으므로 소수지분을 취득한 낙찰자로서는 인도명령신청을 할 수 없는 것이 원칙이다.

하지만 배당신청을 하고 그 사실이 경매법원을 통해 임대인에게 통지된 때에는 임대차관계가 종료된다고 볼 수 있기 때문에(대법원97다28407,94다37646,민소법606조①항,민집법89조) 비록 소수지분이라 하더라도 배당이 완결되는 경우는 물론 배당이 부족하면 부족액을 지급하거나 공탁을 하고 인도명령신청이 가능하며

(이때 대항요건을 갖춘 배당대상임차인이므로 추후 실제 배당 여부와는 관계없이 인도명령 결정은 배당이 완결되는 배당기일 후에 가능하다), 인수(또는 지급)한 금액 중 임대차계약을 체결한 다른 공유자지분 해당액은 그 공유자들을 상대로 구상권(민법481조, 482조에 의한 변제자대위)을 행사할 수 있다(하지만 이 경우 매각지분에 대해서는 소제주의가 적용되어 낙찰자가 인수하는 금액이 없는데 그럼에도 불구하고 소수지분인 낙찰자가 굳이 다른 공유자가 부담할 보증금까지 지급하며 명도를 하는 경우는 거의 없다).

이때 임차인에 대해서는, 매각으로 인해 매각지분에 대한 임차인의 권리는 후순위여서 소제되지만 임차인의 보증금 회수가 부족할 시 임차인은 여전히 임대차계약을 체결한 다른 임대인(공유자)에 대해 불가분채무인 임차보증금반환청구권을 행사할 수 있으므로 미회수한 보증금에 대해 임차인으로 하여금 임대차계약을 체결한 다른 공유자를 상대로 임차보증금반환청구소송을 하도록 해서 해당 공유지분에 대한 경매를 진행하도록 할 수도 있으며(그럴 경우 공유자우선매수신청을 해서 당해지분을 취득할 수도 있으며, 다른 공유자도 우선매수에 참여할 시는 비율배분이 된다), 기존의 임대차계약에 따라 임료를 수취한 공유자를 상대로는 부당이득반환청구소송 진행(임료수익이 양호한 경우 반환하고 소를 회피할 수 있다) ⇒ 승소 후 집행문으로 당해지분에 대한 강제경매 신청 ⇒ 공유자우선매수신청으로 당해지분을 취득하도록 한다. 이때 다른 공유자도 우선매수에 참여할 시 비율배분이 된다.

물론 낙찰자는 이와는 별도로 전체 공유자를 상대로 공유물분할청구소송을 제기할 수 있으며, 그 우선순위는 상황에 따라 신축적으로 판단하도록 한다.

◎ 후순위임차인이 배당신청을 하지 않은 경우

대항력이 없는 후순위임차인이 배당신청까지 하지 않는 이런 경우는 거의 없겠지만 어떻든 이런 경우가 있다면 매각지분상 대항력이 없는 후순위권리이므로 배당신청여부와 관계없이 당연히 매각으로 인해 매각지분에 대한 임차인의 권리는 소제되고, 매각지분에 대해서는 대항력이 없다. 하지만 임차인으로서는 과반지분과 체결한 적법한 임차인이고 대항요건까지 갖췄으므로 소수지분을 취득한 낙찰자로서 인도명령신청을 할 수 없는 것이 원칙이다.

이런 경우 임차인에게는 매각으로 인해 매각지분에 대한 임차인의 권리는 후순위여서 소제되지만 임차인의 보증금 회수가 부족할 시 임차인은 여전히 임대차계약을 체결한 다른 임대인(공유자)에 대해 불가분채무인 임차보증금반환청구권을 행사할 수 있으므로 임대차계약을 체결한 다른 공유자를 상대로 임차보증금반환청구소송을 할 수 있음을 안내한다. 그리하여 다른 공유지분이 경매가 진행되면 공유자우선매수신청을 해서 당해 지분을 취득할 수도 있으며, 다른 공유자도 우선매수에 참여할 시 비율배분이 된다.

기존의 임대차계약으로 임료를 수취한 공유자를 상대로는 부당이득반환청구소송 진행(임료수익이 양호한 경우 반환하고 소를 회피할 수 있다) ⇒ 승소 후 집행문으로 당해지분에 대한 강제경매신청 ⇒ 공유자우선매수신청으로 당해지분을 취득하도록 한다. 이때 다른 공유자도 우선매수에 참여할 시 비율배분이 된다.

물론 낙찰자는 이와는 별도로 전체 공유자를 상대로 공유물분할청구소송을 제기할 수 있으며, 그 우선순위는 상황에 따라 신축적으로 판단하도록 한다.

점유자가 과반미만지분과 체결한 임차인인 경우

☞ **매각대상 공유지분이 과반에 미달하는 경우 ⇒ 점유자가 과반미만지분과 체결한 임차인인 경우**

▶ 점유자(불법점유자)에 대해

민법265조에 따라 소수지분으로 관리행위를 할 수는 없으나 보존행위는 각자가 할 수 있으므로 경락잔금과 동시에 불법점유자를 상대로 부당이득반환청구와 함께 보존행위를 이유로 하는 인도명령신청(및 형사고소)으로 명도한다.

▶ 임대차계약을 체결한 공유자에 대해

과반의 권원 없이 체결한 공유자에게는 민법265조 및 741조에 따라 부당이득반환청구를 하고, 경우에 따라서는 업무상 횡령과 배임죄(형법356조)를 묻는다. 하지만 앞서 판례에서 보듯이 배임죄의 구성은 특별한 경우에 한해 가능하다.

즉, 임료를 수취한 공유자를 상대로 부당이득반환청구소송 진행(임료수익이 양호한 경우 반환하고 소를 회피할 수 있다) ⇒ 승소 후 집행문으로 당해지분에 대한 강제경매 신청 ⇒ 공유자우선매수신청으로 당해지분을 취득하도록 한다. 이때 다른 공유자도 우선매수에 참여할 시 비율배분이 된다.

물론 낙찰자는 이와는 별도로 전체 공유자를 상대로 공유물분할청구소송을 제기할 수 있으며, 그 우선순위는 상황에 따라 신축적으로 판단하도록 한다.

3. 매각대상지분이 1/2인 경우

1/2 지분은 과반이 아니어서 배타적 사용·수익은 물론 관리행위도 할 수 없고, 보존 행위만 가능하다.

☞ 대법원2002다57935, 93다9392, 91다23639, 80다1280, 2010다37905, 81다653 : 1/2 지분은 과반이 아니어서 배타적 사용·수익은 물론 관리행위도 할 수 없고, 보존행위만 가능하다.

물건을 각 1/2 지분씩 균분하여 공유하고 있는 경우 1/2 지분권자로서는 다른 1/2 지분권자와의 협의 없이는 이를 배타적으로 독점사용할 수 없고, 나머지 지분권자는 공유물보존행위로서 그 배타적 사용의 배제, 즉 그 지상 건물의 철거와 토지의 인도 등 점유배제를 구할 권리가 있다.

점유자가 타 공유자(1/2 지분)인 경우

☞ 매각대상지분이 1/2인 경우 ⇒ 점유자가 타 공유자(1/2 지분)인 경우

매각대상지분이 1/2 지분이고 점유자가 타 공유자인 경우 인도명령신청은 궁극적으로는 압박의 수단에 불과한데, 그 이유는 매각지분이 1/2 지분이고 점유자가 타 공유자인 경우 인도명령이 결정된 예도 있으나(서부2계2011타경20320/인도명령신청사건 : 서부지원2012타기1256) 대부분 과반이 되지 않는다는 이유로 기각이 되고 있기 때문이다. 설령 인도명령결정이 난다고 하더라도 이 역시 점유 부분을 특정하기가 어려워 인도집행을 하기가 어렵고, 또 어렵게 인도집행을 해서 명도를 받는다고 하더라도 상대 역시 꼭 같은 수순을 밟을 수 있다.

따라서 매각지분이 1/2이고 점유자가 타 공유자인 경우 인도명령신청은 궁극적(실질적)으로는 점유자에 대한 압박용이라고 보아야 하는데, 그럼에도 불구하고 그렇게 하는 이유는 상대공유자가 해박한 고수가 아닐 경우 그 압박으로 해결(낙찰지분의 고가매도 또는 상대지분의 저가취득)되는 수가 많기 때문이다.

점유자가 임차인인 경우

☞ **매각대상지분이 1/2인 경우** ⇒ **점유자가 임차인인 경우에는 임차인의 계약내용(임대차계약체결경위)을 파악해서 그 내용에 따른다.**

▶ 임대차계약을 공유자 전부가 체결했을 경우 : 계약체결시점과 임차인의 대처상황에 따라

공유자 전부와 체결한 임차인이 선순위임차인인 경우에는 앞서 매각대상 공유지분이 과반에 미달하는 경우 ⇒ 점유자가 과반지분과 체결한 임차인인 경우 ⇒ 점유자가 대항력이 있는 선순위임차인인 경우 ⇒ 선순위임차인이 배당신청을 한 경우, 또는 선순위임차인이 배당신청을 하지 않은 경우에 따라 처리하고,

공유자 전부와 체결한 임차인의 후순위임차인인 경우에는 앞서 매각대상 공유지분이 과반에 미달하는 경우 ⇒ 점유자가 과반지분과 체결한 임차인인 경우 ⇒ 과반지분과 체결했으나 매각지분에 대해 대항력이 없는 후순위임차인인 경우 ⇒ 후순위임차인이 배당신청을 한 경우, 또는 후순위임차인이 배당신청을 하지 않은 경우에 따라 처리한다.

▶ 만약 1/2공유자와만 임대차계약을 체결했을 경우 : 계약체결시점과 임차인의 대처상황에 따라

점유자(불법점유자)에 대해서는 앞서 매각대상 공유지분이 과반에 미달하는 경우 ⇒ 점유자가 과반미만지분과 체결한 임차인인 경우 ⇒ 점유자(불법점유자)에 대해에서와 같이 처리하면 되고,

적법한 권한 없이(과반미만 지분으로) 임대차계약을 체결한 공유자에 대해서는 앞서 매각대상 공유 지분이 과반에 미달하는 경우 ⇒ 점유자가 과반미만지분과 체결한 임차인인 경우 ⇒ 임대차계약을 체결한 공유자에 대해에서와 같이 처리하면 된다.

4. 매각(취득)지분별 점유자 및 점유형태별 특징

점유자(점유형태)별		매각(취득)지분별	매각지분이 과반	매각지분이 과반미만
공통 : 보존행위로서의 방해배제청구권(민법214조)은 행사가 가능하다(대법원2018다287522).				
점유자가 공유자인 경우		과반 지분권자인 경우	이런 경우는 있을 수 없다 (비록 전에는 과반지분이었어도 낙찰 후는 과반이 될 수가 없으므로).	▷ 부당이득반환청구 가능 ▷ 공히 점유하고 있는 공유자가 매각대상인 경우는 명도 가능
		과반미만 지분권자인 경우	명도 가능, 부당이득반환청구 가능	
임차인	적법한 임차인 (즉, 과반지분과 체결한 임차인)	대항력이 있는 경우 (말소기준권리 전의 임차인) / 배당신청을 한 경우	낙찰자지분에 대한 보증금채무 소멸 – 소제주의 임차인이 계약종료의사를 표시한 것이므로 명도 가능 (단, 배당 부족액이 있을 시 이의 지급과 명도는 동시이행 – 이때 취득한 지분을 초과한 지급액은 타 공유자에게 구상권 청구 가능)	
		배당신청을 하지 않은 경우	임대차계약 종료일까지 명도 불가(임차인이 계약갱신청구권이 있는 경우 행사 가능), 타 공유자에게 부당이득반환청구	
			만기 후 주도적으로 임대관리	만기 후에도 위와 같이 처리
	대항력이 없는 경우 (말소기준권리 후의 임차인)	배당신청을 한 경우	낙찰자지분에 대한 보증금채무 소멸 – 소제주의 명도 가능(임차인은 배당부족액을 타 계약체결자에게 청구)	
		배당신청을 하지 않은 경우	낙찰자지분에 대한 보증금채무 소멸 – 소제주의	
			명도 가능(임차인은 보증금을 타 계약체결자에게 청구 가능)	명도 불가, 임료를 수취하는 타 공유자에게 부당이득반환청구
부적법한 점유자 (점유권원이 없거나 1/2 이하 지분과 체결한 임차인)	대항요건 [계약+주민등록(사업자등록)]+점위을 갖추고 배당신청한 경우	배당이의가 없는 경우	불법점유자이므로 명도 가능, 부당이득반환(손해배상)청구 가능 (임차인 : 경매법원에서 배당신청을 기각하지 않는 경우 배당가)	
		배당이의가 있는 경우	불법점유자므로 명도가능, 부당이득반환(손해배상)청구 가능 (임차인 : 배당도 못 받고 명도)	
	그 외		〃	

07 | 공유자우선매수신청권을 행사할 수 없는 경우

　예비입찰자들 특히, 지분 투자를 하려고 하는 사람이라면 이 공유자우선매수신청권을 행사할 수 없는 경우를 필히 알아야 한다. 그래야만 우량지분의 경매사건에서 자격이 되지 않는 다른 공유자가 우선매수를 신청할 경우 이를 물리칠 수 있기 때문이다.

　사실 필자도 2015년도에 시흥시에 있는 우량물건의 경매에서 1등을 했다가 빼앗긴 경우가 있는데, 그때 우선매수신청을 한 자가 바로 매각지분의 상속인이었던 것이다. 당시 차순위신고라도 해놓고 더 고민했으면 되었을 텐데, 대부분의 경우 공유자우선매수신청사건에 있어서의 차순위신고는 보증금만 잠기고 마는 무용지물이 되기 때문에 습관적으로 또 복잡하게 생각할 경황도 없어 그마저 하지 않고 종결되어 많이 아쉬웠던 적이 있다.

- APT대지권 등과 같은 집합건물의 공용부분의 대지권에 대한 공유지분의 경우
- 공유물분할을 위한 형식적 경매사건의 경우
- 공유자우선매수신청을 하려는 자신의 공유지분도 경매대상인 경우(대법원2008마693)
- 공유물(공유지분)전부에 대한 경매사건일 경우(대법원2008마693결정)

- 여러 물건(여러 필지) 일괄매각사건 중 일부(일부 필지)에 대한 공유지분권자일 경우(대법원2005마1078결정 : 매각허가결정에 대한 이의)
  - 토지·건물 일괄매각사건에 있어 토지 또는 건물에만 공유지분이거나 여러 필지의 일부매각사건에 있어 일부 필지에 대한 공유지분일 경우에는 공유자우선매수신청의 대상이 아니다. 따라서 이런 경우 단순히 공유지분이라는 이유로 많이 저감되어 있을 시 저가에 낙찰받아 수익을 실현할 수 있다. 만약 이때 다른 공유자가 공유자우선매수신청을 하고 경매법원이 이를 수용한다면 위 판례로 무력화시킬 수 있는 것이다.
- 공유지분 전체가 한 사건으로 일괄매각되는 경우에 있어 압류의 효력이 발생하는 '경매개시기입등기' 후 일부의 공유지분을 취득해 당해부분에 대한 경매를 취하한 자
  - 이때에도 당해사건이 취하·취소되고 이후 새로이 매각되는 경우에는 역시 공유자우선 선매수신청권의 행사가 가능하다.
- 경매대상공유지분의 상속자인 경우[안산2014-18325(4)/낙찰자(우선매수신청자)=상속인]

☞ **대법원2009마1302 : 상속(자산+부채)에 의해 채무자가 되었으므로 공유자우선매수신청권이 없다.**
갑이 남편인 을과 부동산을 공유하던 중 을이 사망하자 을의 재산을 상속한 후, 을이 생전에 위 부동산의 공유지분에 설정한 근저당권의 실행으로 매각절차가 진행되자 위 부동산의 공유자로서 우선 매수신청을 한 사안에서, 갑은 위 매각절차에서의(상속에 의해) 채무자로서 매수신청이 금지된 자이므로 민사집행법 제121조 제2호에 정한 '부동산을 매수한 자격이 없는 자'에 해당한다고 한 사례

· 말소기준권리 이후 지분이 분할되어 이전된 경우 신규로 지분
  을 이전 받은 공유자

[예(1필지 중 일부 순위번호만 매각대상인 경우) : 인천8계2015타경
39656(1)(2)(3)]

앞서 예를 든 경매사건이 그런 경우로, 공유자우선매수신청권이
없음에도 불구하고 해당 경매계에서는 "1회에 한해 공유자우선매
수신청권을 행사할 수 있음"이라고 표기해서 매각했고, 다른 입찰
자 또한 이의를 제기하지 않고 진행된 사건이다.

1. 선순위저당권(말소기준권리)이 경료된 후 소유자 또는 소유지
   분이 변경된 등기는 당해 물건이 매각될 경우 말소촉탁의 대
   상이 되기 때문이다(대법원2007다57459).

2. 우선매수신청을 하려는 자신의 공유지분도 경매대상이기 때
   문이다(대법2008마693). 예를 들어 위 2015타경39656(1) 중
   511-10번지의 경우, 매각대상 순위번호의 말소기준권리인 근
   저당권이 2012. 3. 28 설정되고, 그 후인 2013. 5. 1 지분을 분
   할해서 일부 지분을 딸에게 증여했으나 이는 여전히 매각대
   상이 되기 때문이다. 만약 그렇지 않다면, 사후에 채무자(소유
   자)의 지분을 얼마든지 바꿀 수 있고 그에 따라 필지까지 분
   할할 수 있는 것이어서 채무자(소유자)에 대한 공유자우선매
   수신청권의 제한은 전혀 그 의미가 없는 것이 되고 만다. 따라
   서 이는 여전히 채무자의 지위를 승계받아 민사집행규칙59조
   및 민사집행법121조2호에 따라 입찰자격이 없고, 상속의 경
   우 상속(자산+부채)에 의해 채무자가 되었으므로 공유자우선

매수신청권을 허용할 수 없다는 판례(대법원2009마1302)에서도 그 의미를 찾아볼 수 있는 것이다.

3. 여러 물건(여러 필지) 일괄매각사건 중 일부(일부 필지)에 대한 공유지분권자일 경우에 해당하기 때문이다(대법원2005마1078).

4. 말소기준권리 후 변경된 지분의 일부가 매각될 시 부당하게 감가되기 때문이다. 앞서 열거한 소제주의[선순위저당권(말소기준권리)이 경료된 후 소유자 또는 소유지분이 변경된 등기는 당해 물건이 매각될 경우 말소촉탁의 대상이 된다]는 별론으로 하더라도, 만약 말소기준권리 후 지분이 변경(분할)되고 그중 일부지분이 매각될 시, 당초부터 필지(지분) 전부가 매각 시보다 매각가가 저감될 수밖에 없어 선순위채권자는 당초 전혀 예상하지 않았던 후발적인 사유로 인해 부당한 손해를 입기 때문에 후발적으로 소유권을 취득한 자에 대한 공유자우선매수신청권은 고사하고, 후발적으로 지분(또는 필지)을 분할한 그 자체가 무효로 소제대상이 되는 것이다. 특히, 앞에서 예시로 든 사건번호는 1필지 중에서도 일부 순위번호만 매각대상일 뿐아니라, 후발적으로 지분 및 필지가 분할된 경우이다.

다음의 표를 보면, 당초(선순위저당권설정 당시) 공유자가 2명이었던 것이 이후(타의에 따라) 공유자(지분)가 8명으로 바뀌고, 그에 따라 공유물이 분할되는 경우로, 물론 분할된 각 필지마다 당초 전체 근저당설정액인 18억 원이 전사되어 형식상 저당권 총액에는 변경이 없으나 총 매각가는 급격히 감소

될 수밖에 없음을 알 수 있다.

설정 당시 공유자가 2명 ⇒ 그 후 (타의로) 지분변동 ⇒ 공유자가 8명으로 바뀌고 그에 따라 공유물이 분할되는 경우											
당초의 공유지분 형태	당초 ⇒		분할 시			지분변동 후 공유지분 형태	당초 ⇒		분할 시 (과소필지가 된다)		
	가격	저당	가격	저당			가격	저당	가격	저당	
전체: 400평	20억원	18억원	20억원	18억원		전체: 400평	20억원	18억원	8억원	18억원	선순위근저당권자는 자신이 설정할 당시의 가치로는 채권보전이 충분했으나, 추후 지분이 변경되고 그에 따라 공유물이 분할(변형)되고 그에 따라 각 필지별로 매각될 시 과소필지로 인해 가격이 부당히 저감되고, 그에 따라 선순위저당권자는 전혀 의도하지 않았던 후발적인 사유로 인해 치유불능의 손해를 보게 된다.
1/2 (200평)	20억원 ⇒		10억원	18억원 (9억원)	설혹 선순위근저당권 설정 후 설정 전의 지분대로 분할이 되어도 분할된 필지규모가 유용해 가치가 그대로여서 이를 알고 설정한 근저당권자는 손해를 입지 않는다. 이때 지분변동이 아닌 공유자가 변경되는 경우(인적변동)는 무관하다.	1/8 (50평)	20억원 ⇒		1억원	〃	
						1/8 (50평)			1억원	〃	
						1/8 (50평)			1억원	〃	
						1/8 (50평)			1억원	〃	
1/2 (200평)			10억원	18억원 (9억원)		1/8 (50평)			1억원	〃	
						1/8 (50평)			1억원	〃	
						1/8 (50평)			1억원	〃	
						1/8 (50평)			1억원	〃	

· 구분소유적 공유관계에 있는 공유지분인 경우

이때에는 유동적이다. 이런 경우에는 경매법원의 매각물건명세서상의 매각조건에 따라 공유자우선매수신청권이 있을 수도 있고 없을 수도 있다. 즉, 경매법원의 재량권이 적용될 수 있다.

1. 공유자우선매수신청권을 허용하는 경우(허용해도 무방한 이유)

이때 공유자우선매수신청을 허용해도 무방한 것은 ▶ 구분소유적 공유관계에 있는 공유지분이라 할지라도 외형(공부)상으로는 일반적인 공유관계에 있는 경우와 같으므로 경매법원에서 매각조건으로 공유자우선매수신청을 제한하지 않는 한 이를 금지하는 규정 및 판례가 없기 때문이고, ▶ 구분소유하기로 한 약정은 채권적 권리로 당사자 간에는 유효하지만 제3자에게는 대항력이 없기 때문에 비록 공유자우선매수신청을 허용해도 제3자로서는 이의를 제기할 수 없기 때문이다.

2. 구분소유적 공유지분이라는 확실한 증거가 있는 경우 최고가 매수인의 대처방법

공유자에게 우선매수신청권을 부여하는 주된 이유는 공유자 간 인적유대를 강화해 공유물의 관리·처분을 분쟁없이 원활하게 하기 위함인데, 구분소유적 공유지분일 경우에는 외형적(공부상)으로는 일반 공유지분과 같지만 배타적지배권이 있어 공유자 간의 인적유대가 요구되지 않으므로 원칙적으로는 공유자우선매수신청권이 있을 필요가 없다. 따라서 만약 사전조사 시 구분소유적 공유지분이라는 확실한 증거(구분소유자 간의 약정서, 구분소유자의 인감증명이 첨부된 확인서 등)가 있는 상태에서 추후 경매 시 낙찰을 받았으나 다른 공유자가 공유자우선매수신청을 행사하고 경매법원이 이를 허락할 경우에는 사전에 수집한 증거로 이의를 제기해서 최고가매수인이 될 수도 있다.

08 공유자우선매수신청에 대한 역습

공유자우선매수신청이 예상되는 물건은 가능한 피하되 다음과 같은 경우에는 도전해볼 필요가 있다.

· 공유자의 입찰참가가 용이하지 않을 것으로 판단될 경우(고령, 원격지 등의 사유)

· 공유지분을 제외한 맹지가 너무 많이 저감된 경우(자발적 '역알박기')

간혹 일부토지에만 공유지분인 여러 필지가 다양한 사유로(때로는 일부 전문가들의 고의적인 '작업'에 의하기도 한다) 일괄매각이 아닌 분할매각으로 진행되는 사건에 있어 뒤의 맹지부분을 저가에 낙찰받아 수익실현하려는 목적으로 별 활용도도 없는 진입도로부분의 공유지분이 먼저 고가에 낙찰되고 맹지는 유찰되는 경우가 있다. 그런데 이런 경우 뒤의 맹지부분이 너무 과도하게 하락할 경우에는 이를 낙찰받아 너무 과욕을 부리는 앞 토지의 낙찰자를 역으로 이용할 수가 있는데, 그 이유는 앞쪽의 공유지분을 낙찰받은 자는 뒤의 맹지가 없으면 당초 계획했던 목적(수익창출)을 실현할 수 없기 때문이다. 필자는 이를 '역알박기'라고 칭한다. 하지만 이때에는 상호 협상이 원활하지 않을 경우 장기간의 투자가 될 수도 있음을 감안해야 한다.

09 경매대상이 아닌 다른 공유지분을 취득한 후 공유자우선매수신청권을 이용해서 수익을 실현하는 방법

이 방법은 위에서 검토한 경매대상공유지분의 취득에 의한 수익 실현이 아닌 그 반대의 경우로, 경매대상이 아닌 다른 공유지분의 전부 또는 일부를 지분권자와 접촉해 적절한 가격으로 취득한 후, 추후 경매가 진행되고 있는 공유지분을 공유자우선매수신청권의 행사로 저가로 취득해서 수익을 실현하는 방법이다.

그러면 추후 경매 시 공유지분권자의 입장에서는 어떻게 하는 것이 가장 능률적일까? 그것은 비록 공유자의 입장이라 하더라도 그저 단순히 최고가매수신고인이 나서면 그때 공유자우선매수 신청권을 행사해서 뺏으려 할 것이 아니라 충분히 저감되었다고 판단되면 당해 차수에 공유자의 권리를 행사할 준비를 하는 한편, 일반 입찰자의 입장에서 당해 차수의 최저가로 입찰하는 것이 좋다(양수겸장). 그 이유는 만약 당해 차수에 다른 최고가매수신고인이 있을 경우에는 공유자우선매수신청권을 행사해서 이를 회수하고, 다른 입찰자가 없을 경우에는 유찰로 말미암아 다음 차수에 과다한 경쟁을 유발할 것이 아니라 그냥 당해 차수의 최저가로 낙찰을 받기 위한 것이다. 물론 이때 입찰보증금은 이중으로 준비해야 한다.

10 구분소유적 공유지분이라 하더라도 감정서 및 매각물건명세서상 이를 표기하지 않은 경우

　이와 같은 경우 순수공유지분을 취득하고 상호명의신탁관계(구분소유적 공유관계)는 소멸한다(대법원2006다68810).

　간혹 구분소유적 공유관계에 있는 물건 중 가치가 떨어지는 부분이 경매가 진행되는 경우가 있는데 이때 감정서나 매각물건명세서상 구분소유적 공유관계의 내용이 표시되지 않고 진행되는 경우가 있다. 이런 경우 다른 부분의 공유지분권자는 기 체결한 내부적 약정 때문에 당연히 공유자우선매수신청권이 없는 것으로 알고 경매에 참여하지 않을 것이고, 구분소유적 공유관계를 아는 경매고수라는 분들은 대상물건이 나쁜 부분이라 해서 경매를 기피하게 되고, 반대로 그 외 대부분의 예비입찰자는 공유자우선매수신청권의 행사를 우려해서 아예 입찰에 참여하지 않게 된다. 하지만 분명히 구분소유적 공유지분임에도 불구하고 감정서나 매각물건명세서상에 그 내용을 표기하지 않은 물건을 취득한 경우에는 순수공유지분을 취득한 것이 되므로 이때에는 공유지분 투자의 목적을 달성할 수 있는 좋은 물건이 되는 것이다. 다만 이때에도 공유물분할소송 등을 수행할 각오를 해야 함은 물론이다.

11 구분건물이 없는 대지권을 낙찰받은 경우

  이런 경우(예 : 부천8계2019타경36931) 만약 모든 구분건물의 소유자가 대지권이 없을 때는 토지에 대한 공유관계를 정리한 후(또는 토지의 공유관계 정리와 동시에) 건물 이 지상권이 있는지 없는지에 따라(즉, 법정지상권의 경우에서와 같이) 처리해야 할 것이고, 그렇지 않고 다른 구분건물의 소유자가 대지권이 있는 때에는 다른 구분건물의 소유자를 상대로 부당이득반환청구를 해야 한다(대법원2011다58701, 2010다108210).

  이런 경우 공유자(지분소유자) 간의 특약이 있다면 그 특약은 특정승계인에게 유효하게 승계되지만 설령 그렇다 하더라도 이와 같이 그 특약이 지분권자의 사용·수익권을 포기하는 등 공유지분의 본질적인 부분을 침해하는 경우에는 특정승계인이 그 사실을 알고도 취득했다는 사정이 명백하지 않은 한 그 특약이 당연히 승계되지는 않는다(대법원2005다1827, 2009다54294). 이때 주의해야 할 것은 이와 같은 경우가 아닌 단순히 구분소유자들의 대지지분이 잘못 배분되어 서로의 대지지분이 상이한 경우(예 : 북부2계2009타경3340)에는 부당이득을 청구할 수 없는데, 그 이유는 각 구분소유자의 별도의 규약이 없는 한 공유지분의 비율에 관계없이 그 건물의 대지 전부를 용도에 따라 사용할 수 있는 적법한 권원을 가

지므로 부당이득이 되지 않기 때문이다(대법원93다60144, 2009다76522). 따라서 대지권을 낙찰받으려고 하는 경우에는 이에 대한 세심한 조사와 구분이 필요하다.

☞ 앞서 예시물건은 필자가 소송(이런 소송은 매우 복잡해서 심혈을 기울여야 한다)에서 최종 수익창출까지 철저히 투자 수익을 분석해 단독으로 낙찰을 받았다가, 이런 특수물건은 입찰에 참여할 사람이 없을 것 같은데 그렇다면 아무래도 높게 낙찰을 받은 것 같아 소정의 사유를 들어 매각불허가를 받은 뒤, 그다음 회차에 다시 낙찰을 받아 상당액을 절감하려 했다. 역시나 한 분은 필자의 생각대로 고가로 낙찰받은 후 지뢰를 밟았다고 생각해 대금을 미납하고 포기를 했으나, 필자의 욕심이 과했을까? 그다음 재매각기일에 또 다른 사람이 단독으로 낙찰받아 대금을 납부하는 바람에 필자의 계획이 물거품이 된 사건이다(물론 이를 낙찰받은 분은 지금 어떻게 수익을 창출하고 있는지는 모르지만…).
그런데 여기서 또 한 가지 알아두어야 할 것은, 비록 필자가 매각불허가신청(이의제기) 시 장황하게 이의를 제기하긴 했지만 엄밀히 말하면 그 이유는 현재의 민사집행법상 합당한(명백한) 이의 사유가 되지는 않는다. 그럼에도 불구하고 유사한 법리를 동원해서 장황하게, 그러나 완벽하게 늘어놓았더니 매각불허가가 인용된 사건이다. 하지만 그다음 바로 낙찰을 받은 분은 이런 이의도 제기하지 않고 그냥 입찰보증금을 포기하고 말았는데, 필자가 보기에는 매우 안타깝다는 생각이 든다. 그 이유는 필자가 먼저 길을 닦아놓았음에도 불구하고 그렇게 허무하게 입찰보증금을 포기할 것이 아니라 낙찰 후 바로 문서열람신청을 해서 필자가 제출한 이의서를 인용해서 "왜 지난 번 낙찰자는 이의를 인용하면서 꼭 같은 이유로 이의를 제기하는 나는 인용하지 않느냐(즉, 사람을 차별하느냐)"라고 따졌으면 되었을 것이기 때문이다. 물론 요즈음 경매법원의 추세가 웬만하면 이의를 인용하지 않지만, 그렇다 하더라도 그 이유가 통할 수밖에 없는데, 그 이유는 필자의 이의를 인용해서 매각불허가를 했다는 것은 매각절차에 하자가 있었다는 것을 경매법원이 스스로 인정했다는 것이 되고, 그렇다면 필자가 제기한 이의를 다음 재매각기일의 매각물건명세서에 반영해서 공고했어야 하고, 그랬다면 이의의 대상이 되지 않겠지만 분명히 그다음 재매각기일에서도 필자가 제기한 이의를 매각물건명세서에 표기하지 않았기 때문이다.

12 | 동일인의 지분 중 일부^{특정 순위번호}가 매각대상인 경우

[예 : 00지방법원0계 2015타경39656(1), (2), (3)]

☞ 사건 진행과정 소개

이 사건은 오래전 필자와 알고 지내던 사람이 자신과 관련이 있다며 의뢰인을 데려와 컨설팅을 하게 되었던 사건이다. 즉, 권리관계가 복잡하니 필자가 정확히 분석해서 컨설팅을 해주면 자신은 필자를 믿고 입찰보증금 조로 일정액을 대여하고 고액의 이자를 수취하겠다는 것이었다. 의뢰인 또한 사건이 복잡한 만큼 컨설팅수수료로 상당액을 제시했고, 그 자리에 필자의 지인도 있었던 터라 필자는 그 약속을 믿고 업무를 시작했다. 그런데 복잡한 과정을 거쳐 모 사채업자로부터 후일 납부할 경락잔금도 약속이 되었고, 이어 D-day(매각기일)에 계획대로 낙찰을 받았다.

필자는 만반의 준비를 하고 입찰에 참여했는데, 그 준비란 무엇인가 하면 혹 다른 입찰자가 있으면 공유자우선매수신청권을 행사하고, 반대로 만약 다른 공유자가 입찰에 참여하면 다음에서 설명하는 이유로 이를 무력화시킬 준비를 했던 것이다. 사건기록을 보면 알겠지만 당시 필자는 밀접한 관계에 있는(이 물건에 탐을 내고 있는) 당해물건의 채권자가 입찰에 참여할 수 있는 예상금액을 감안해서 가장 경제적인 금액으로 입찰을 하려 했으나 의뢰인은 어차피 추후 양도세도 있고 하니 무리하게 낮은 금액으로 할 것이 아니라 안전하게 낙찰받게 최대한 높은 금액으로 해달라고 강력하게 요구해서 상당히 높은 금액으로 입찰했다. 그런데 사람을 믿었던 필자가 잘못이었을까? 막상 낙찰을 받고 나서는 그다음 날부터 사람들이 돌변하기 시작했다. 그저 대서료 정도를 건네고는 발길을 끊는 것이었다. 물론 돈에 욕심 없이 초연할 수 있는 사람이 쉬 있겠는가만은 그리 돌변할 줄은 상상도 하지 못했다. 그 사람들은 그것으로 모든 일이 다 끝난 것이라고 생각했던 모양이다. 그저 눈앞의 조그만 이익에 눈이 어두워 한치 앞을 내다보지 못하는, 신의라고는 찾아볼 수 없는 사람들이었다. 아니나 다를까 일은 더 이상 진행되지 않고 거액의 입찰보증금만 몰수당한 채 이해관계인 상호 간에 물고 물리는 소송으로 이어져오다 3년이 지난 최근에야 그것도 자신들이 아닌 제3자에게 낙찰이 되고 말았다. 필자는 이후 이 사건은 보지도 않고 까맣게 잊고 있었는데 사정이 이렇게 되니 매각기일에 임박해서 신의라고는 모르는 그 의뢰인이 다시 도와달라고 애원하는가 하면, 막상 매각되고 나니 이제 다른 이해관계인은 이를 무효화시킬 수는 없는지, 아니면 채권자와 협의를 봐줄 수는 없는지 등등을 물어왔다. 어찌 사람들이 그리 뻔뻔할 수 있는지, 또 한 번 사람에 대한 신랄한 회의를 하게 된 사건이었다.

간혹 동일인 소유의 하나의 물건 중 일부(특정 순위번호)만 경매가 되는 경우가 있는데 이런 경우 권리분석 및 배당분석에 유의해야 한다. 이런 경우 전체 물건이 동일인 소유이기는 하나 매각대상이 되는 순위번호가 있고 매각에서 제외되는 순위번호가 있기 때문에 각 순위번호별로 권리분석과 배당분석을 해야 한다. 그런데 이렇게 권리변동이 난해한 경우 해당 경매계에서 정확한 배당분석이 되지 않는 경우가 많은데, 그럴 경우에는 그로 인해 배당손실이 있는 채권자가 배당이의를 제기해서 바로잡을 수 있다.

앞서 예시한 물건에 대한 권리분석을 해보면 다음과 같다.

말소기준권리(근저당권) ⇒ 가처분 ⇒ 근저당, 가압류 등 경료 ⇒ 필지분할(선순위 근저당, 가압류 등 전사) ⇒ 각 필지별 근저당, 압류, 가압류 등 경료 ⇒ 일부 순위번호에 대한 경매신청 ⇒ 가처분에 기한 소유권이전판결을 원인으로 하는 각 필지별 소유권이전 ⇒ 소유권이전의 가처분시점으로의 순위상승에 따른 각종 권리에 대한 변경등기 ⇒ 경매낙찰 ⇒ 말소대상권리 소제 및 일부 권리 변경등기 ⇒ 배당의 순서로 진행되었으나 그중 ▶ 소유권이전의 가처분시점으로의 순위상승에 따른 각종 권리에 대한 변경등기, ▶ 말소대상권리 소제 및 일부 권리 변경등기 ▶ 배당이 잘못되어 있음을 알 수 있다.

필자는 당시 이 부분에 대한 오류가 있음을 확인했으나 사건 의뢰인의 돌변(배신)으로 컨설팅이 중단되고, 따라서 이 사건과 관련해 이해관계가 없다 보니 이를 바로잡을 기회도 그럴 이유도 없어 그냥 두었다.

매각대상 순위번호의 말소기준권리 후 지분이 분할되어 이전된 경우 신규로 지분을 이전받은 공유자는 공유자우선매수신청의 대상이 아니다. 앞서 예를 든 사건은 동일인 소유의 하나의 물건이기는 하나 저당권설정이 각 순위번호별로 다른 특수한 경우인데, 이 물건은 경매개시 이전 물건 전체(전체 순위번호)에 가처분이 경료된 후 특정 순위번호에 대해서만 경매가 개시되고 이후 가처분에 기한판결에 의해 각 순위번호의 일부씩 가처분권자에게 소유권이 이전(가처분일자로 소급해 소유권이전)되어 공유가 된 상태이다. 그런데 이와 같이 선순위저당권(말소기준권리) 이후에 지분변동으로 소유권을 취득한 소유자는 공유자우선매수신청의 대상이 되지 않는다. 그럼에도 불구하고 해당 경매계에서는 매각물건명세서에 "1회에 한해 공유자우선매수신청권을 행사할 수 있다"고 공고하고 있어 예비입찰자들이 입찰을 기피하고 있는데, 이런 경우 공유자우선매수신청 대상이 되지 않는다는 법리를 안다면 저가에 취득해서 수익을 실현할 수 있는 좋은 기회가 될 수도 있다. 그렇다면 이런 경우 공유자우선매수신청의 대상이 되지 않는 이유는 무엇인지 살펴보기로 하자.

1. 선순위저당권(말소기준권리)이 경료된 후 소유자 또는 소유지분이 변경된 등기는 당해 물건이 매각될 경우 말소촉탁의 대상이 되기 때문이다(대법원2007다57459).

2. 여러 물건(여러 필지) 일괄매각사건 중 일부(일부 필지)에 대한 공유지분권자일 경우에 해당하기 때문이다(대법원2005마1078).

3. 말소기준권리(근저당권) 후 필지가 분할될 경우 선순위채권이 전사되므로 그 분할된 필지를 취득한 사람 역시 채무자가 되어 민사집행규칙59조 및 민사집행법121조2호에 따라 입찰자격이 없고, 채무자를 겸한 소유자가 상속이 된 경우 "상속(자산+부채)에 의해 채무자가 되었으므로 민사집행법 제121조 제2호에 정한 '부동산을 매수한 자격이 없는 자'에 해당해서 공유자우선매수신청권이 없다"고 하는 판례(대법원2009마1302)와 동일한 경우이기 때문이다. 이런 경우 소유자(채무자) 또는 채권자는 민사집행법 제121조(매각허가에 대한 이의신청사유)의 제5호("최저매각가격의 결정, 일괄매각의 결정 또는 매각물건명세서의 작성에 중대한 흠이 있는 때") 및 제98조(일괄매각결정), 제197조(일괄매각)를 유추 적용해서 매각기일 이전까지 일괄매각신청을 할 수도 있다(일괄매각 관련 판례 : 대법원2004

마94, 2004마796, 2003마803). 입찰자로서는 이런 물건이 일괄 매각이 되지 않고 분할매각으로 진행될 경우 일부지분을 취득하는 것이 되어 추후 공유지분 투자기법에 의한 투자 수익을 실현할 수 있다.

13 | 공유물 전체 매각 시 일부지분에 선순위가등기·가처분이 있는 경우

필자가 다른 저서에서 기술한 '인수주의에 묻혀 있는 감자를 캐라' 편에서 일반적인 경우의 특수물건으로 ▶ 치유가 가능한 선순위가등기가 있는 경우 ▶ 선순위 가처분이 목적을 달성해서 추후 낙찰 시 소제대상인 경우 ▶ 미확정(목적을 달성하지 않은) 선순위 가처분이 '근저당설정등기이행청구권'인 경우 ▶ 인수되는(선순위) 환매등기가 있는 경우(환매권행사기간이 남아 있는 경우) ▶ 선순위 지상권이 경료되어 있는 경우 ▶ 인수되는 예고등기 성격의 후순위 가처분이 있는 경우 ▶ 인수대상 선순위임차인이 있는 경우 ▶ 인수권리가 공유물분할을 위한 형식적 경매에서의 가처분·가등기인 경우 ▶ 인수대상인 후순위의 구분지상권이 1999. 2. 27 전에 설정된 것인 경우 등을 배웠다. 그런데 공유지분 투자에 있어서 대두되는 것은 대부분 '인수권리가 공유물분할을 위한 형식적 경매에서의 가처분·가등기인 경우'이므로 여기서는 이 부분에 대해 입찰 전과 낙찰 후 능률적인 대처 방법을 알아보기로 한다.

입찰 전 조사 및 방향설정

1. 조사결과 치유가 가능한 선순위가등기인 경우

① 채권신고를 하지 않은 선순위가등기가 담보가등기라는 확증이 있는 경우(가담법12조, 15조, 서울중앙지법2010나21640, 대법원97다29097, 91다36932)에 이런 물건은 추후 소(소유물방해제거청구의 소)를 통해 말소할 수 있다.

② 공유물분할소송의 변론종결(무변론 시는 판결선고) 뒤 경료된 가등기는 민사소송법 제218조1항에서 말하는 변론종결 후의 승계인에 해당하고, 그 효력은 승계인에게 미치므로 특별한 사정이 없는 한 이러한 가등기상의 권리는 매수인이 매각대금을 완납함으로써 소멸하기 때문이다(대법원2020다253836). 따라서 지분 투자꾼들은 통상 공유물분할청구소송을 진행하는 도중(판결선고에 임박해) 가등기를 경료한다.

③ '소유권이전청구권보전가등기'가 장기방치되어 있는 경우는 가등기의 종류를 파악해서 제척기간 또는 시효가 임박한 경우는 낙찰을 받아도 무방한데, 만약 확실한 물증은 없지만 가등기의 내용에 대한 강한 심증이 있어 낙찰받는다면 역시 낙찰 후 '소유물방해제거청구의 소'를 통해 가등기권자로 하여금 이를 입증하게 해서 해결할 수 있을 것이다. 이때 상대방

이 자료제출을 회피하면 판례(대법원99다18725)에서 "매매예약완결권 제척기간 도과여부는 법원의 직권조사 사항이다"라고 하고 있으므로 법원으로 하여금 이에 대한 조사를 해줄 것(석명권행사)을 요청해야 한다.

▶ 가등기의 내용이 제척기간이 적용되는 '매매예약'인 경우
  이때에는 형성권인 매매예약완결권 행사기간(매매계약을 체결하기로 한 기간)을 약정했다면 그 종료일에 매매예약완결권이 종료하고, 그런 약정이 없는 경우면 10년의 제척기간의 적용을 받으므로, 낙찰 이후 '소유물방해제거청구의 소'를 제기해서 가등기권자로 하여금 유·무효의 입증을 하게 한다.

▶ 가등기의 내용이 소멸시효가 적용되는 '매매계약'인 경우
  이때에는 본계약의 체결에 따라 '형성권'인 '매매예약완결권'은 소멸하고 채권('청구권')인 '소유권이전등기청구권'을 행사할 수 있는 경우로서 제척기간이 아닌 '소멸시효'의 적용을 받지만 중요한 것은 이때(즉, 매매예약완결권의 행사에 따른 본 계약체결시점)부터 다시 소멸시효(10년)가 시작된다는 것과 시효의 진행을 막는 '시효중단사유'가 있었는지의 여부를 파악해야 한다는 것이다. 따라서 가등기가 경료된 지 10년이 되었으나 문제가 되는 경우가 바로 이런 경우이다. 시효중단의 사유로는 ◎ 채권자의 이행청구(채무이행을 위한 내용증명·배달증명 등의 독촉 이후 6개월 내에 재판상청구,

파산절차참가, 화해를 위한 소환, 임의출석, 압류 또는 가압류, 가처분 등의 조치를 한 경우), ◎ 채무자의 채무승인, ◎ 가등기권자가 점유(사용·수익)를 하고 있는 경우가 있는데 그중 가장 대표적인 경우가 가등기권자가 점유(사용·수익)를 하고 있는 경우이다.

그런데 점유는 직접점유뿐만 아니라 간접점유도 무방하므로 매개관계(임대차계약서)가 있다면 가등기권자가 임대를 하고 있는 경우도 된다는 것이다[대법원90다9797 : 매수인의 직접점유로 인한 시효중단, 서울중앙지법2008나4260 : 가등기권자의 간접점유로 인한 시효중단(처남·매부지간 매매예약제척기간 내 매매계약체결 ⇒ 가등기권자인 매부가 점유개정으로 처남으로 하여금 간접점유케 함/시효중단)].

▶ '소유권이전청구권보전가등기'의 내용이 명의신탁약정에 의한 가등기인 경우

가등기는 그 내용이 소유권에 관한 것인 바 부동산실명법에 의한 명의신탁의 불법성은 별론으로 하고, 실소유자가 가등기권자이므로 소멸시효가 진행되지 않는다(소멸시효중단사유)고 하고 있으나 이는 잘못된 이론으로, 부부 간의 명의신탁 등 특별한 경우가 아닌 한 부동산명의신탁은 무효가 된다. 따라서 세밀한 조사나 소를 통해 이것이 밝혀진다면 이는 횡재하는 것이다.

2. 조사결과 치유가 가능한 선순위 가처분인 경우

① 가처분의 목적을 달성한 경우

- 이미 본안소송이 끝난 사건인 경우가 많은데 만약 가처분권자가 본안소송에서 승소했다면 그 청구취지(소유권이전, 근저당권 설정 등)대로 집행하고 가처분을 말소해야 했을 것이고, 반대로 가처분권자가 패소했다면 그 즉시 당해 가처분을 말소해야 했을 것임에도 말소되지 않은 경우가 있는데, 이런 물건은 추후 소(소유물 방해제거청구의 소)를 통해 말소할 수 있다.

② 공유물분할소송의 변론종결(무변론 시는 판결선고) 뒤 경료된 가처분

- 가처분의 경우도 앞서 가등기와 마찬가지로 공유물분할소송의 변론종결(무변론 시는 판결선고) 뒤 경료된 경우는 매수인이 매각대금을 완납함으로써 소멸하기 때문이다(대법원2020 다253836). 따라서 지분 투자꾼들은 가처분의 경우에도 통상 공유물분할청구소송을 진행하는 도중(판결선고에 임박해서) 이를 경료한다.

③ 제척기간(현재 : 3년)이 도과한 경우(민사집행법288조, 301조)
   가처분 경료 후 3년 내에 본안소송이 제기되지 않았다면 당사자가 아닌 이해관계인도 '사정변경에 따른 가압류·가처분 취소'를 신청할 수 있으므로 이 기간 내 본안소송이 제기되었는가의 여부에 대한 조사를 한다.

3. 조사결과 치유가 불가능한 경우

이때에는 입찰을 포기하거나 아니면 많이 저감되어 당해지분을 제외한 부분만 평가해도 너무 저렴해서 소기의 목적을 달성할 수 있겠다는 판단이 서면 입찰한다.

낙찰 후 능률적인 대처 방법

1. 다시 한번 조사

낙찰 후 경매계 자료검색 및 당사자를 조사(필요시 녹취)해서 협의내용에 따라 확인서, 합의서 등을 징구하거나 말소한다.

2. 조사결과 진성이 아니거나 제척기간 또는 시효가 완성된 경우

이때에는 가등기의 경우는 '소유물방해제거청구의 소'를 제기해서 말소하고, 가처분의 경우는 '사정변경에 따른 가처분취소'를 신청해 말소한다.

3. 조사가 되지 않거나 제척기간 또는 시효가 완성되지 않은 경우

① 협의로 해결하고자 하는 경우(경료된 등기가 허위라는 심증이 들지 않는 경우)

일단 가등기·가처분권자와 계속 협의(협상)를 진행하고 나중에 소로써 해결한다.

② 소로써 해결하고자 하는 경우(경료된 등기가 허위라는 심증이 상당히 드는 경우)

이때는 일단 '배당금지급금지가처분'과 함께 민사소송('소유물방해제거청구의 소')을 제기한다. 즉, ▶ 배당금 수령대상자인 당해 지분권자와 당해지분의 채권자를 채무자로 국(해당 경매계)을 제3채무자로 하는 '배당금지급금지가처분'을 하고, ▶ 가등기권 자를 상대로는 '소유물방해제거청구의 소'를 제기, 상대편으로 하여금 가등기·가처분의 내용을 소명하게 한다. 다만 이때 소송의 경우 특별한 하자가 없는 한 보증 보험으로 소송비용의 보전에 필요한 담보금을 제공할 수 있지만, 가처분의 경우에는 상대의 현금사용불능에 대한 상당액의 현금공탁이 소요되므로 이를 염두에 두어야 한다. 이런 경우 통상 목적가액의 40%선의 담보명령이 떨어지고, 그중 보증보험과 현금담보의 비율을 각 1/2씩으로 결정한다.

▶ 가등기·가 처분이 진성이 아닌 경우

이는 공유지분 투자를 목적으로 경료한 경우가 많은데, 그런 경우라면 제출자료가 부실할 수 있으며, 따라서 그 압박으로 인해 문제가 쉽게 해결되는 수가 많다.

▶ 가등기·가처분이 진성인 경우

만약 그 등기가 진성이어서 추후 본안소송에서 패소할 시는 가처분에 대한 손해배상(통상손해 또는 특별손해)을 추급당할 수도 있으므로 이에 유의해야 한다. 그래서 소제기(특히 가처분)를 함부로 하지 않고 신중히 해야 하는 것이다.

다만 진성이라 하더라도 선순위가등기가 경료된 지분권자

와 가등기권자 또한 상당한 압박을 받을 수밖에 없는데 그 이유는 최근 판례(인천지법2011가소249760)에서 배당금액을 산출할 시 당해 지분권자의 배당가액에서 매매예약증거금으로 수령한 금액을 차감하고 배당하기 때문이다. 즉, 당해 지분권자의 실제 배당가액=(배당 재원+수령한 매매예약증거금)×당해지분비율-수령한 매매예약증거금, 이렇게 해서 당해 지분권자가 수령한 매매예약증거금은 다른 공유자에게 배당한 다. 즉, 다른 공유자가 수령할 배당금=(배당재원+당해 지분권자가 수령한 매매예 약증거금)×자신의 지분비율이다.

▶ 필요시(진성이 아니라는 심증이 강한 경우) 형사고소를 병행 민사소송 과정에서 허위임이 명백함에도 계속 대항할 경우에는 '경매·입찰방해(형법315조)', '사문서위조 및 변조죄(형법231조)', '위조사문서등의 행사(형법234 조)', '위계에 의한 공무집행방해(형법137조)', '사기(형법347조)' 등의 형사고소를 한다. 그런데 여기서 왜 처음부터 형사고소를 하지 않는가에 대한 의문이 들 수도 있는데, 그 이유는 등기가 진성임에도 불구하고 무턱대고 형사고소를 했을 경우에는 가처분(민사)에서 손해배상을 당할 수 있듯이 무고죄(형법156조 : 10년 이하의 징역 또는 1,500만 원 이하의 벌금)의 벌을 받을 수도 있기 때문이다.

협의 또는 쟁송결과에 따른 대처방법

1. 협의에 의한 경우

① 협의가 된 경우 : 협의결과에 따라 처리한다.

② 협의가 되지 않고 추후 가등기권자가 본등기를 이행한 경우

이때에는 부득이 앞서 배운 바와 같이 경매사건의 채무자(해당 지분권자)와 해당지분의 배당채권자를 상대로 민법578조(경매와 매도인의 담보책임)와 576조(저당권, 전세권의 행사와 매도인의 담보책임) 및 570조(매도인의 담보책임)에 따라 "소유권 상실에 따른 낙찰대금의 반환"을 제기한다(이때 '부당이득반환'이 아닌 '낙찰대금의 반환'을 청구하는 이유는 이런 경우 당해 지분권자와 채권자가 경락대금 중 교부받은 배당금이 법률상 원인 없이 취득한 부당이득이라고 할 수는 없는 것이기 때문이다 : 대법원86다카560, 2003 다59259, 91다21640).

그런데 이런 경우 문제가 되는 것은 채무자(해당 지분권자)로부터 낙찰대금을 회수하기야 어렵다 하더라도 배당받은 채권자까지 무자력일 경우 대금회수에 문제가 생길 수 있다는 것이다. 따라서 이와 같이 인수되는 선순위가등기·가처분이 있을 시 는 입찰 전 미리 배당표를 작성해서 배당받을 채권자가 누구인가를 확인해야 되는 것이다. 만약 이때 굳이 채무자(해당 지분권자)로부터 낙찰대금을 회수하려면, 가등 기권자가 해당 지분권자에게 지급해야 할 청산금에 대해 신속히 '지급정지가처분'을 하거나, 해당 지분권자를 채무자로 가등기권자를 제3채무자로 하는 '채권가압류'를 한 후 소를 제기해서 회

수하는 방법이 있을 수 있다.

2. 쟁송에 의한 경우

① 승소한 경우(경료된 등기가 허위인 경우)

이런 경우는 거의 계쟁 도중 해결이 될 수밖에 없으며 횡재를 하는 경우가 된다. 그런데 만약 그렇지 않고 끝까지 가는 경우라면 소송비용까지 회수해야 한다.

② 패소한 경우(경료된 등기가 진성인 경우)

이런 경우 많은 문제가 도출된다. 즉, 소송비용은 물론 상대방으로부터 손해배상의 소를 당할 수 있으며(형사고소를 했을 시는 무고죄로 피소당할 수도 있다), 상대가 바로 가등기에 기한 본등기를 실행할 경우 그 부분의 소유권을 상실하게 된다. 따라서 경료된 등기가 허위라는 심증이 강하지 않은 경우에는 함부로 소(가처분)를 제기하지 않고 협의로 처리를 하고자 하는 것이다.

③ 패소 즉시 또는 추후 가등기권자의 본등기로 그 부분의 소유권을 잃은 경우

▶ '가처분'이 인용되어 배당금이 보전되어 있는 경우의 낙찰대금 회수

이때에는 패소에 따라 발생하는 문제(부담)는 별론으로 하고, 최소한 낙찰대금 회수에 관한 문제는 발생하지 않는다 (대법원96그64결정).

▶ '가처분'을 하지 않았거나 기각이 된 경우의 낙찰대금 회수

이때에는 패소에 따라 발생하는 문제(부담)와 더불어 낙찰대금 회수에 관한 문제까지 발생하게 되는데, 낙찰대금에 대한 회수는 앞서 '협의가 되지 않고 가등기권자가 본등기를 이행한 경우'에서와 같이 처리해서 회수한다.

▶ 공유자가 된 가등기권자와의 문제 해결

이때는 가등기권자가 공유자가 되므로 다시 공유물에 관한 문제를 해결하는 방식(협의매도/협의매수/공유물분할소송)으로 해결해야 할 것이다.

14 하이테크 High-tech 지분 투자를 하려면 동시배당과 이시배당을 알아야 한다

지분 투자를 하려는 분은 필히 동시배당과 이시배당에 대한 지식과 관련 법리를 잘 알아야 하이테크(High-tech)의 능률적인 투지를 할 수 있다는 것을 다시 한번 강조하고자 한다. 그 이유는 앞에서 공부했다시피 여러 개의 공동담보물건이 있는 경우 각 담보물건마다 배당대상권리가 동일하고 그 순위도 동일하다면 모르겠지만 대부분의 경우 그렇지 않고 각 담보물건마다 배당대상권리도 다르고 순위 또한 달라 과연 내가 보유하고 있는 채권은 얼마의 금액을 회수할 수 있을까 하는 문제가 대두되기 때문이다.

　특히, 지분 투자를 하려는 경우 경·공매는 물론 일반매매로 NPL 투자를 하려는 경우에도 간혹 후순위채권자가 이런 고급지식을 몰라 스스로 예상 배당액(회수예상액)을 과소평가해서 저가에 채권(NPL)을 매각할 수도 있는데 그럴 경우 예상외의 저가로 지분을 구입해서 훌륭한 수익을 실현할 수도 있으므로 이런 것이 바로 일반 경매참여자들이 다소 등한시하는 배당, 그중에서도 공동담보에 관한 배당(동시배당과 이시배당)을 잘 알아야 하는 이유인 것이다. 하지만 분명한 것은 많은 사람들이 마치 장마다 꼴뚜기가 나는 것처럼 성공 투자를 선전하지만 이런 물건을 고르기도 쉽지 않고, 또 그것을 내 것으로 만들기도 그리 쉽지 않은 것이 현실이니 마냥 현혹되지만은 않기를 바란다.

　현재 경매법원에서 사용하고 있는 배당분석표는 하나의 물건에 대한 배당은 별 문제 없이 해결되겠으나 여러 개의 공담물건이 있고, 각 물건마다 서로 배당대상권리도 다르고, 거기에 배당순위마저 서로 다른 경우 특히 이시배당의 경우에는 쉬 해결이 되지 않는다는 것을 알 수가 있다. 이때에는 현재 경매계에서 사용하고 있는 이런 배당표가 아닌 앞에서 공부한 바와 같이 전체물건을 한 표에 나열해서 각 물건별로 1차적으로 먼저 공담채권을 정해진 기준에 따라 비율배분하고, 이후 각 채무부담범위별로 조정한 후(즉, 채무자선변제의무) 배당해야 하며, 만약 일부매각에 따른 이시배당을 할 시에는 매각물건에 대해 동시배당 시의 정상배당과 이시배당 시의 실제배당표를 작성해서 그 차이를 어떻게 할 것인가에 대한 처분을 해야 하는 것이다(즉, 변제자대위 및 후순위채권자의 대위). 그리하여 경매법원의 배당계산에 오류가 있을 시는 배당이의를 제기해서 권리를 찾고, 자신이 행사할 수 있는 권리를 자신도 모른 채 버리는 우를 범하지 말아야 할 것이다.

끝으로, 지분 투자를 하려는 분은 다시 앞 배당분석 편에서 설명한 동시배당과 이시배당에 대해 자세히 공부한 후 우량 물건을 찾아 많은 수익을 창출하기를 바라고, 그리하여 축적한 부를 좋게 잘 쓰기를 바란다.

배당을 알아야 경매가 보인다
부동산 경매 배당 완전 정복

제1판 1쇄 | 2022년 1월 3일

지은이 | 성호섭
펴낸이 | 유근석
펴낸곳 | 한국경제신문*i*
기획제작 | (주)두드림미디어
책임편집 | 우민정   디자인 | 디자인 뜰채 apexmino@hanmail.net

주소 | 서울특별시 중구 청파로 463
기획출판팀 | 02-333-3577
E-mail | dodreamedia@naver.com
등록 | 제 2-315(1967. 5. 15)

ISBN 978-89-475-4772-7 (03320)

**책 내용에 관한 궁금증은 표지 앞날개에 있는 저자의 이메일이나
저자의 각종 SNS 연락처로 문의해주시길 바랍니다.**

한국경제신문 *i* 부동산 도서 목록

한국경제신문 *i* 부동산 도서 목록

월급쟁이,
부동산 경매로
벤츠 타다

부동산 경매에도 통과 규칙이 있다!
그것을 잘 이해할수록 이길 확률이 높아진다

펜션 사업가가 알아야 할 100가지 질문과 답

나는
펜션 창업으로
억대 연봉
사장이
되었다

펜션 창업 15년 경험의 책 한 권에 담다

통계학적으로 풀어 보는 입지 분석 투로그램 사용방법

부동산 중개,
이제
GIS 시대다!

GIS 프로그램을 방송하
빅데이터 분석이라 거봐나라

엘렌의
글로벌 **부동산**
투자 가이드

부동산 답이 보인다

돈 되는 빌라
제대로
따져보기

이제는 빌라다!
아무도 알려주지 않았던 돈 되는 빌라의 비밀

수익형 부동산 투자 노하우

고종옥 박사의
서바이벌 스토리
월세
부자

부동산 투자는 1톤의 장비되보다
1그램의 실천이 중요하다

상가 형성
원리를 알면
부동산
투자가 보인다

잘되는 상가
돈 되는 말은 따로 있다!

성공 투자를 위한 절문 Q&A

경매 투자에서
반드시 주의해야 할
86가지

경·공매, 지식이 쌓이면
블루오션이 보인다

한 권으로 끝내는
자동차
경매

이것이 진짜
농지 경매다

SOLD
OUT

고객 맞춤형 부동산 빅데이터의 성공

강남 오피스텔 완판녀,
중개업 특급 전략

부자가 탕상을 위한

연봉만큼 더 버는
부동산 투자

호황에도 불황에도

부동산
투자자가
가장 알고 싶은
100가지

공인중개사무실 실무 필독서

공인중개사법
쪼개기

법을 제대로 알고
있고 해석해보자

한 번 읽으면
돈 벌고,
두 번 읽으면
부동산 고수
되는 책

월선, 주부, 퇴직자를 위한

한 방으로 끝내는
부동산
소액 경매

세상에서 가장 쉬운 경매 이야기
나는 소액 투자로 빌딩을 샀다!

토지 박사 고명석의
**철도를 알면
돈이 보인다**

1兆 원급이 10분 동안
10억 투자 프로젝트

초고배 사회의 노후안택,
최고밖 투자는 할일이다!

이대로만 해라!
**오르는 집
내 집
만드는
비법**

내 집을 찾는다면,
더 이상 앉일(이) 말자

2018 빅데이터가 알려주는
**부동산
핫플레이스**

Big Data 분석을 통한 투자 감성지역 분석 보고서

현지 부지소개에 투자 전문가,
부동산 투자 전문가,
P2P금융 전문가가 알려준

**이것이
부동산
투자다**

전문 투시가들이 알려준 고수들의 부동산 투자 비법

P2P금융 전문가들이 알려주는
**꼬마빌딩
건축 바이블**

기획부터 사업수지 분석까지 실전 지침서

배달 골목서 시작해 호텔 사장 된
인생 선배의 재테크 비법
**부자 되는
기적의 경매**

**따사부
일체**

2018
투자시장
완벽 분석

투자자들이 꼭 알아야 할
**부동산 상식의
허와 실**

33명의 전문가가 말하는 부동산의 모든 것!

**상가 경매로
비즈니스하라**

**부동산
투자,
흐름이
정답이다**

**부동산 경매
소액 투자의 기적**

사회의 판세를 알려주는 알바이리스로핑
**주인이
나가래요**

당신도 가 될 수 있다
**김코치
경매**

정철우가 알려주는 성공하는 NPL 레시피
**이것이 진짜
성공 NPL**

Non Performing Loan

**방패장군의
실패하지 않는
부동산
실전 투자
X-파일**

김성택의 펜션창업과 광고 성공전략
**대박펜션의
비밀**

**이것이 진짜
소송 경매다**

일석 부자 정답을 프로젝트
**부동산 경매로
365일 월세를
꿈꾸는 사람들**

구만수 박사
**3시간 공부하고
30년 써먹는
부동산 시장 분석 기법**

**제주도
경매왕**